Ensino médio e juventude EM LUTA

Débora Cristina Goulart
José Alves da Silva
(Orgs.)

Ensino médio e juventude EM LUTA

Política educacional e ação estudantil em São Paulo

alameda
FAPESP

Grafia atualizada segundo o Acordo Ortográfico da Língua Portuguesa de 1990, que entrou em vigor no Brasil em 2009.

Edição: Haroldo Ceravolo Sereza & Joana Monteleone
Projeto gráfico, diagramação e capa: Ana Júlia Ribeiro
Assistente acadêmica: Tamara Santos
Revisão: Alexandra Colontini
Imagem da capa: Henrique Parra. São Paulo, 2015.

CIP-BRASIL. CATALOGAÇÃO NA PUBLICAÇÃO
SINDICATO NACIONAL DOS EDITORES DE LIVROS, RJ

E52

Ensino médio e juventude em luta : política educacional e ação estudantil em São Paulo / organização Débora Cristina Goulart, José Alves da Silva. - 1. ed. - São Paulo : Alameda, 2023.
326 p. ; 21 cm.

Inclui bibliografia
ISBN 978-65-5966-164-0

1. Políticas públicas - Educação - São Paulo (SP). 2. Educação e Estado. I. Goulart, Débora Cristina. II. Silva, José Alves da

23-82992 CDD: 363.8161
CDU: 316.334.3(815.6)

Este trabalho contou com o apoio financeiro da Fundação de Amparo à Pesquisa do Estado de São Paulo (FAPESP), processo 2018/09983-0.
As opiniões, hipóteses e conclusões ou recomendações expressas neste material são de responsabilidade do(s) autor(es) e não necessariamente refletem a visão da FAPESP

ALAMEDA CASA EDITORIAL
Rua Treze de Maio, 353 – Bela Vista
CEP: 01327-000 – São Paulo – SP
Tel.: (11) 3012-2403
www.alamedaeditorial.com.br

Agradecemos a todes estudantes que realizaram as ocupações nas escolas públicas brasileiras, em especial, em São Paulo, onde acompanhamos mais de perto. Não fosse por esse acontecimento, não teríamos nos juntado, não faríamos essa pesquisa e este livro não existiria.

À Rede Escola Pública e Universidade (REPU) que congrega pesquisadores/as, educadores/as que, em meio ao estudo e vivência da barbárie educacional, tem construído laços solidários, afetos e energia para o presente e busca inventar um futuro, no respeito às individualidades e ao diálogo, sempre apostando no coletivo.

À Lisete Arelaro (in memorian), que nos animava sempre que necessário. Nossa profunda admiração.

À todes que lutam por uma educação pública de qualidade e libertária.

Sumário

Prefácio

Profa. Dra. Maria Carla Corrochano

Foi com alegria que recebi o convite para prefaciar o livro *Ensino médio e juventude em luta*: política educacional e ação estudantil em São Paulo. Passei mais tempo do que o previsto para escrevê-lo porque vivemos tempos muito difíceis, com jornadas cada vez mais extensas, intensas e tensas desde a expansão da Covid-19, que aprofundou a crise econômica, social e política no Brasil. Não podemos e não devemos ignorar isso. Queria encontrar um momento em que pudesse me dedicar a essa escrita com o cuidado e a tranquilidade que a beleza dessa produção exige. Era preciso tempo para "escovar as palavras", como bem nos lembra o poeta Manoel de Barros.

Este é um livro sobre uma pesquisa, mas não sobre uma pesquisa qualquer. Em primeiro lugar porque ela começa a ser gestada na luta. O ano era 2015. Pesquisadores e pesquisadoras do campo de estudos das políticas educacionais e da juventude se encontram em uma reunião no Ministério Público de São Paulo para apoio às ocupações estudantis de prédios escolares, em oposição à medida oficial do governo do Estado de reorganizar a rede de escolas, que significaria o fechamento de várias unidades escolares e o remanejamento de centenas de estudantes. Um encontro que possibilitou a construção de uma rede – a Rede Escola Pública e Universidade (REPU), que passa então, a produzir conhecimento em diálogo com o cotidiano das escolas públicas. O livro aqui apresentado é um dos resultados da primeira pesquisa desta Rede.

Em segundo lugar, porque é uma pesquisa sobre os 23 anos de política educacional no estado de São Paulo que também considera a compreensão das percepções e das ações coletivas protagonizadas por estudantes e docentes. Nesse sentido, contribui para romper com a quase ausência de interlocução e diálogo no campo educacional entre a análise dos sistemas institucionalizados e a análise das diferentes formas da ação coletiva e do protesto político; entre os estudos que contemplam as ações educativas no interior da instituição escolar e aqueles que consideram o lugar das ações, movimentos e lutas para além da escola; e mais especificamente entre os estudos que focalizam a condição juvenil e aqueles que se dedicam à análise das políticas públicas.

As experiências, percepções e mobilizações estudantis ao longo das duas últimas décadas, em especial as ocupações das escolas em 2015, são centrais neste volume, sempre em diálogo com os caminhos e descaminhos das políticas educacionais. Mas trata-se de um livro onde jovens, seus movimentos e suas relações com as políticas públicas não são apenas analisados. Os jovens também ocupam este livro como autores e autoras. Ainda que não caiba nesse prefácio uma descrição de cada um dos capítulos, já elaborada de forma cuidadosa por Débora Goulart na introdução a este livro, quero destacar aqui os dois textos produzidos por ex-secundaristas.

Buscando a companhia de Jorge Larrosa, Walter Benjamin, Virgínia Woolf, José Saramago, Karl Marx e Paulo Freire, a jovem Árizla Emanuela Pereira Quirino enfrenta "a insegurança da página em branco" para tecer os fios de um texto inspirador. Parte das indagações de seu presente de "quase professora", como ela mesma se identifica, para rememorar e narrar suas experiências de infância no sertão de Pernambuco, até a chegada ao ensino médio e a uma escola que quase sufocou seu desejo pelo saber. A experiência da ocupação é comparada à escolha da travessia, do risco e do comprometimento com a invenção de um outro mundo e uma outra escola. A memória da experiência escolar até o momento das ocupações também é parte do texto poético de Leonardo Ribeiro, jovem que também ocupa este livro construindo pontes entre o cinema e a literatura para narrar as ações estudantis diante do projeto de "despejo" da escola, um dos principais "espaços poéticos" da juventude.

Árizla e Leonardo como autores, e outros tantos e tantas jovens que participam como interlocutores da pesquisa rigorosa que dá origem a este livro, explicitam as condições de precariedade das escolas, as frustrações com as dinâmicas de aprendizagem, as ações repressivas e discriminatórias, mas reconhecem que a escola é também o lugar onde tem-se a chance de "experimentar o impossível", nas palavras da jovem Árizla. É preciso lutar pela escola porque ela também é o espaço da alegria, dos afetos, de encontros e da luta por outros modos de existência. Um lugar onde os corpos tornam-se "máquinas trepadeiras" que resistem contra a "areia movediça burocrática", para usar as metáforas do jovem Leonardo.

Ao lado da memória dos jovens e de seus movimentos, a memória da produção acadêmica, fundamental na definição de novas frentes de pesquisa, é parte da análise elaborada por cada um dos autores e autoras. Quase todos os capítulos dedicam-se a analisar os principais conhecimentos acumulados sobre adolescência, juventude, ensino médio, políticas educacionais, projetos de vida. Ao evidenciar tendências, avanços e lacunas na produção acadêmica sobre esses temas, os balanços de literatura presentes neste livro contribuem para o avanço do conhecimento científico no campo educacional, mas vão além. Eles também explicitam alguns poucos encontros e, sobretudo os vários desencontros entre as concepções e ações implementadas por diferentes programas no estado de São Paulo e o acúmulo de conhecimento no campo. Ao lado disso, permitem identificar o modo como alguns temas são incorporados pelas políticas, muitas vezes de forma bastante seletiva e em sentidos opostos ao que é registrado pela própria literatura.

Ao eleger um período mais alongado de investigação, este livro exprime uma análise que ultrapassa a face mais visível e imediata das ações. Na produção acadêmica sobre os movimentos sociais, e especialmente sobre o movimento estudantil, muitas pesquisas concentram o olhar em torno dos momentos de confronto político, ou de ações coletivas que emergem na cena pública em dado contexto. O mesmo se pode dizer das produções sobre as políticas públicas, com estudos que, por vezes, discorrem sobre um programa ou política, em uma dada gestão e em um período limitado do tempo. Sem desconsiderar as contribuições destas análises, a leitura dos artigos aqui apresentados nos leva para outra direção: ao recuperarem a produção acadêmica por um período mais alargado, ao analisarem as percepções estudantis sobre as políticas, suas experiências e lutas durante as ocupações, mas para além delas, ao contarem com a presença dos próprios ex-secundaristas reconstruindo suas experiências e seus desafios no tempo presente, nos permitem perceber os elementos que orientam o processo histórico – as continuidades e descontinuidades, os fluxos e refluxos dos movimentos, dos conflitos e das políticas públicas.

Os pesquisadores e pesquisadoras que se dedicam ao estudo de jovens, da ação coletiva, do ensino médio e das políticas educacionais se beneficiarão da leitura do livro organizado por Débora Goulart e José Alves da Silva, dada a qualidade da análise e da escrita e o modo criativo com que se produz o diálogo entre diferentes temáticas e campos da pesquisa educacional, cada vez mais urgente diante dos desafios que se apresentam para a garantia do direito à educação de qualidade e socialmente referenciada na rede pública de ensino. Mas o livro também se constitui em referência fundamental para todos e todas – pesquisadores/as, estudantes, docentes e demais profissionais da educação, que desejam compreender as relações escolares, suas tensões e conflitos, e lutar para seguir realizando a travessia em direção a uma outra escola, outras políticas e outros modos de fazer política pública.

Profa. Dra. Maria Carla Corrochano é Professora Associada do Departamento de Ciências Humanas e Educação (DCHE), bolsista produtividade em pesquisa do CNPq (2). Docente permanente do Programa de Pós-Graduação em Educação (PPGed-So) e do Mestrado em Estudos da Condição Humana da Universidade Federal de São Carlos/ Campus Sorocaba. Graduada em Ciências Sociais (1996) e mestre em Educação pela Universidade de São Paulo (2001). Doutora em Educação pela Faculdade de Educação da Universidade de São Paulo (2008), com um período de estudos realizado junto aos Laboratórios GTM e ULISS, vinculados ao CNRS, Paris. Integra a Associação Nacional de Pós-Graduação e Pesquisa em Educação (ANPED), tendo coordenado o GT03 - Movimentos Sociais, sujeitos e processos educativos no biênio (2017-2019). Foi assessora do Programa Juventude da Ação Educativa - Assessoria, Pesquisa e Informação e consultora da Organização Internacional do Trabalho (OIT) para a elaboração da Agenda e do Plano Nacional de Trabalho Decente para a Juventude no Brasil. Desenvolve pesquisas em Sociologia da Educação, Sociologia da Juventude e Sociologia do Trabalho e da Vida Econômica. https://orcid.org/0000-0001-8030-6461.

Apresentação

Débora Cristina Goulart

Este livro é resultado da investigação sobre as percepções e contraposições à política educacional dos estudantes, realizada no âmbito do Grupo de Trabalho de Sujeitos Sociais, dentro da Pesquisa Política Educacional na rede estadual paulista (1995 a 2018).[1]

Desde o início do trabalho deste grupo, houve um intenso debate teórico-metodológico sobre como conhecer e abordar a relação entre a política educacional que é forjada durante um período e por determinados agentes – dentro e fora do Estado –, abordando as teorias sobre planejamento, implementação e avaliação de políticas públicas e a nossa intenção de captar e compreender como diversos grupos vivenciaram, avaliaram e agiram em relação a tais políticas que, no escopo da pesquisa, se tratavam de 23 anos de política educacional no estado de São Paulo.

Como reconstruir toda a mobilização, organização e ação de oposição ao longo de todo este período? A partir de quais sujeitos e organizações? Docentes, trabalhadores/as em educação, estudantes, movimentos? Institucionalizados ou não? Quais instrumentos de pesquisa seriam viáveis?

---

1 Financiada pela Fapesp, Processo 2018/09983-0, coordenada pela Professora Márcia Aparecida Jacomini e realizada entre 2019-2020.

Se, à primeira vista, pode parecer evidente que os processos de escolarização são permeados pela tensão entre sociedade e Estado, considerados os elementos estruturais de desenvolvimento do capitalismo no Brasil e suas contradições, de outro, como abranger os conflitos que emergem dos interesses, vivências, expectativas de diferentes sujeitos em diferentes esferas – social, territorial, escolar – sem dissociá-las na análise?

Nossa intenção era ir além de um estado da arte sobre as resistências à chegada e aprofundamento do neoliberalismo na educação paulista. Se os estudos de caráter mais amplo nos orientavam e com os quais outros Grupo de Trabalho (GTs) de nossa pesquisa dialogavam umbilicalmente, nos interessava descer aos espaços escolares e, inclusive, ver por fora deles, para compreender como as resistências e confrontos surgiram, se fortaleceram e arrefeceram, em movimentos sinuosos e, algumas vezes, inesperados.

Dois subgrupos se constituíram a partir de nossas possibilidades: o primeiro, que se dedicou ao estudo sobre a percepção e ação estudantil e, o segundo, sobre o sindicalismo docente, especificamente o Sindicato dos Professores do Ensino Oficial do Estado de São Paulo (APEOESP).[2]

Este livro traz a produção do primeiro grupo que optou por analisar a avaliação e enfrentamento da política educacional da SEE-SP pelos estudantes durante o período de 2010 a 2018, em

2 O subgrupo se dedicou a compreender como a APEOESP, ao longo de todo o período, avaliou, se posicionou e agiu a respeito de diversos programas e projetos da SEE-SP. A pesquisa realizada foi de caráter qualitativo e documental, principalmente, sobre as resoluções de 12 congressos sindicais e um conjunto de boletins publicados contemporâneos às greves da categoria. Como resultado do trabalho foram publicados em revistas especializadas os artigos de autoria dos pesquisadores e pesquisadoras: Evaldo Piolli, José Roberto Montes Heloani, Mariana Boa Fonte, Raphael Antunes Seleznevas, Roberta Kelly França e Thiago Moreira Melo e Silva

diálogo com a produção sobre adolescência e juventude, com especial atenção às ocupações de escolas em 2015.

Nossa intenção foi fazer um contraponto sobre a implementação da política a partir dos estudantes que a vivenciam diariamente na escola (para a qual há pouca produção teórica, como mostra o estudo de Ana Paula Corti e José Alve das Silva no capítulo 1) e, também, compreender qual o papel desta política na construção, realização e avaliação da ação estudantil nas ocupações de escola. Buscávamos, portanto, elementos que estivessem o mais próximo possível da experiência escolar, evidenciando o que a influencia, a constitui e a tensiona.

Elaboramos dois instrumentos de pesquisa: um qualitativo, com entrevistas semiestruturadas a ex-secundaristas ocupantes de escola em 2015 e outro, quantitativo, para aplicação em seis unidades escolares distribuídas entre os níveis de escala do Índice Paulista de Vulnerabilidade Social (IPVS),[3] nos municípios de São Paulo e Guarulhos. Pretendíamos aplicar questionários com questões fechadas e abertas a estudantes do terceiro ano do ensino médio, contemplando as turmas diurnas e noturnas, a partir de março de 2020, quando fomos surpreendidos pela pandemia de Covid-19 e o consequente fechamento das escolas. Diante dos impasses e da insegurança que nos tomou a todos nos meses que se seguiram, decidimos não seguir com o estudo quantitativo, evitando distorções decorrentes da dificuldade de acesso dos estudantes aos questionários *on-line*. Este estudo, portanto, tem as marcas do processo de pesquisa realizado durante a pandemia em São Paulo, tanto pela suspensão de uma parte do estudo, quanto pela realização de outra.

---

3 O IPVS adota a escola de baixíssima vulnerabilidade, muito baixa, baixa, média, alta, muito alta e altíssima vulnerabilidade. Ver http://ipvs.seade.gov.br/view/pdf/ipvs/metodologia.pdf

Qual é contribuição que esta obra traz? Discute a produção intelectual sobre a política educacional a partir dos estudantes, vendo-os como sujeitos por diferentes âmbitos – como adolescentes, jovens, estudantes, trabalhadores, ocupantes e ativistas – dedicando-se a pensar: por que devemos falar do movimento secundarista de São Paulo? Esta questão que inicia o texto de Rúbia de Araújo Ramos (capítulo 6) nos orientou desde o início do trabalho e ainda nutre a curiosidade científica de quem se dedica a pensar a relação entre escola e sociedade em um país profundamente desigual, em que a escolarização ainda é uma reivindicação que exige luta.

O texto que abre o livro, *Ensino Médio e Juventude*: produção de conhecimento e políticas educacionais paulistas (2008-2018) traz importante levantamento sobre a produção acadêmica acerca de adolescência e juventude, mostrando o desejo dos estudantes por uma escola onde possam aprender, com metodologias dinâmicas e relações humanizadas, desejo este que está na contramão do que realizam as políticas educacionais dos programas do estado de São Paulo para o ensino médio que, entre outras consequências, tem induzido o fechamento dos períodos noturnos e de turmas de Educação de Jovens e Adultos (EJA), mais a padronização curricular direcionada à avaliação em larga escola e um maior controle sobre as relações escolares, inclusive sobre os grêmios estudantis.

O segundo capítulo complementa algumas informações do primeiro ao apresentar os resultados de uma pesquisa bibliográfica sobre as questões da adolescência, juventude, escola e ensino médio em 'A produção acadêmica sobre juventude e adolescência no contexto educacional paulista', de José Alves da Silva, entre 2008 e 2018. Não é incomum, embora surpreendente, que tais temas tenham sido negligenciados pelas políticas públicas na educação e que se apresentem na atualidade de forma superficial e antagônica ao que a literatura especializada construiu ao longo de décadas.

No terceiro capítulo, intitulado 'Experiências, percepções e expectativas de estudantes na escola gerencialista da rede estadual paulista', as autoras Débora Goulart, Rúbia Araújo Ramos, Márcia Jacomini e o autor Marcelo Paziano, a partir das entrevistas com ex-secundaristas, explicitam, por meio do conceito de experiência de E. Thompson, como os estudantes vivenciaram as políticas educacionais, criticando o gerencialismo, a competição, a noção de eficiência e desempenho como uma "pedagogia contra o outro", nas palavras de Licínio Lima, em contrapartida à defesa de uma escola plural, coletiva e democrática, experienciada durante as ocupações.

Em 'O conceito de projeto de vida na política curricular da rede estadual paulista' (quarto capítulo), os autores José Alves da Silva, Raphael Bueno e Sílvio Carneiro e a autora Débora Goulart, novamente retomam a produção teórica sobre projeto de vida e mostram como sua adoção no Programa de Ensino Integral (PEI) e no Programa Inova Educação contradiz os estudos acadêmicos e colocam como centralidade do projeto de vida uma visão empreendedora de indivíduo voltada à adaptabilidade do sujeito como empresa de si (como elaboraram Pierre Dardot e Christian Laval).

Ao olhar para a experiência escolar com a contribuição de François Dubet, indissociada do sistema educativo e de suas práticas, Rubia Ramos e Leonardo Crochik, discutem a experiência formativa no percurso escolar, com suas dimensões moral e afetiva presente nas relações de poder fora e dentro da escola. É a partir das falas dos estudantes, com ênfase no período das ocupações, que os autores do capítulo 5, intitulado 'Experiências formativas no contexto do novo gerencialismo: reflexões de estudantes que lutaram contra a reorganização escolar', mostram, por meio das narrativas estudantis, como as ocupações impactaram suas vidas porque foram além da experiência escolar da aprendizagem e puderam abrir espaço para a performance, criando uma "atmosfera afetiva compartilhada, associada à construção coletiva dos afetos" (p. 209), como vimos em tantas cenas durante as ocupações, desde as cozinhas até as cantorias nos pátios.

No sexto capítulo, 'Experiências e processos sociais das ocupações secundaristas de São Paulo, de Rúbia Araújo Ramos, é objeto de análise a constituição da ação de resistência contra a reorganização escolar do governo Alckmin. A partir da abordagem da revolta dos estudantes, como parte de um processo social de constituição de opinião pública, em diálogo com Habermas, a autora mostra como temas de interseção como raça, orientação sexual e feminismo se expressaram por meio de repertórios que incluíam elementos periféricos nessas ocupações. Os diálogos entre o "fora" e o "dentro" da escola, os movimentos populares e a educação formal são tensos e intensos, como nos mostra a autora.

Em 'Ter a utopia nas mãos' (sétimo capítulo), Árizla Emanuela Pereira Quirino, ex-secundarista convidada a contribuir com este projeto editorial, nos leva a conhecer um percurso turbulento que mostra a sua passagem de estudante a professora, olhando a escola por diversos ângulos, em que a experiência, novamente, aparece como conceito de formação política e do sujeito: somos conduzidos pelo eixo do conflito desde o cotidiano das relações escolares à estruturação das políticas educacionais. O que aparece na literatura especializada se materializa na escrita desta estudante-professora, que aponta as insuficiências, as expectativas e a tensão explosiva nas escolas. A narrativa, como não poderia deixar de ser, mistura o que foi e o que é na construção de sua intelectualidade.

Por fim, o oitavo e último capítulo, intitulado 'Quem ri por último, ri infinitamente melhor!' de Leonardo Ribeiro – também convidado – é uma reflexão em metáforas sobre os secundaristas-ocupantes. Como máquinas trepadeiras contra o despejo – em suas palavras – revive e reconstrói a experiência, sem chamá-la pelo nome, e afirma que, em um momento singular, os estudantes tiveram as chaves do conhecimento.

Todo o processo de pesquisa que constituiu este grupo de trabalho buscou agudamente dialogar com as demandas e inquietações da rede estadual paulista e da própria equipe de pesquisa. Assim, este livro espera contribuir para a compreensão das relações escolares e das suas contradições e tensões, dos seus conflitos e da organização de resistências em suas diversas formas. A luta entusiasmada exige, cada vez mais, a compreensão rigorosa. É o que esperamos trazer aos leitores e leitoras. Boa leitura!

Ensino Médio e Juventude: produção de conhecimento e políticas educacionais paulistas (2008-2018)

Ana Paula Corti
José Alves da Silva

Resumo

Buscamos compreender como ou se os principais conhecimentos acumulados sobre adolescência e juventude no contexto escolar, disponibilizados na literatura acadêmica sobre o assunto, estão presentes na política educacional da rede estadual paulista, notadamente nos programas voltados ao ensino médio. Para tanto, fizemos uma pesquisa bibliográfica sobre o assunto nos principais bancos de dados brasileiros sobre o tema, consultamos os estados da arte e analisamos um grupo específico de pesquisas sobre juventude e ensino médio no estado de São Paulo. Nossos resultados apontam para uma considerável discrepância entre o que as publicações apontam na literatura e o que essas políticas curriculares preconizam, ainda que sejam identificados alguns momentos de inflexão e de tentativas de convergência, como o Programa de Ensino Integral (PEI). Esperamos que esse trabalho contribua para uma maior apropriação das questões de adolescência e juventude no ensino médio da rede estadual paulista.

Sobre as compreensões acerca de adolescência e juventude

A literatura assegura que o conceito de adolescência é uma construção histórica e cultural (ARIÉS, 1980). Até meados do século XIX, o indivíduo passava da infância (quando era tratado como um miniadulto ou ignorado em suas especificidades) diretamente para a vida adulta assim que seu corpo estivesse pronto para a reprodução. Não havia, portanto, uma etapa intermediária entre a infância e a idade adulta. A partir de profundas e nem tão gradativas mudanças na sociedade, associadas, entre outros fatores, a um maior desenvolvimento da razão (HABERMAS, 2002) e da ciência, da urbanização, do desenvolvimento industrial, da mudança no padrão de acumulação de capitais, dentre outros, o processo de viver em sociedade, de forma autônoma e independente, passou a ser mais complexo. Mesmo as mais simples tarefas cotidianas passaram a ser difíceis de serem executadas sem o mínimo de escolarização. As relações de natureza afetivas ficaram mais complexas e instáveis. O grau de especialização das profissões foi num crescente, de modo que se tornou cada vez mais necessário um maior preparo para a vida adulta (CALLIGARIS, 2000; PEREIRA, 2005).

Também por conta disso, o sujeito adolescente passou a ser visto em suas especificidades, as quais passaram a ser mais estudadas, de modo que ficou cristalizada a concepção de adolescência como um período intermediário entre a infância (igualmente reconhecida como uma fase da vida com especificidades também nesse período) e a vida adulta.

Estudos posteriores sobre adolescência apontam que se trata de um período da vida marcada por profundas mudanças físicas e emocionais, que começam com a puberdade e que, de acordo com a maioria dos especialistas atualmente, não tem um período definido para acabar, sendo o seu término delineado pela conquista de um patamar de autonomia emocional e financeira por parte do sujeito (PEREIRA, 2005; AMARAL, 2006). É nesse período que o sujeito sente mais evidentemente a necessidade de construir seu projeto de vida profissional e afetivo (SILVA, 2008), além de viver uma "crise de identidade", marcada por um processo de separação de suas referências da infância (os pais ou responsáveis, sobretudo), em que os grupos de amigos costumam ter papel decisivo, além de outras referências (algum professor, um artista, algum conhecimento etc.). São desafios dessa fase início da sua vida sexual em que o desejo é apontado prioritariamente para o outro (CALLIGARIS, 2000).

Nesse contexto de enorme incerteza e grandes desafios e à medida que são estudados aspectos mais específicos da adolescência, a compreensão de como poderia ocorrer o processo educativo de adolescentes tem se tornado cada vez mais necessário, ainda que somente tenha aparecido timidamente por volta dos anos 1970 no Brasil. E assim mesmo, aparecia apenas como apontamento dessa necessidade,[1] sem grandes pesquisas que pudessem propor formas de efetivá-lo. Isso porque os estudos sobre escola quase sempre vieram atrelados a interesses de natureza econômica relativos à inserção do sujeito no mercado de trabalho, conforme aponta Murrie (2000):

> As propostas de mudanças, se procuram contemplar as linhas pedagógicas do momento, principalmente, resvalam para uma resposta imediatista ao sistema social e econômico em crise. A formulação das reformas responde a três pontos

1 Segundo Anísio Teixeira (1954): "A nova pedagogia da nova escola secundária será, assim, a pedagogia da formação do adolescente, insistimos, como a da escola primária é a pedagogia da formação da criança. O programa consistirá de atividades educativas de nível adaptado a adolescentes, na diversíssima variedade de suas aptidões." (s./p.).

> diferentes: às necessidades econômicas imediatas, ditadas pelo critério da dependência externa; às pressões do campo acadêmico; e à cultura da população que vê o caráter de "status" e ascensão na escola (MURRIE, 2000, p. 65).

Não havia espaço para que os sujeitos, em suas especificidades, ganhassem destaque, conforme apontou Kuenzer (2000, p. 51) ao afirmar que, na rede pública, "são poucos os estabelecimentos que foram planejados para atender às características dos adolescentes. Em decorrência, não construíram sua identidade física enquanto escolas que educam jovens".

Entretanto, à medida que os estudos sobre o tema avançaram e diante da complexidade do que seria educar o adolescente na sociedade atual, essa situação tem sido alterada sensivelmente. Para tanto, também foram fundamentais o aprimoramento dos estudos sobre juventude feitos pela Sociologia, os quais também reverberaram na escola. Diferentemente do termo adolescência, a discussão de juventude está relacionada à sua análise como categoria social, mais distante, portanto, do viés individual típico das discussões psicológicas, conforme podemos ver na definição a seguir:

> [...] a juventude é atribuída como uma categoria social que torna-se, ao mesmo tempo, uma representação sócio-cultural e uma situação social. Podemos então pensar esse grupo como algo relativo que toma formas a partir dos comportamentos atribuídos por uma classe social, seja ela de etnia, nacionalidade, gênero, contexto histórico nacional e regional (DAYRELL, 2010,p. 3).

Cabe salientar o quanto é preciso contemplar o fato de que os adolescentes são sujeitos diferentes entre si, a despeito de suas especificidades, assim como há as diferentes juventudes,[2] que podem existir dependendo de diversos fatores, inclusive da classe social ao qual o sujeito está inserido. Dayrell (2010, p.3), a esse respeito, frisa o seu caráter de "condição social", a qual adotamos neste artigo.

Estudos recentes com características de estado da arte sobre os temas adolescência e juventude no contexto escolar apontam para a necessidade de insistir na explicitação das diferenças entre adolescência e juventude, conforme aponta Steingel e Dayrell (2017, p.28):

> [...] há uma distinção entre as categorias adolescência e juventude. Para haver uma interseção, ou quem sabe, uma terceira categoria que abarcasse as duas, ainda se fazem necessários muitos debates e aprofundamentos. Por isso, acreditamos que o uso das categorias deve ser feito com mais rigor, sem que haja superposição entre elas ou seu uso indiscriminado, como vimos em várias teses/dissertações, com os termos adolescente e jovem usados como sinônimos ou até mesmo um deles no título e outro nas palavras-chave.

São consideráveis as pesquisas sobre juventude associadas ao contexto escolar, cabendo o destaque para as contribuições de Sposito, Dayrell e tantos outros pesquisadores da área. Em comum a todas, merece destaque a necessidade de atender a algumas de suas maiores necessidades no contexto de desigualdade brasileira, como a inser-

2 Guimarães e Grinspun (2008, p. 3) apontam diferenças nas compreensões de juventude: "Para a Sociologia [...] a juventude que transita entre 15 e 24 anos, focaliza a figura do jovem inseguro dentro do contexto contemporâneo de futuro. Os estudos antropológicos [...] defendem a juventude como uma nova visão dos elementos culturais. Considera uma fase enriquecedora e apresenta a criação de uma "Cultura Juvenil". Para a História [...], a juventude não pode ser definida porque depende de fatores temporais, espaciais e culturais, dentro do período que a sociedade está sendo estudada."

ção, o acesso ou a permanência na escola ou na universidade desses jovens, as questões do aluno trabalhador, a importância da dimensão da arte e da cultura na escola, as diferenças campo-cidade e a necessidade de a escola média dialogar com a diversidade das juventudes brasileiras. No presente capítulo, daremos destaque aos problemas relacionados ao ensino médio no contexto do Estado de São Paulo.

As discussões de adolescência e juventude no contexto escolar

Nesta seção, vamos analisar a produção acadêmica resultante das percepções, representações, opiniões e sentidos construídos pelos adolescentes e jovens a respeito da escola, com foco para o ensino médio no estado de São Paulo, no período de 2010 a 2017.[3] Nosso objetivo é ter um balanço sobre a literatura acadêmica que nos possibilite compreender as relações entre os sujeitos sociais – nesse caso, os estudantes jovens e adolescentes – com a escola de ensino médio para, então, verificar como as políticas educacionais no estado de São Paulo incorporaram, ou não, tais conhecimentos.

No estado da arte sobre Juventude e Escolarização, coordenado por Sposito, foi realizado um recorte específico a respeito da relação dos jovens com a escola que se debruçou sobre teses e dissertações defendidas entre 1999 e 2006 nas áreas de Educação, Ciências Sociais e Serviço Social em âmbito nacional. Foram localizados 188 trabalhos, sendo 92% deles provenientes da área de Educação (DAYRELL *et. al.*, 2009). Dos sete grupos temáticos em que os trabalhos foram classificados, destacam-se quatro que nos interessaram de maneira

3 Trata-se de recorte de um levantamento bibliográfico maior sobre adolescência, juventude e escola que integra a pesquisa intitulada "Política Educacional Paulista (1995-2018)" financiada pela Fapesp, processo 2018/09983-0, coordenada pela Professora Márcia Aparecida Jacomini.

especial para os fins deste artigo e que somam 145 dos 188 trabalhos levantados: 1) questões de disciplina e de violência escolar; 2) percepções dos jovens sobre a escola; 3) propostas educativas sob a ótica dos alunos; 4) as relações sociais no cotidiano escolar. Essa pesquisa revelou um enorme crescimento na produção acadêmica e a crescente visibilidade e importância que o ensino médio assumia na agenda de investigações.

É interessante notar que as temáticas mais frequentes aludiam ao sujeito adolescente ou jovem, ao seu comportamento e à sua interação ativa com o ambiente escolar[4] (seja positiva ou negativamente). Nesse sentido, não deixa de ser curioso que o tema mais numeroso seja justamente o da violência e o da indisciplina escolares, revelando a presença de uma tensão e de uma fratura na sociabilidade escolar que passou a ser alvo da preocupação dos pesquisadores justamente no período em que havia ocorrido o processo de massificação do ensino médio no país por conta da entrada de novos públicos na escola. Nota-se, também, um forte interesse dos pesquisadores em compreender a percepção dos jovens sobre a escola, seus sentidos, e o papel que essa instituição passou a ocupar no seu cotidiano e em seu projeto de vida. As pesquisas também se debruçam sobre a dimensão microescolar, das interações internas, do cotidiano, perseguindo o caminho de produção das subjetividades juvenis e de sua interação com a forma escolar.

4 Em estado da arte anterior, também coordenado por Sposito (2002), que investigou o período de 1980 a 1998, o tema do sucesso e fracasso escolar era predominante – ou seja, o subtema "Jovens e Escola" tinha como preocupação principal os resultados escolares e as questões do ensino-aprendizagem. Naquele levantamento, o interesse dos pesquisadores pelas percepções dos alunos sobre a escola já aparecia, mas não de forma predominante. Outro dado é que o número total de pesquisas cresceu vertiginosamente ao longo do tempo: enquanto o estado da arte anterior localizou 387 trabalhos, o posterior (1999-2006), identificou 1.427 pesquisas.

O grande número de pesquisas sobre indisciplina e violência escolar (41) revela a existência de um mal-estar[5] e de uma tensão dentro das escolas que, embora não sejam fatos novos na escola pública de nível médio, pareciam tomar maiores proporções e assumir a forma de conflitos mais abertos.[6] O reconhecimento desta tensão e a investigação de suas causas suscitaram, naquele período, algumas respostas do poder público no estado de São Paulo, tais como a criação de programas de policiamento escolar feminino e a aprovação da Lei estadual n. 10.312/1999, proposta pelo Deputado Hamilton Pereira (PT/SP), que instituiu o Programa Interdisciplinar de Prevenção e Combate à violência nas escolas, e a criação do Programa Parceiros do Futuro pela Secretaria Estadual de Educação em 1999, que constitia na abertura de algumas escolas aos finais de semana. Tais medidas, entretanto, não atingiram o funcionamento escolar e pedagógico cotidianos que, segundo as pesquisas, pareciam ser a principal fonte das tensões na escola.

De modo geral, as pesquisas constatam uma atribuição de significados positivos à escola por parte dos jovens por dois principais motivos: 1) a escola é vista como um espaço de vivência do presente por meio das amizades, da sociabilidade juvenil, da convivência e da diversão; 2) a escola é vista como depositária de esperanças e projetos de um futuro melhor. Entretanto, tais sentidos positivos esbarram, quase sempre, numa escola que apresenta ca-

---

5 A ideia de mal-estar na escola secundária foi trabalhada por Bourdieu no início dos anos 1990, ao discutir a massificação escolar na França, com a chegada das classes populares nos liceus (BOURDIEU, 1998).

6 A violência escolar emergiu como fenômeno nos anos 1980 sob a forma de depredação, invasão, furtos e roubos aos prédios escolares, protagonizados, sobretudo, por agentes externos, delimitando um conflito entre as escolas e as comunidades em que estavam inseridas (CORTI, 2002). Nos anos 1990, este fenômeno assumiu um novo perfil e passou a ocorrer dentro da escola, durante as aulas, tendo como agentes do conflito os próprios estudantes (SPOSITO, 1998).

rências variadas, como falta de professores e funcionários, péssimas condições físicas e materiais, autoritarismo de diretores e professores e ensino desinteressante. Assim, o diagnóstico feito pelas pesquisas indica algumas demandas que deveriam ser satisfeitas a fim de aprimorar e qualificar a escola média, envolvendo mais investimentos por parte do estado na infraestrutura, bem como a inserção de novas metodologias e materiais que pudessem dialogar com a condição juvenil e com os seus desafios de vida.

O levantamento realizado por Lago, Souza e Santos (2016) incidiu sobre as teses e dissertações sobre Juventude e Ensino Médio nos programas de pós-Graduação em Educação, Ciências Sociais e Políticas Públicas, no período de 2007 a 2013. Foram localizados 143 trabalhos, sendo 130 da área de Educação, 11 das Ciências Sociais e 2 de Políticas Públicas. Foram localizados seis trabalhos sobre indisciplina e violência escolar, uma discutindo o policiamento escolar, outra articulando o tema às questões de gênero.

A questão da diversidade no ensino médio foi tratada por 23 pesquisas, ressaltando a heterogeneidade entre os estudantes, do ponto de vista racial, de gênero, territorial e, também, dos jovens com deficiências. Seis estudos debruçaram-se sobre as relações raciais, ressaltando a promulgação da Lei 10.639/2003 e mostrando os desafios enfrentados em sua implementação. Segundo as autoras do estado da arte, as pesquisas:

> [...] chamam atenção para a força simbólica da escravidão, da ideologia racista e do preconceito nessas relações reivindicando, ainda que não exclusivamente, um compromisso do sistema educacional com um projeto pedagógico antirracista, capaz de questionar convicções estabelecidas pelo processo histórico de inferiorização dos negros, das referências culturais de matriz afro-brasileira presentes no País e de tudo aquilo que tem origem no continente africano (LAGO *et. al.*, 2016, p. 63).

Igual número de trabalhos tematiza a inclusão dos jovens com deficiências, mostrando que houve avanços na legislação que garante o direito à educação dessa parcela dos adolescentes e jovens. No funcionamento das redes de ensino, ora se vê o predomínio de políticas de inclusão desses estudantes nas escolas regulares, ora de convênios com escolas e instituições especializadas no atendimento das deficiências específicas. As pesquisas mostram que, mesmo com as enormes dificuldades de acolhimento desses alunos pelas escolas regulares, sua presença tem alterado a visão dos professores e semeado novas preocupações e cuidados diante das demandas que eles trazem.

As relações de gênero e de sexualidade também foram objeto de preocupação de cinco pesquisadores, os quais constataram que as formas de sexualidade não hegemônicas, como a homossexualidade, são alvo de preconceitos ou de silenciamento por parte da escola, cujo currículo, oficial e oculto, é fortemente marcado pela heterossexualidade.

Um tópico desta pesquisa que nos interessa especialmente são os "Projetos e Programas" (35 pesquisas, num universo de 143 trabalhos) que abordam as políticas de educação no ensino médio.

O levantamento concluiu que há um primeiro aspecto que aparece nas pesquisas como um pano de fundo geral e perene: as precárias condições de infraestrutura das escolas públicas de nível médio no Brasil. Esse problema estrutural emoldura os mais diversos temas e assuntos investigados, sendo denunciado pela produção científica como o principal condicionante dos processos escolares.

> Apesar de nenhum estudo ter como objeto a infraestrutura e organização material desses estabelecimentos, chama atenção o fato de que, na maioria das pesquisas analisadas, há

> uma denúncia da precariedade das escolas, que se convertem no pano de fundo e contexto em que as experiências de professores e de jovens estudantes acontecem. Essa denúncia não se restringe à constatação da ausência de condições estruturais e materiais satisfatórias (prédios puídos; banheiros insalubres; escassez de laboratórios, de bibliotecas, de salas de informática, de computadores, de conexão com a internet etc.), mas também ao insuficiente suporte disponível às instituições de ensino para a manutenção e uso dos espaços (LAGO *et. al*, 2016, p. 125).

As pesquisas também expressam uma preocupação com a articulação das desigualdades sociais e educacionais na vida dos adolescentes e jovens, denunciando que o acesso dos mais pobres ocorre numa escola degradada, empobrecida, com problemas de funcionamento básicos e num contexto de baixa proteção social por parte do Estado, de modo que a pobreza, o desemprego, os problemas de saúde, de alimentação e de transporte, por exemplo, não podem ser abstraídos e marcam profundamente a escolarização destes sujeitos.

> Frente a essa situação, os estudos parecem indicar a relevância de políticas educacionais capazes de reverter uma realidade na qual as possibilidades de estudo de jovens pobres se concretizam a partir do acesso a uma escola relativamente degradada, cujas principais marcas são a precariedade dos edifícios escolares, a insuficiência de materiais pedagógicos e a falta de professores. Ao mesmo tempo, em alguns casos, expressam a relevância de ações que incidam não apenas na escola, mas sobre o contexto no qual os jovens estão enredados. Assim, chamam atenção para a infraestrutura dos bairros mais pobres e da (in)existência de uma rede de proteção social como fatores que podem incidir no desenvolvimento integral de jovens. (ibid., p. 126)

Observamos que os estados da arte mencionados complementam-se e permitem apreender os caminhos da produção científica, refletindo os temas de visibilidade midiática e teórica dos seus respectivos períodos (como a violência escolar no início dos anos 2000, e da diversidade na segunda metade da mesma década), mostrando capacidade da literatura de refletir sobre temas educacionais candentes e que dão pistas importantes para as políticas educacionais.

Adolescência e juventude no ensino médio paulista a partir da produção acadêmica

Historicamente, a discussão do ensino médio no país esteve muito relacionada à questão econômica. Com o aumento da urbanização e da industrialização, aumentou a pressão da população por mais escolarização, de modo que houve uma expansão do ensino secundário[7] em São Paulo a partir de 1945 (BEISIEGEL, 2006). Porém, o ensino médio, tal qual o conhecemos hoje, permaneceu muito restrito a uma pequena elite que o frequentava apenas como forma preparatória (propedêutica) para o ensino superior, enquanto havia outras proposições de profissionalização para os segmentos trabalhadores. Essas duas modalidades (propedêutica x profissionalizante) tem acompanhado esse nível de ensino desde então, passando a ser chamada pelos pesquisadores de 'dicotomia' ou 'dualidade histórica do

7 O ensino secundário era composto pelos anos finais do atual fundamental II e pelo ensino médio. Somente após a LDB de 1971 é que houve a separação dos três últimos anos desse ensino secundário, que passou a ser chamado de 'ensino de segundo grau' (BEISIEGEL, 2006). A partir da LDB de 1996, esse ensino de segundo grau passou a ser chamado de 'ensino médio', nomenclatura válida até hoje. Em todo o nosso trabalho, quando mencionarmos o ensino médio, estamos nos referindo às três séries finais da educação básica.

ensino secundário ou do médio' (BEISIEGEL, 2006; MURRIE, 1998; SILVA, 2008). A ditadura militar, com a reforma 5692/71, chamou de segundo grau os três últimos anos desse nível de ensino, separando-o do primeiro grau (que abarcou o antigo primário e o ginásio), buscando profissionalizar, sem sucesso, esse nível de ensino para todos.

Tentativas de superação dessa dicotomia ocorreram na lei 9394/1996, em que o ensino médio passou a fazer parte da educação básica, sendo sua última etapa. Trata-se de uma mudança, em termos formais, bastante inovadora: em vez de propedêutico, o ensino médio passou a integrar a educação básica, havendo um reconhecimento social, portanto, de que o ensino médio deveria fazer parte do patamar mínimo de educação considerado necessário para o exercício da cidadania.[8]

O processo de massificação do acesso ao ensino médio, juntamente com o rejuvenescimento de seu público, criou mais espaço para a discussão sobre juventude e adolescência nessa etapa escolar. A produção acadêmica sobre esses temas, bem como as pesquisas que articulavam esta discussão aos processos educativos, cresceu a partir dos anos 2000, num contexto em que também se multiplicavam as políticas públicas para a juventude. Tratava-se de deslocar a visão dos adolescentes e jovens como um problema social – enfoque

8 Embora tenha sido um avanço significativo do ponto de vista formal, ainda permanece nesse nível de ensino uma tensão nas políticas educacionais para o ensino médio que oscilam historicamente entre, por um lado, a busca por um ensino médio único para todos (como o modelo aprovado na LDB de 1996) e, de maneira bem mais aprofundada, o modelo do ensino médio integrado (que articula formação profissional e formação geral) e, por outro lado, o modelo dual (que separa educação profissional da formação geral, criando públicos diferentes para cada um destes cursos, tal como vimos na Leis Orgânicas da Educação dos anos 1940, no decreto de 2208 de 1997 e, mais recentemente, na lei 13.415/2017, atual Reforma do Ensino Médio).

que marcava fortemente a ação do Estado juntamente aos jovens, promovendo ações de disciplinamento e/ou de contenção – para uma abordagem dos jovens como sujeitos de direitos, o que resultou na criação de institucionalidades voltadas à juventude no país pela primeira vez na história: a Secretaria Nacional de Juventude e o Conselho Nacional de Juventude, em 2005.

Nesse contexto, constatamos um adensamento do conhecimento produzido acerca dos jovens e de suas relações com a escola e, especificamente, com o ensino médio, a partir dos anos 2000 no Brasil,[9] constituindo insumos importantes para a melhoria da qualidade da escola oferecida aos jovens e adolescentes, tarefa reconhecida como necessária diante do crescimento desordenado de sistemas de ensino massificados que, por sua vez, não haviam sido preparados para incorporar, em seus currículos e em suas práticas, as demandas desse público. Como apontou Silva:

> À medida que o conceito de adolescência se cristaliza e se estabelece, é provável que a percepção do ensino médio como escola para adolescentes também se estabeleça, de maneira que as identidades de ambos se fundam. Se é verdade que é na adolescência que a crise de identidade ocorre, tem-se daí a necessidade de haver uma escola em que os elementos presentes nessa crise sejam tomados como centrais em sua proposta curricular (SILVA, 2008, p. 263).

Discutiremos agora as quinze pesquisas que localizamos no período de 2010 a 2017, sobre o que denominamos como "Sentidos

9 Marilia Sposito coordenou duas pesquisas de estado da arte sobre juventude e educação que revelaram um aumento significativo na produção discente dos Programas de Pós-Graduação em Educação sobre o tema. A primeira pesquisa abarcou o período de 1980 a 1998 e identificou 387 trabalhos, e a segunda pesquisa, sobre o período de 1999 a 2006, localizou 971 trabalhos (SPOSITO, 2002, 2009).

da escola média para os jovens". Constatamos a predominância das abordagens qualitativas e uma constante ambiguidade do significado da escola para os adolescentes: enquanto ela é percebida como um espaço importante de sociabilidade e como via de obter sucesso profissional e pessoal, ela também é fonte de frustrações, raiva e desânimo (OMIO, 2010). Esse caráter ambíguo da escola também está presente entre estudantes de escolas particulares de ensino médio, que indicam a dimensão expressiva da escola como local de encontro, fruição, amizades, mas também uma dimensão instrumental, como passaporte para ocupar bons postos de trabalho (CUBA, 2013).

Na leitura dessas quinze publicações, identificamos a presença do caráter competitivo da escola, a frustração com a política de resultados evidenciadas na ênfase nas notas e a reivindicação por um espaço escolar mais humanizado (CABRAL, 2017). Nas escolas públicas, os alunos reconhecem o espaço escolar como um ambiente precarizado (LEITE, 2014), com condições problemáticas de infraestrutura que comprometem a qualidade do ensino. Ao reconhecerem a precariedade do ensino recebido na escola, os jovens buscam outros espaços de formação, como cursos profissionalizantes e o próprio mercado de trabalho (BARBOSA, 2011). Leite (2014) aponta, também, que os jovens não se enxergam com autonomia para realizar escolhas dentro do ambiente escolar e, mesmo nas outras esferas da vida, tal como a igreja e a família, sentem que sua inserção é sempre subordinada a algo/alguém. Em sentido convergente, Santos (2017) concluiu que a escola impõe uma disciplina e uma dominação que silenciam os "corpos juvenis", impossibilitando que os sujeitos sejam participantes ativos dentro da escola e que possam ser protagonistas de sua trajetória escolar. Em que pesem as críticas, a escola ainda é uma grande depositária das expectativas juvenis de um futuro melhor (OMIO, 2010; CABRAL, 2017; PEREIRA, LOPES, 2017).

> De maneira geral, podemos afirmar que o universo escolar configura-se, para muitos jovens, primeiro pela valorização do estudo como uma promessa futura de garantir a continuidade nos estudos pela entrada no Ensino Superior, ou melhores possibilidades para a disputa de um lugar no mercado de trabalho, ao mesmo tempo em que supre uma possível falta de sentido no cotidiano que vivenciam no presente, falta essa, porém, menos valorizada ou, na maioria das vezes, que não faz parte dos contextos escolares (PEREIRA, LOPES, 2016, p. 203).

A dissertação de Silva (2018) investigou as percepções de estudantes de uma escola da zona leste da cidade de São Paulo considerada de melhor qualidade na região, ressaltando que o aspecto mais elogiado pelos alunos é o bom relacionamento dos professores com os estudantes e a qualidade das aulas ministradas. Nas entrevistas realizadas, os alunos mencionaram o apoio dos professores em situações difíceis e revelaram o quanto a "fama" positiva do estabelecimento impactava no fortalecimento de uma representação mais otimista da escola e do próprio ensino recebido. O autor apontou que sucessivas mudanças de direção e o solapamento da qualidade da escola ocorreram, sobretudo, pela piora de suas condições de funcionamento, pela precarização da carreira que produziu situações como o absenteísmo docente e uma grande quantidade de professores eventuais, e por políticas sucessivas que, ao invés de fortalecerem o trabalho construído por uma equipe comprometida, tiveram como efeito a implantação de medidas centralizadoras e burocráticas que minaram e fragilizaram o trabalho da escola ao longo do tempo.

Reis (2014) investigou a relação dos jovens com o saber debruçando-se sobre a questão do desinteresse dos jovens pela escola. A autora apoiou-se em Bourdieu para concluir que há um desinvestimento libidinal e cultural dos jovens das classes populares em relação aos saberes escolares, o que tem origem no *ethos* familiar, ao mesmo tempo em que são convocados a participar das relações de consumo numa sociedade que estimula o hedonismo e o prazer imediato.

Do ponto de vista da política pública mais geral para o Ensino Médio, localizamos duas teses de doutorado. Oliveira (2017) analisou 24 teses e dissertações sobre a Reforma Educacional paulista dos anos 1990, com o objetivo de identificar as premissas analíticas utilizadas, as categorias e conceitos-chave por meio dos quais as reformas foram interpretadas. O autor concluiu que as pesquisas aportaram importante contribuição para a análise da Reforma, ao identificar sua inspiração neoliberal, ao descortinar os reais interesses imbricados nas medidas implementadas (para além do discurso oficial) e ao correlacionar as políticas a documentos e tendências internacionais. Entretanto, a ênfase demasiada em aspectos da "pequena política" (expressão de Antonio Gramsci), como o alinhamento de governantes às agendas de organismos internacionais e ao protagonismo de um partido político específico, aliado aos interesses do capital, impediram as pesquisas de analisarem a lógica reformista de forma mais ampla, como uma necessidade de ajustamento econômico que será compartilhada por partidos políticos de diferentes espectros políticos.

> O processo social de constituição de consensos e a formação de um pensamento educacional como patrimônio pluripartidário eram aspectos pouco explorados pela literatura especializada. Mais que enfrentar um tabu, a falta de consensos entre forças políticas opostas permitiu mostrar que a administração do aparato impunha limites intransponíveis àqueles que decidem administrá-lo no âmbito das regras impostas pelos interesses do capital (OLIVEIRA, 2017, p. 199).

Corti (2015) investigou a expansão do ensino médio em São Paulo nos anos 1990 e, mesmo não tendo as políticas educacionais como o foco principal do estudo, apresentou um levantamento do que foi implementado para o ensino médio e a sua interrelação com o crescimento das matrículas nesta etapa. Recorrendo a fontes variadas como análise diária de dois jornais, pesquisa documental, dados demográficos e educacionais do Censo Escolar, Corti (2015) observou que a expansão do ensino médio concentrou-se de 1991 a 1995, justamente em um período em que não havia financiamento próprio nem tampouco uma política curricular e de formação de professores específicas para essa etapa da educação básica. Nos anos posteriores, até 2003, foram implantadas algumas políticas sistêmicas na rede estadual que afetaram a oferta do ensino médio. Porém, ainda assim, permaneceu incipiente a criação de políticas específicas do ponto de vista da rede física, do currículo, da formação de professores, quase sempre atreladas a um único programa do governo federal chamado 'Escola Jovem'. Assim, a autora concluiu que o ensino médio não foi expandido pela adoção de políticas educacionais. Sua expansão ocorreu devido a dinâmicas demográficas educacionais e econômicas, como o crescimento da onda jovem, o aumento no número de concluintes do ensino fundamental e a crise econômica com desemprego estrutural, que afetou sensivelmente a população juvenil entre os anos 1990 e começo dos anos 2000 (CORTI, 2015).

Em sua dissertação de mestrado, Rodrigues (2016) investigou as relações público/privado debruçando-se sobre a parceria entre o Ministério da Educação (MEC) e o Instituto Unibanco a partir de 2011 em torno do Programa "Jovem de Futuro", que foi implementado com a adesão dos estados do Ceará, Goiás, Piauí, Mato Grosso do Sul e Pará. O Programa foi voltado a implantar uma nova gestão escolar baseada em resultados nas escolas públicas de ensino médio. A autora analisou as mudanças no espectro e na missão do Instituto Unibanco ao longo do tempo, apresentando um quadro interessante que mostra como esta missão foi se deslocando de um trabalho inicial, que tinha como referência clientes, funcionários e acionistas e uma multiplicidade de projetos com diferentes públicos e temas, para algo cada vez mais direcionado a um público-alvo específico (os jovens). A abordagem variou com uma ênfase, nos 2000, nos jovens em situação de vulnerabilidade e de áreas desfavorecidas, até chegar em 2010 com o foco nos jovens que frequentam escolas públicas de ensino médio. Desse modo, o Instituto passou a incidir no centro de uma política universal para a juventude que é a educação escolar pública. Encerrada a fase piloto do Programa "Jovem de Futuro", em 2010, o Instituto Unibanco passou a celebrar acordos com a intenção de disseminá-lo pelo país, transferindo sua 'tecnologia' ao setor público. A implementação contava com um curso sobre todas as etapas e fases do Programa; a criação de uma equipe supervisora do Instituto Unibanco nos estados; a criação de um Sistema de Gestão de Projetos (SGP), alimentado pelas escolas, com todos os dados necessários para monitorar as avaliações de desempenho dos estudantes; o envio de recursos diretamente às escolas, agora sob responsabilidade do Estado (na fase piloto esse financiamento era feito pelo próprio Instituto). Havia uma separação entre o campo estratégico do Programa, dirigido pelo Instituto e pelas Secretarias de Educação, e o campo operacional, desempenhado pelas escolas. Em suas conclusões, a autora afirma que a incidência do setor privado na agenda educacional não é algo novo, mas que a presença de instituições ligadas ao capital financeiro apresenta peculiaridades, como a incidência estrutural na concepção das políticas, mas também no âmbito micro, com ações diretas desenvolvidas em escolas, como formação, metodologias, monitoramento e avaliação.

Foram encontrados dois trabalhos sobre a política pública criada em 2010 que instituiu a figura do Professor-Mediador na rede estadual de ensino. A pesquisa de Rocha (2014) investigou a atuação do Professor-Mediador Escolar e Comunitário (PMEC) na região de São Carlos (SP), tendo como interesse principal verificar se esta nova medida ampliava as condições para que a escola pudesse atender aos adolescentes que cometeram atos infracionais. A Resolução nº 19 da Secretaria da Educação do Estado de São Paulo (SEE/SP), de 12 de fevereiro de 2010, instituiu o Sistema de Proteção Escolar (SPE), a partir do qual a SEE/SP abriu processo seletivo para professores interessados em desempenhar atividades como PMEC, visando à melhoria das relações interpessoais no ambiente escolar. Foram aplicados questionários aos professores-mediadores da região e realizadas entrevistas com sete professores que mantinham contato com adolescentes que cometeram ato infracional. Os professores chegaram até a função como estratégia de aumentar os ganhos salariais, sem haver uma preparação específica para a tarefa. A abordagem em relação aos adolescentes em conflito com a lei foi superficial e individual, limitando-se a conversas com os estudantes e ao estímulo para que omitissem sua situação judicial dentro da escola, a fim de evitar problemas com professores e outros estudantes, e reforçando seu estigma como um grupo que se opunha aos "alunos normais". A política pública mostrou-se, naquele momento, inócua pela ausência de uma metodologia e de medidas que pudessem efetivamente auxiliar na permanência do adolescente que cometeu ato infracional, revelando que a presença do professor-mediador não rompeu com a abordagem escolar tradicional, apenas reforçando-a no que diz respeito ao estigma dirigido àqueles adolescentes.

Em pesquisa mais recente sobre este mesmo Programa da Secretaria Estadual Paulista, realizado por Del Bianco (2019), a autora buscou analisar a implantação da metodologia de mediação de conflitos, que conta com uma trajetória em outras áreas, e como ela se deu no cotidiano escolar a partir da figura do professor mediador. Primeiramente a autora realizou uma sondagem com 26 secretarias estaduais de educação no Brasil, das quais 11 deram retorno, informando que, em seus estados, não havia a figura do professor mediador escolar. A pesquisa reconstituiu a história do Programa e verificou que o modelo adotado proporcionou uma curta formação inicial para o professor mediador, e outras formações a distância, bem como o acompanhamento do trabalho deste profisisonal, por meio de reuniões nas diretorias de ensino. Os professores que assumiram o cargo foram, geralmente, os contratados, não-efetivos e do sexo feminino, que precisavam complementar sua carga horária, não sendo observada a necessidade de um perfil para o exercício da função. O processo de formação e planejamento, bem como as condições em que a função era exercida, não parecem ter sido suficientes para desenvolver um Programa de Mediação de Conflitos: apesar das tentativas de diálogos e conversas que de fato ocorriam na escola, muitas vezes recorria-se à punição, outras vezes o desfecho era decorrente de decisão do professor-mediador (quando na mediação de conflitos espera-se que o desfecho seja dado pelas partes envolvidas). O professor-mediador realizava múltiplas tarefas dentro da escola: controle de faltas dos alunos, contato com as famílias, realização de informes nas salas, controle do uso do uniforme, atendimentos em razão da demanda variada de professores, controle de intervalos etc. Constatou-se que a comunidade escolar recebeu bem a figura do professor mediador, que houve ganhos com a presença deste profissional dentro da escola, mas uma série de fatores dificultaram a implementação efetiva de um trabalho de mediação de conflitos, destacando-se as equipes escolares cada vez mais reduzidas, com poucos funcionários, de modo que tarefas básicas da rotina escolar acabavam demandando a presença deste profissional, desviando-o de seu papel original.

Adolescência e juventude no estado de São Paulo a partir dos programas e das ações governamentais paulistas

Neste tópico, vamos analisar a movimentação das matrículas do ensino médio no estado de São Paulo entre 2008 e 2018, e as políticas educacionais que foram implementadas pela Secretaria Estadual de Educação neste período.

Com a massificação do acesso ao ensino médio a partir da década de 1990, assistimos a uma grande mudança no perfil desta etapa escolar: nas décadas anteriores ela atendia a uma população jovem e adulta, geralmente no período noturno; boa parte era composta por estudantes-trabalhadores com histórico de reprovações e abandonos escolares em suas trajetórias. Essa realidade mudou a partir de 1995 pois, paulatinamente, o ensino médio paulista passou a ampliar a oferta de cursos diurnos e a atender um público cada vez mais jovem, de modo que, atualmente, podemos constatar que o público que o frequenta é, majoritariamente, composto por adolescentes que não trabalham (SPOSITO, SOUZA, 2014). Entretanto, isso não significa a ausência, no estado de São Paulo, de um contingente expressivo de jovens e adultos trabalhadores que demandam ensino médio. Alguns fatores que podem explicar esse rejuvenescimento do público do ensino médio são: a correção de fluxo no ensino fundamental, praticada nas últimas décadas, que diminuiu as reprovações e possibilitou a diminuição da distorção idade-série; a postergação da entrada dos jovens no mercado de trabalho, por múltiplos fatores e; a diminuição da oferta de turmas no ensino médio noturno, tanto regular como na Educação de Jovens e Adultos (EJA) pelas políticas públicas oficiais.

A relação das políticas públicas específicas de ensino médio com a movimentação das matrícula é bastante intrigante. Nem sempre a expectativa de que as políticas públicas sejam um fator de indução na expansão do ensino se concretiza, uma vez que no caso do estado de São Paulo, o crescimento do ensino médio ocorreu sem a implementação de políticas públicas específicas para esta etapa.[10] A força que impulsionou o aumento das matrículas nos anos 1990 foi a pressão da população pela continuidade dos estudos, obrigando a rede pública a oferecer mais vagas, ainda que improvisadamente, inclusive para acomodar a nova demanda que migrou das escolas privadas durante a forte recessão econômica daquele período (CORTI, 2015).

Para termos uma ideia da evolução das matrículas apresentamos a Tabela 1, na qual podemos observar que a rede estadual foi a maior responsável pela oferta de vagas, mantendo seu protagonismo ao longo do período analisado na comparação com as outras redes de ensino.

Tabela 1. Matrículas Ensino Médio estado de São Paulo, 1995 a 2019

Ano	Estadual/ SEE	%	Municipal	%	Federal	%	Particular	%	Total
1995	1.179.297	77	31.137	2	3.873	0,2	318.839	20,8	1.533.146
2000	1.739.563	85	20.896	1	3.106	0,2	280.843	13,8	2.044.408
2005	1.610.279	85,3	16.715	0,9	2.069	0,1	258.705	13,7	1.887.768
2010	1.512.618	84,8	21.769	1	1.781	0,1	248.858	14	1.785.026
2015	1.468.597	82,7	22.655	1,2	3.514	0,2	282.381	15,9	1.777.147
2019	1.178.371	80,2	21.357	1,4	10.314	0,7	258.567	17,6	1.468.609

Fonte: Dados do Censo Escolar

10 Ao analisarem a história a educação no Brasil, Teixeira e Romanelli ressaltam que a tendência foi de expansão dirigida pela demanda social e não pela oferta estatal (TEIXEIRA, 1976; ROMANELLI, 1997). Oliveira enfatiza a importância de analisar a dinâmica social para compreender a universalização do ensino fundamental, afirmando que "o peso e impacto das decisões de governo são bem menores do que se é levado a supor se o foco da análise se torna a política governamental" (OLIVEIRA, 2007, p. 661).

Na Tabela 2, apresentamos a movimentação da matrícula entre 2008 e 2018, especificamente na rede estadual. A oferta estadual de ensino médio abrange duas redes de escolas distintas: aquela mantida pela Secretaria de Educação (SEE-SP) e a rede de escolas técnicas (ETECs) aquela mantida pelo Centro Paula Souza, gerida pela Secretaria de Desenvolvimento Econômico (SDE), e também as escolas mantidas pelas universidades públicas paulistas. Na mesma, verificamos que a rede SEE é responsável pela esmagadora maioria das vagas e, embora não esteja explícito nos dados, vale ressaltar que as ETECs são responsáveis pela maioria das matrículas na rede "Outras", sendo muito residual a oferta das escolas de aplicação das universidades estaduais paulistas.

Tabela 2. Matrículas na rede estadual, SEE-SP e Outras, 2008 a 2018

Ano	Estadual		Total
	SEE	Outras	
2008	1.450.902	32.937	1.483.839
2009	1.449.782	42.680	1.492.624
2010	1.512.618	54.509	1.567.127
2011	1.531.401	59.528	1.590.929
2012	1.524.398	64.421	1.588.819
2013	1.521.102	67.083	1.588.185
2014	1.547.380	70.519	1.617.899
2015	1.468.597	73.366	1.541.963
2016	1.502.433	76.352	1.578.785
2017	1.429.325	77.708	1.507.033
2018	1.273.037	80.718	1.353.755

Fonte: Dados do Censo Escolar

No período de 2008 a 2018 houve uma tendência à redução de matrículas, de modo que 2018 contabilizou 130 mil matrículas a menos do que 2008. Na rede "Outras", entretanto, percebe-se uma tendência progressiva e consistente de aumento nas matrículas. Estamos diante, portanto, de duas tendências contrárias. O aumento na rede "Outras" deve-se ao processo de expansão do Centro Paula Souza na última década com a criação de novas ETECs, com a oferta de classes descentralizadas e parcerias, tal como aquela estabelecida com a Secretaria Estadual de Educação no Programa REDE/Vence, que discutiremos adiante.

O ensino noturno teve uma importância histórica na democratização do ensino médio no estado de São Paulo. Entretanto, a participação relativa do ensino noturno no total das matrículas foi diminuindo ao longo do tempo, como podemos ver na tabela a seguir:

Tabela 3. Matrícula Ensino Médio por período, rede estadual Seduc, 2008-2018

Ano	Total Diurno	% Diurno	Total Noturno	% Noturno
2008	791.067	54,5	659.835	45,5
2009	799.825	55,2	649.957	44,8
2010	830.556	54,9	682.062	45,1
2011	864.513	56,5	666.888	43,5
2012	874.764	57,4	649.634	42,6
2013	910.543	59,9	610.559	40,1
2014	973.097	62,9	574.283	37,1
2015	961.967	65,5	506.630	34,5
2016	1.019.935	67,9	482.498	32,1
2017	1.003.135	70,2	426.190	29,8
2018	898.436	70,6	374.601	29,4

Como será verificado mais à frente, a rede estadual não apresentou nenhuma política de fortalecimento do ensino médio noturno entre 2008 e 2018. Pelo contrário, suas ações foram no sentido de promover sua redução e o fechamento de turmas. Paralelamente, uma das principais políticas defendidas pela SEE-SP para o ensino médio foi o Programa de Ensino Integral (PEI), que atende um perfil de estudante que não trabalha e que tem disponibilidade para estudar o dia todo, bem diferente do perfil do estudante-trabalhador que frequenta o noturno. Isso aponta uma intencionalidade na política pública de ensino médio que pode gerar a exclusão do direito à educação de jovens e adultos trabalhadores (GIROTTO; CÁSSIO, 2018).

No mesmo sentido, observamos uma redução na matrícula de EJA do ensino médio. A tabela abaixo mostra a oferta geral das redes de ensino, mas sabemos que a maior responsável pela oferta dessa modalidade no estado é a rede estadual SEE-SP. As matrículas no ensino presencial foram as que mais caíram, tendo uma redução de 50% no período. A EJA semipresencial teve redução de 29%, e a única modalidade que aumentou foi a EJA a distância.

De maneira global o estado de São Paulo perdeu, no período, cerca de 195 mil matrículas na EJA, um tipo de oferta importante para atender o estudante-trabalhador jovem e adulto, ao lado do ensino médio regular noturno.

Tabela 4. Matrículas Ensino Médio EJA 2008-2018

Ano	Presencial		Semi-presencial		A Distância		Total EM
	Nº	%	Nº	%	Nº	%	Nº
2008	362.776	79,1	95.777	20,9	0	0,0	458.553
2009	314.215	77,7	90.332	22,3	0	0,0	404.547
2010	243.201	80,2	59.920	19,8	0	0,0	303.121
2011	209.383	84,0	39.918	16,0	0	0,0	249.301
2012	190.867	79,5	49.130	20,5	0	0,0	239.997
2013	185.330	78,2	51.807	21,8	0	0,0	237.137
2014	169.433	73,1	62.416	26,9	0	0,0	231.849
2015	149.089	61,4	62.104	25,6	31.542	13,0	242.735
2016	170.405	68,1	73.531	29,4	6.329	2,5	250.265
2017	181.401	72,6	61.539	24,6	7.058	2,8	249.998
2018	181.591	69,1	68.480	26,1	12.679	4,8	262.750

Uma tendência que se revela na análise da movimentação das matrículas no período analisado é o aumento da participação do ensino diurno regular e do ensino médio integral[11] no conjunto da oferta de vagas. As únicas redes que aumentaram suas matrículas foram a rede federal (Instituto Federal de Educação, Ciência e Tecnologia de São Paulo com sua estrutura multicampi) e o Centro Paula Souza com as Escolas Técnicas Estaduais. A rede estadual SEE-SP foi a que mais teve redução de matrículas e, dada sua importância na oferta, acabou sendo a responsável pela diminuição global de vagas no ensino médio paulista.

É preocupante que, antes mesmo de nos aproximarmos da universalização do ensino médio no estado mais rico da federação, estejamos diante de uma redução das matrículas no período de 2008 a 2018. Dados da Pnad mostraram que, em 2018, o estado de São Paulo apresentava um déficit histórico de 42,7% de pessoas de 25 anos ou mais, sem ensino médio completo, e a taxa bruta de escolarização para a faixa de 15 a 17 anos foi de apenas 87,4%, sendo registrados mais de 250 mil adolescentes fora da escola.

Ao longo dos dez anos investigados, conseguimos identificar cinco ações da SEE-SP voltadas especificamente ao ensino médio e/ou com forte impacto direto nesta etapa de ensino. A magnitude e abrangência dos programas e projetos são variadas e incidem sobre dimensões diferentes tal como currículo, gestão democrática, modelos de oferta e reestruturação da rede física. O quadro abaixo apresenta as políticas selecionadas com uma breve descrição de cada uma delas.

11 No ano de 2018, o estado de São Paulo registrou 127.513 matrículas no ensino médio de tempo integral, sendo 113.697 delas ofertada pela rede estadual de ensino, o que corresponde a 8,3% o total de ensino médio desta rede. Assim, embora como veremos, o PEI seja um central no discurso do governo paulista para o ensino médio, sua oferta real ainda é bastante reduzida.

Quadro 1 - Programas e Projetos ensino médio Rede Estadual SP 2008-2018

Ano	Programa	Descrição	Governador	Secretário/a de Educação
2008	São Paulo Faz Escola	Criação do Idesp. Implantação de currículo centralizado e apostilado (Caderno do Professor e do Aluno). Introdução da bonificação de professores. Diversificação Curricular do Ensino Médio Criação da Disciplina de Apoio Curricular (DAC)	José Serra	Maria Helena Guimarães Castro
2011	Programa Rede de Ensino Médio Técnico – REDE	Política de ensino médio articulado à educação profissional técnica de nível médio, em parceria com IFSP e Centro Paula Souza	Geraldo Alckmin	Herman Voorwald
2012	Programa Ensino Integral (PEI)	Ampliação da jornada escolar do estudante Ampliação da jornada do professor com dedicação exclusiva na escola Mudança Curricular com a criação das disciplinas eletivas e Projeto de vida	Geraldo Alckmin	Herman Voorwald
2015	Reorganização Escolar	Reestruturação da rede física escolar com fechamento de 93 escolas e reagrupamento de outras 1.464 unidades, separando o ensino fundamental I, para crianças do 1º ao 5º ano; ensino fundamental II, do 6º ao 9º ano; e ensino médio	Geraldo Alckmin	Herman Voorwald
2017	Projeto Gestão Democrática (PGD)	Grêmios estudantis/OP Jovem	Geraldo Alckmin	José Renato Nalini

Fonte: Os autores.

O quadro acima mostra que as iniciativas da política educacional para o ensino médio incidiram principalmente sobre a dimensão do currículo (São Paulo Faz Escola, Programa REDE e PEI), sendo que o primeiro se caracterizou como uma reforma curricular e teve enorme abrangência, enquanto os outros dois programas incidiram no currículo, mas propuseram, sobretudo, novos modelos de oferta de ensino médio: um convênio com a rede federal para oferta de educação profissional no primeiro caso e um modelo de tempo integral no segundo. Os outros dois programas focalizaram a gestão e a reestruturação da rede física escolar. Entretanto, como veremos a seguir, essa separação da política educacional em distintas dimensões ou focos não pode encobrir a interrelação entre eles e sua convergência para a implantação e/ou aprofundamento de um modelo sistêmico de educação que é o da gestão por resultados. Apresentaremos a seguir cada um desses programas.

Programa São Paulo Faz Escola

O Programa São Paulo Faz Escola ficou conhecido por implementar, em 2008, um currículo único para toda a rede estadual gerida pela SEE, baseado em materiais padronizados para professores e estudantes. Foram distribuídas apostilas para a rede estadual que surpreenderam pelo grau de prescrição e estruturação das sequências didáticas, divididas aula a aula e por bimestre. O caderno do aluno e o caderno do professor foram peças essenciais dessa reforma curricular, que foi direcionada para os anos finais do ensino fundamental e para o ensino médio.

> Esses cadernos são constituídos por planos de aulas, denominados Situações de Aprendizagem, nos quais são apresentados os temas e os conteúdos específicos que devem ser estudados em cada bimestre do ano letivo, segundo uma

> determinada sequência didática apontada pela equipe técnica da SEE/SP, responsável pela elaboração desses cadernos. Essas Situações de Aprendizagem indicam quais são as estratégias metodológicas, os recursos didáticos e o tempo que o estudo de cada conteúdo escolar deve usar. Indicam também as competências e habilidades que devem ser desenvolvidas e as estratégias para a avaliação e a recuperação da aprendizagem. Com sutis diferenças, todos os cadernos de todos os bimestres e séries/anos apresentam essa mesma sequência de orientação didática (SANTOS; FRENEDOZO, 2017, p. 3-4).

Catanzaro (2012), em sua dissertação, analisou os documentos do Programa São Paulo Faz Escola, implementados em 2008, buscando relacioná-los a orientações normativas nacionais e internacionais, e investigou sua implementação em uma escola de ensino médio. Segundo a autora, o Programa teria partido de uma compreensão, expressa pela intelectual que estava à frente da pasta educacional à época - Maria Helena Guimarães - de que a autonomia das escolas para a definição de seu projeto pedagógico havia se mostrado, ao longo do tempo, uma tática ineficiente. Nesse sentido, a definição de um currículo centralizado pelo estado de São Paulo era apresentada como a solução para os problemas da rede de ensino. A autora concluiu que o Programa foi criado devido à crença de que os baixos rendimentos dos alunos decorriam da má formação dos professores e da falta de tempo para planejarem suas aulas. O material didático estruturado (os cadernos por ano e por bimestre) seria a base do Programa, sendo o instrumento para a avaliação dos estudantes e professores (que passaram a receber bônus conforme as notas das escolas na avaliação estadual). Ao investigar os usos do material por nove professores, a autora observou que houve uma apropriação muitas vezes diversa da oficial, com a seleção de trechos a serem trabalhados, complementação com uso de outros materiais didáticos, subversão da ordem dos conteúdos e em alguns casos, a não-utilização do caderno oficial, substituindo-o pelo livro didático. Utilizando como referencial teórico Michel Foucault, a autora concluiu que o Programa analisado opera na lógica da governamentalidade, que é totalitária, mas também individualizante, buscando controlar os resultados, mas também servir de autorregulação entre sujeitos que se vigiam e se fiscalizam mutuamente, reduzindo a autonomia da unidade escolar nos processos educacionais.

Santos e Frenedozo (2017) em artigo baseado na tese de Santos,[12] analisaram o currículo instituído na rede estadual paulista em 2008, privilegiando a análise do caderno do aluno, do caderno do professor e das entrevistas com docentes. Os autores utilizam como referencial teórico Giroux, Apple, McLaren e Gandin para indicar as implicações de um currículo centralizado para a autonomia dos professores, pois retira-se deles a essência de sua atividade profissional, que é o planejamento de suas aulas. Desta forma, o Estado prioriza a racionalidade técnica em detrimento de uma formação cidadã crítica e um treinamento dos alunos para avaliações padronizadas.

> Considerando que esse currículo ancora-se na ideologia capitalista e neoliberal, porque, entre outras características, prioriza a racionalização técnica e centralização do poder nas mãos da administração, então entende-se que tal currículo fomenta a reprodução da desigualdade social, pois,

12 SANTOS, R. dos. *Uma análise crítica sobre o novo currículo oficial da rede de ensino da secretaria da educação do estado de São Paulo*' 25/02/2015 250 f. Doutorado em ENSINO DE CIÊNCIAS Instituição de Ensino: UNIVERSIDADE CRUZEIRO DO SUL, São Paulo Biblioteca Depositária: Haddock Lobo Neto. Não foi possível recuperar a tese, pois ela não está disponível na internet. Por esse motivo nos baseamos no artigo escrito pelo autor em co-autoria com sua orientadora.

> assim como discorrem Bourdieu e Passeron (2014), o sistema reproduz as desigualdades sociais pela vertente da educação ao mostrar/incentivar (valorizar) um caminho e omitir outros (desvalorizar). Assim, ao valorizar uma cultura, um conhecimento, pratica a centralização do poder, porque a/o cultura/conhecimento com maior valor é sempre aquele que não é atingido por todos, e mesmo assim, por força da ideologia, todos aceitam que essa cultura/conhecimento tenha mais valor e que pode ser seguido/tomado como modelo (SANTOS, FRENEDOZO, 2017, p. 5).

Por fim, os autores denunciam que, diferentemente do que é afirmado nos documentos oficiais, o currículo paulista implantado em 2008 apoia-se nas Teorias Tradicionais de Currículo, prevendo uma padronização do ensino para todas as escolas.

No âmbito do Programa São Paulo Faz Escola também foi criada uma nova disciplina para o ensino médio: a DAC - Disciplina de Apoio Curricular, que contava com o número significativo de seis aulas no terceiro ano, voltadas à preparação para o vestibular e para o Enem (SÃO PAULO, 2007). Para subsidiar a implementação dessas aulas, a SEE-SP distribuiu o Guia do Estudante da Editora Abril, um material já comercializado anteriormente e voltado ao vestibular. Foi uma compra de enormes proporções já que todos os estudantes da terceira série do ensino médio receberam esse material, em escolas de todo o estado de São Paulo.

Analisando os materiais curriculares do Programa São Paulo Faz Escola, Neira (2011) concluiu que:

> Enfim, como se pode notar, uma rápida análise dos Cadernos do Professor deixa transparecer o foco na formação de um sujeito em conformidade com a sociedade que aí está. As competências e habilidades que pretende desenvolver por meio dos conteúdos relacionados agregam significados

> e sentidos pertencentes aos grupos dominantes e veiculam representações hegemônicas de mundo, reduzindo o espaço para a manifestação de outras concepções. Por essa razão, o professor é posicionado como mero transmissor de conhecimentos de pouca tradição, mediante uma abordagem superficial e sem qualquer espaço para a crítica ou para o reconhecimento dos seus saberes. (p. 26)

A reforma curricular fez parte de um conjunto de medidas visando implantar a gestão escolar por resultados na rede estadual, inspirada nos modelos gerenciais da iniciativa privada. Esse modelo, quando aplicado à escola, fortalece o controle sobre os processos de ensino de maneira a centralizar a definição do currículo nos órgãos da administração central. O objetivo é homogeneizar, desde cima, processos que levem aos resultados esperados nas unidades operacionais de produção descentralizadas (as escolas), medidos por avaliações externas de larga escala. Trata-se de uma tendência global da política educacional, também encontrada em outros países. Como afirma Laval (2019)

> Esse Estado, guiado pelos novos princípios da ação pública, define as grandes perspectivas e avalia a posteriori os resultados dessa gestão mais autônoma com o auxílio de um instrumental estatístico rigoroso, que permite o comando nas unidades locais e periféricas (p.38).

Não foi à toa que esta racionalidade educacional implantou, paralelamente à padronização curricular, o mecanismo *neotaylorista* da bonificação por mérito aos professores: por meio do qual as escolas e os professores, exitosos em atingir as metas, passaram a receber uma recompensa pecuniária. Como já havia dito Frederick Taylor em seu livro "Administração científica do trabalho" publicado em 1911:

> Portanto, para que haja alguma esperança de obter a iniciativa de seus trabalhadores, o administrador deve oferecer-lhes incentivo especial, além do que é dado comumente no ofício. [...] E somente quando é dado estímulo especial ou incentivo desse gênero é que o patrão pode esperar obter a iniciativa de seus empregados (TAYLOR, 1911, p. 39).

Segundo Ramos, no período que esteve à frente da Secretaria da Educação, Maria Helena Guimarães de Castro implantou, além do programa São Paulo Faz Escola e da política de bonificação por mérito, a mudança na matriz de referência do Saresp, o Programa Qualidade na Escola (PQE) e o Índice de Desenvolvimento do Educação do estado de São Paulo (Idesp) – o que mostra que a mudança no currículo de ensino médio foi parte de um conjunto articulado de iniciativas voltadas ao aprofundamento de uma gestão por resultados (RAMOS, 2016).

Do ponto de vista das questões de adolescência, este Programa comete um dos principais e mais graves erros ao lidar com esse seu público: o de desconsiderar fatores mais amplos relacionados ao sujeito adolescente, priorizando exclusivamente uma racionalidade técnica que, por sua vez, passará completamente ao largo daquilo que é relevante ao sujeito, conforme aponta Amaral (2006, p. 94):

> É como se o essencial desses jovens, ou seja, sua dinâmica emocional, estivesse passando ao largo do mundo adulto. Ao contrário disso, exige-se uma competência desses jovens, os quais são avaliados segundo uma racionalidade totalmente alheia ao imaginária dos mesmos.

O balanço das pesquisas sobre juventude, adolescência e ensino médio indica o currículo como uma das dimensões a serem aperfeiçoadas na direção da melhoria do ensino e mencionam a importância de metodologias mais ativas e experimentais, com o uso de espaços para o aprendizado prático tal como os laboratórios, bem como a importância da arte e da cultura como dimensão formativa para os jovens. Entretanto, estes elementos estiveram ausentes da proposta curricular do Programa São Paulo Faz Escola. A padronização curricular voltada à produção de resultados é dissonante com o que indicam as pesquisas, na medida em que um ensino mais contextualizado, aberto ao diálogo com os jovens e que incorpore a dimensão cultural no seu sentido mais amplo, exigiria uma organização de tempos e espaços curriculares mais abertos e não engessados, o fortalecimento da formação e da carreira dos professores para que tivessem condições de implementar ações currículares baseadas em conhecimentos científicos e culturais consistentes, a serviço de uma formação geral rigorosa e enriquecedora, dificilmente mensurável em testes padronizados e na produção de escores nas avaliações.

Este desencontro em relação ao currículo adotado e as demandas e interesses dos estudantes também pode ser verificado na resistência de muitos ao uso do Caderno do Aluno e aos atos que representam desinteresse, indiferença, gozação, diversão ou até mesmo protesto em relação às chamadas "apostilas", como rasgar as folhas na saída da escola ou queimá-lo (GUIMARÃES, 2017).

Alunos da rede pública rasgam livros para comemorar fim das aulas. In: https://noticias.r7.com/sao-paulo/alunos-da-rede-publica-rasgam-livros-para-comemorar-fim-das-aulas-13122017. Acesso em 20/10/2020.

Alunos rasgam apostilas em frente de escola estadual para comemorar fim de ano letivo em Sorocaba. In: https://g1.globo.com/sp/sorocaba-jundiai/noticia/2018/12/03/alunos-rasgam-apostilas-em-frente-de-escola-estadual-para-comemorar-fim-de-ano-letivo-em-sorocaba.ghtml

Programa Rede de Ensino Médio Técnico – REDE

O Programa Rede de Ensino Médio Técnico - REDE foi lançado em 2011 como sendo uma parceria entre a Secretaria Estadual de Educação, o Centro Paula Souza (CPS) e o Instituto Federal de Educação, Ciência e Tecnologia de São Paulo (IFSP)[13] com o objetivo de ofertar educação profissional para os estudantes do ensino médio. Em matéria divulgando o lançamento do Programa, o governador Geraldo Alckmin (SÃO PAULO, 2011) afirmou que:

> É um estímulo para o aluno que terminou o 9º ano do Ensino Fundamental, para que ele não pare de estudar. Dessa forma estaremos diminuindo a evasão escolar e proporcionando ao estudante uma formação para o mercado, pois ele já poderá sair do Ensino Médio com um diploma técnico e conquistar um bom emprego.

O programa ofertaria dois tipos de cursos técnicos: concomitantes e integrados ao ensino médio. No primeiro ano de implantação (em 2012), previa-se a oferta de 100 mil vagas que deveriam aumentar progressivamente até abranger 30% dos estudantes de ensino médio que cursariam a modalidade articulada à educação profissional, o que representaria 450 mil estudantes.

O Programa parecia ainda mais ambicioso quando afirmava, na resolução n. 47 de 12/07/2011, que o concluinte do ensino fundamental na rede estadual passaria a ter o direito de cursar o ensino médio articulado com a educação profissional, dando a entender que havia a intenção de universalizar essa política:

---

13 O Programa também previa a chamada pública de instituições privadas, e um investimento inicial de R$ 60 milhões da Secretaria Estadual de Educação.

> Artigo 1º - Fica assegurado ao aluno, concluinte do ensino fundamental, o direito de cursar o ensino médio de forma articulada com a educação profissional técnica de nível médio, nos termos estabelecidos pelo artigo 36-B da Lei federal nº 9.394, de 20.12.96, e em conformidade com a presente resolução.
>
> Parágrafo único – o ensino médio articulado, previsto no caput deste artigo, poderá ser oferecido de forma integrada a quem já tenha concluído o ensino fundamental, efetuando-se matrícula única para cada aluno, ou, concomitante, a quem ingresse no ensino médio ou já o esteja cursando, efetuando-se, neste caso, matrículas distintas para cada curso. (SÃO PAULO, 2011)

A Resolução previa a oferta de ensino médio articulado-integrado, por meio de parceria da SEE-SP com o IFSP e com o CPS, criando uma nítida divisão de responsabilidades: enquanto a Secretaria Estadual de Educação seria encarregada da formação geral, as outras instituições ofereceriam a formação técnica. O problema é que este formato reafirmava justamente aquilo que o modelo do ensino médio integrado buscava romper: a dicotomia e a separação entre o ensino médio/formação geral e o ensino técnico/educação profissional.

O Decreto 5.154/2004 previa que a articulação entre a educação profissional técnica de nível médio poderia se dar de duas formas: integrada, caracterizada por curso na mesma instituição e com matrícula e currículo único; e o concomitante, na qual a complementaridade entre ensino técnico e ensino médio pressupunha matrículas distintas para cada curso. Entretanto, o que a Secretaria de Educação paulista propunha no Programa REDE não era nenhum destes modelos previstos em lei, mas um terceiro, que era chamado de integrado e que, na prática, era um curso concomitante. Por essa razão, a implementação dessa parceria gerou muitas polêmicas e questionamentos, principalmente no IFSP, onde, após a saída do reitor[14] que havia celebrado o convênio, houve uma consulta pública interna com os servidores dos vários *campi* para verificar se a comunidade aprovava ou não a continuidade da parceria com a Secretaria Estadual de Educação. O resultado da consulta foi contrário à continuidade do convênio, finalizado em 2015 e não renovado.[15]

No convênio número 002/2011 celebrado entre a SEE-SP e o IFSP, é possível constatar que que a Secretaria Estadual de Educação se responsabilizava por selecionar uma escola estadual em cada município, na qual seriam oferecidas até duas turmas de ensino técnico "integrado", sempre no período diurno. Infelizmente, não conseguimos obter os dados dessa parceria, mas no Relatório de Gestão do IFSP referente ao ano de 2012, consta que a instituição havia tramitado o Projeto Pedagógico de 16 cursos dentro do convênio com a SEE-SP.

Tudo indica que a abrangência e escala da parceria com o IFSP foi bem menor do que a celebrada com o Centro Paula Souza (CPS). No Relatório de gestão do CPS relativo ao período 2012/2016, esta parceria com a SEE-SP é apresentada como Programa VENCE: "Por meio dessa parceria, são oferecidas vagas nas escolas estaduais de duas maneiras: o estudante pode cursar o Ensino Médio regular em uma escola estadual e o curso técnico na Etec ou cursar ambos na mesma escola estadual (RELATÓRIO DE GESTÃO, CPS, 2016).

No relatório do CPS consta com bastante destaque que o curso mais expandido pela instituição no quadriênio havia sido

14 O reitor que celebrou o convênio com o governador Geraldo Alckmin foi Arnaldo Augusto Ciquielo Borges, enquanto o reitor que realizou a consulta pública e efetuou a suspensão do convênio foi Eduardo Modena.

o Ensino Médio Integrado (ETIM), cujas matrículas passaram de 9.499 em 2012, para 50.860 em 2016. Uma vertente desta expansão teria sido o que eles chamam de Programa Vence, a parceria com a Secretaria Estadual de Educação, o que nos leva a crer que dentro do CPS o Programa REDE teria sido batizado como Vence. Vale destacar que o CPS destaca em seu relatório o mérito do ensino médio integrado enquanto ensino de tempo integral, e enfatiza a importância de aumentar o tempo que os jovens permanecem na escola, sem mencionar a integração entre formação básica e formação profissional – o que é a principal característica deste modelo de ensino – aspecto que é bastante enfatizado na rede federal, onde o modelo não implica, necessariamente, em ensino de tempo integral, como ocorre no Centro Paula Souza.

A parceria do Centro Paula Souza com a Secretaria Estadual da Educação permaneceu ativa pelo menos até 2019.[15] Dados fornecidos pela instituição mostram que em 2019 foram oferecidas 2.042 vagas dentro do Programa, sendo 401 dentro do modelo de oferta do ensino médio na escola estadual e oferta do curso técnico na Etec, e 1.641 vagas no modelo de oferta tanto do ensino médio quanto do curso técnico dentro da rede estadual. O padrão das matrículas revela uma descontinuidade na oferta do primeiro modelo no Programa (ensino médio na escola estadual e curso técnico na Etec) pois, em 2019, foram registradas apenas 81 matrículas no 1º ano, enquanto no 2º ano foram 129 e no 3º ano 181. Já no segundo modelo (ensino médio e curso técnico dentro da escola estadual), as matrículas foram mais numerosas e não se observou este dese-

15 No "Mapeamento das escolas técnicas 2019" disponível no site do Centro Paula Souza constam dados de oferta de cursos pelo Programa Vence. Não sabemos se este programa permanece ativo em 2020.

quilíbrio entre as matrículas nos três anos do ensino médio (foram 547, 587, 507 matrículas respectivamente no 1º, 2º e 3º anos). Em relação ao tipo de curso oferecido percebe-se pouca diversificação e enorme prevalência do eixo Gestão e Negócios,[16] pois os cursos ligados a este eixo representaram 76% das vagas oferecidas em 2019.

De forma análoga ao que ocorreu em relação ao IFSP, o modelo oferecido se caracterizava mais como curso concomitante do que como integrado – modo como ele foi classificado e como aparece nos dados oficiais do censo escolar. Essa questão suscitou muitos questionamentos na ocasião de celebração do convênio e foi necessária uma consulta ao Conselho Nacional de Educação (CNE) para que fosse emitido um parecer a respeito. No documento, o CNE reconhece o problema, mas emite parecer autorizando o modelo e sua classificação como curso integrado, afirmando que o convênio prevê um projeto pedagógico unificado e certificação única, mesmo que as matrículas sejam distintas, e que se trata de uma oferta em regime de intercomplementariedade. Mas o principal argumento que sustenta o parecer do CNE favorável ao convênio é que os cursos se enquadram no regime de experimentação pedagógica previsto pela LDB.

> [...] embora as matrículas sejam distintas, em escola de Ensino Médio da rede estadual de ensino e na correspondente escola técnica do Centro Estadual de Educação Tecnológica Paula Souza ou do Instituto Federal de Educação, Ciência e Tecnologia de São Paulo, as mesmas foram unificadas pelo regime de intercomplementaridade, que oferece sustentabilidade ao planejamento, desenvolvimento e avaliação de "projeto pedagógico unificado", com certificação única, nos termos do art. 36-A da LDB [...]

16 Os cursos oferecidos neste eixo foram: administração, logística, marketing, secretariado e serviços jurídicos.

> Entretanto, poderia, ainda, ser levantada uma questão específica em relação à denominação de Ensino Médio integrado a um curso supostamente estruturado e organizado de forma concomitante, se nos ativermos aos estritos termos da letra do art. 36-C, inciso II, alínea c da LDB. A questão mais complexa envolve o financiamento do FUNDEB, o qual está previsto apenas para a Educação Profissional Técnica de Nível Médio desenvolvida de forma integrada com o Ensino Médio e não para a forma concomitante ou subsequente com o Ensino Médio. Estas duas últimas alternativas não são caracterizadas como cursos de Ensino Médio e, portanto, fora da abrangência do FUNDEB. Creio que essa pendência pode ser resolvida pela caracterização dos cursos em questão no regime de experiência pedagógica previsto pelo art. 81 da LDB (BRASIL, 2011).

Por fim, não encontramos informações disponíveis a respeito do modo como o Programa celebrou as parcerias privadas, mas tudo indica que, enquanto a parceria com o CPS e IFSP ofertou o ensino médio articulado-integrado, essas parcerias teriam oferecido apenas cursos concomitantes. Dados fornecidos pela FDE para o período de 2012 a 2015 apontam a oferta de 74.996 vagas por meio de parcerias do programa REDE com instituições privadas.[17] A hipótese, que parece plausível mas ainda não confirmada pelos dados disponíveis, é que a oferta de cursos concomitantes por meio de parceria privadas tenha sido muito superior ao número de vagas ofertadas em parceria com as instituições públicas de educação como Centro Paula Souza e o IFSP. Outro aspecto a ser verificado seria o cumprimento da meta de atingir 450 mil jovens até o final do Programa – o que as informações parciais disponíveis indicam que tenha sido pouco provável.

17 Dado obtido pela pesquisadora Elydimara Durso dos Reis junto à FDE (aqui inserido para uso interno da pesquisa apenas).

O modelo do ensino médio integrado é uma bandeira histórica no campo dos estudos entre educação e trabalho: ele parte da noção de formação omnilateral, do trabalho como princípio educativo, no seu sentido ontológico, e da necessidade de romper a dualidade histórica do ensino médio no Brasil que produziu diferentes modelos de escola para as diferentes classes sociais. Inspirado no modelo da escola unitária de Gramsci, o ensino médio integrado busca superar a dicotomia entre trabalho manual e trabalho intelectual, numa formação escolar que articule densa formação geral baseada no trabalho, ciência, tecnologia e cultura. Este modelo foi fortalecido e expandido no Brasil a partir do Decreto 5.154/2004 no governo Lula, tendo a rede federal como principal ofertante no início, mas sendo ampliado posteriormente em diversas redes estaduais.

Sabe-se que no período em que o Partido dos Trabalhadores (PT) ocupou a presidência do país, as políticas nacionais sofriam resistência para serem implementadas no estado de São Paulo, governado pelo Partido da Social Democracia Brasileira (PSDB). Quais circunstâncias teriam surgido a partir de 2011 que teriam modificado esse quadro e suscitado a ampliação dessa modalidade de ensino médio na rede estadual paulista, e no Centro Paula Souza?

Uma hipótese que pode ser levantada é o fato do ensino médio integrado oferecido na rede federal apresentar bons resultados nas avaliações de larga escala, notadamente no PISA e no Enem. Vale destacar, também, que no Centro Paula Souza o ensino integrado é oferecido em tempo integral, o que aparece como sua principal virtude nos relatórios da instituição, e como veremos a seguir, essa foi uma bandeira política do governo do PSDB no período: o ensino médio de tempo integral. De todo modo, percebe-se que a escala do Programa foi reduzida e não se tratou de uma política prioritária para o ensino médio.

Outra possibilidade a ser considerada é que o Programa tenha sido uma tentativa de atingir a meta de 30% dos estudantes do ensino médio fazendo cursos técnicos, apresentada no lançamento do Programa e retomada em diversos momentos pelo governo do PSDB. O parecer do CNE, já citado, exaltava o Programa mencionando justamente a baixa oferta de ensino técnico aos jovens do estado de São Paulo (15%), considerando a excelência das duas redes de educação profissional no estado: o Centro Paula Souza e o Instituto Federal.

A expansão do atendimento à juventude por parte de duas redes de educação profissional consideradas de excelência é algo desejável, pois uma parte dos jovens apresenta a demanda por educação profissional de nível técnico. Entretanto, os formatos praticados pelo Programa Rede não podem ser considerados equivalentes ao ensino integrado oferecido no CPS e no IFSP, pois boa parte da oferta se deu fora destas redes e com profissionais externos. Na investigação do êxito desta política juntamente aos jovens seria necessário entrevistá-los, analisar o currículo e a carga horária praticadas, bem como a compatibilidade entre os cursos oferecidos e as demandas dos estudantes, questões que permanecem em aberto.

Programa Ensino Integral (PEI)

O Programa Ensino Integral (PEI) foi criado em 2012 no âmbito do Programa Educação Compromisso de São Paulo.[18] No documento orientador 'Diretrizes do Programa Ensino Integral' aparece de forma explícita a vinculação entre o PEI e a gestão por resultados, objetivo maior da Secretaria de Educação, que deve ser alcançado por meio de diversas medidas:

---

18 Já haviam sido criadas em 2006 as Escolas de Tempo Integral (ETIs) na rede estadual paulista, inicialmente voltadas para o ensino fundamental.

> Com o intuito de difundir, na rede de ensino do Estado de São Paulo, modelos de gestão escolar voltados para melhoria dos resultados educacionais, foram várias e significativas as iniciativas ao longo dos últimos anos (SÃO PAULO, 2012, p. 6).

Também fica evidente que se trata de uma iniciativa inspirada na experiência pernambucana protagonizada pelo Instituto de Corresponsabilidade pela Educação (ICE).[19]

Implantado pela Lei Complementar nº 1.164, de 4 de janeiro de 2012, alterada pela Lei Complementar nº 1.191, de 28 de dezembro de 2012, o Programa atendeu no seu primeiro ano 16 escolas de ensino médio, chegando a 417 unidades em 2019. O foco do modelo era o aumento da jornada escolar do estudante com reformulação da proposta curricular, e a ampliação da jornada docente e de outros profissionais da escola para 40 horas semanais, dedicadas a um único estabelecimento. Assim, o Programa parece recuperar reivindicações históricas de grupos que defendem o direito à educação e sua democratização no Brasil, por um lado aumentando o tempo de formação escolar dos estudantes e, por outro, fixando os profissionais da educação numa única escola, garantindo assim a melhoria de suas condições de trabalho juntamente aos alunos e à comunidade. Outra justificativa dada pela SEE-SP em seus documentos refere-se aos resultados de pesquisas educacionais brasileiras e internacionais:

---

19 No site oficial da organização consta que "O Instituto de Corresponsabilidade pela Educação – ICE, é uma entidade sem fins econômicos, foi criado em 2003 por um grupo de empresários motivados a conceber um novo modelo de escola e resgatar o padrão de excelência do então decadente e secular Ginásio Pernambucano, localizado em Recife." Disponível em http://icebrasil.org.br/sobre-o-i-ce/ Acesso em 02/10/2020.

> Desse modo, o Programa Ensino Integral foi concebido levando-se em consideração as demandas decorrentes de pesquisas, avaliações, bem como resultado de experiências educacionais atualmente desenvolvidas no Brasil e em diferentes países. A partir de estudos iniciais foram identificadas as condições de sucesso dessas experiências e as adaptações necessárias foram incorporadas ao modelo. Desse modo, na concepção do Programa Ensino Integral, para se garantir um salto de qualidade da educação de jovens e adolescentes, a ampliação da jornada escolar é uma estratégia fundamental para viabilizar metodologias que deverão elevar os indicadores de aprendizagem dos estudantes em todas as suas dimensões. (SÃO PAULO, 2012, p. 11)

As pesquisas que supostamente embasam o modelo de ensino integral não foram apresentadas, tampouco foram mencionados os estudos sobre juventude e adolescência, e os da área de educação que discutem fartamente as relações entre a escola e a juventude. É possível que as pesquisas privilegiadas sejam aquelas que têm como critério a mensuração da qualidade pelos resultados obtidos em índices e avaliações padronizadas, dada a ênfase declarada do Programa em melhorar os resultados educacionais.

A despeito disso, o documento do PEI menciona os jovens e os adolescentes como os sujeitos desse modelo de escola, que deve estar voltada ao desenvolvimento das habilidades e competências exigidas pela vida social e ocupacional, e à formação de um "jovem autônomo, solidário e competente" (*Idem*, 2011). A especificidade da juventude também aparece nos eixos do Programa, que são: Educação Interdimensional, Pedagogia da Presença, Pilares da Educação para o Século XXI e Protagonismo Juvenil.

O eixo protagonismo juvenil aparece no documento articulado a estratégias bastante específicas que devem ser adotadas nas escolas: os líderes de turma e os clubes juvenis. Os líderes de turma são estudantes que deverão desenvolver a capacidade de liderança, auxiliando suas turmas nos processos de comunicação com a escola. O documento prevê que os líderes deverão se reunir periodicamente com a equipe gestora da escola, mostrando que o modelo de "participação" subjacente ao documento é individualizado e parece advir de uma preocupação organizacional com a necessidade de articular os diversos elementos da unidade escolar para que ela possa funcionar adequadamente. A dimensão política e democrática dos representantes estudantis não é desenvolvida nesse modelo de escola, mostrando que a referência utilizada não é a da gestão escolar democrática.

Magalhães (2009) realizou uma pesquisa sobre a emergência do discurso do protagonismo juvenil no Brasil no qual ressalta que se trata de um campo discursivo bastante amplo e múltiplo. A expressão teria sido popularizada por organizações do terceiro setor que trabalhavam com a juventude pobre em meados dos anos 1990, tendo um significado que oscilava entre um método, princípio ou eixo pedagógico. Um marco importante para a disseminação de tal discurso foi a publicação de 'Protagonismo juvenil: adolescência, educação e participação democrática' escrito por Antonio Carlos Gomes da Costa em 2000, e que passou a ser referência importante no trabalho de diversas Fundações e Institutos empresariais, tais como a Fundação Odebrecht e o Instituto Ayrton Senna. Para a autora, predomina no discurso sobre o protagonismo juvenil uma concepção de participação controlada dos jovens e uma despolitização de seu papel, uma vez que o que lhe está reservado é um determinado tipo de atuação social que se restringe a aspectos técnicos relacionados à operacionalização das políticas públicas e dos programas a eles dirigidos:

> A política é anulada, de um lado, pela prescrição do fazer coisas como forma de participação e, de outro, pelo próprio

> discurso que forja o consenso e impede a fala autônoma e transgressora. No lugar da ação política, o discurso instala um simulacro ou encenação (MAGALHÃES, 2009, p. 10).

A noção do jovem como sujeito político fica, portanto, impossibilitada de irromper e é substituída pela defesa de um "fazer" prescrito, controlado pelo mundo adulto e pelas instituições.

Abramo (2005) também analisou a expressão protagonismo juvenil atrelando seu uso ao trabalho das fundações empresariais que passaram a financiar organizações que atuavam junto aos jovens, assim disseminando o conceito que, segundo ela, consiste num tipo de relação estabelecida entre jovens e educadores, algo próximo de um modelo pedagógico que preconiza um espaço maior para que os jovens planejem, decidam, proponham projetos e soluções. Esta "atuação" juvenil, como vemos, se dá um espaço circunscrito e controlado, funcionando como um dispositivo de manejo desses sujeitos e não de afirmação de seu poder político e transgressor. A lógica de participação presente na noção de protagonismo juvenil é semelhante àquela expressa pela noção de empreendedorismo.

> Essas instituições buscam disseminar seus conceitos e diretrizes e marcam fortemente o trabalho das ONGs junto a jovens; é nesse processo que se disseminou, por exemplo, o termo protagonismo juvenil, definindo um tipo de relação entre educadores e jovens (mas que é apropriado de diferentes formas pelas ONGs); e, mais recentemente, os termos de empreendedorismo na relação com o trabalho (ABRAMO, 2005, p. 26).

Costa (2000), principal formulador da noção de protagonismo juvenil, afirmava que o voluntariado seria o modelo de atuação mais próximo desse conceito, por enfatizar a colaboração entre as gerações e por ser uma tendência crescente no Brasil.

> O voluntariado social, embora não seja a única, parece ser a modalidade de ação protagonista destinada a ocupar a posição de centralidade na evolução do protagonismo juvenil em nosso país. Muitas razões conspiram para que isso ocorra. A principal delas é que, nos últimos anos, registra-se no mundo adulto brasileiro a eclosão de uma cultura do voluntariado que, mais que um modismo, parece configurar-se como tendência irreversível na direção de uma sociedade mais participativa e solidária (COSTA, 2000, p. 250-251)

Vemos que existe uma compreensão de juventude subjacente à noção de protagonismo juvenil e que se assemelha àquela que está na base do empreendedorismo e do voluntariado: defendem modos de atuação individualizados, pautados pela solidariedade entre as gerações (e não no conflito), por uma postura pró-ativa sempre apta a buscar soluções (e não a denunciar os problemas) que estejam integradas à realidade existente e que contribuam para aperfeiçoá-la. Os jovens são recursos sociais a serem moldados na direção correta para que se tornem produtivos, hábeis, colaborativos e integrados. Essas características estão explícitas no documento de diretrizes da escola PEI, ao descrever os Clubes Juvenis:

> Os Clubes Juvenis, espaços destinados à prática do Protagonismo Juvenil, principalmente quanto à autonomia e à capacidade de organização e gestão, são concebidos para se constituírem a partir dos interesses dos estudantes, havendo, porém, a ressalva de que eles devam sempre atender a exigências de relevância para a formação escolar. Para que um Clube Juvenil possa ser formado é preciso que os alunos interessados proponham uma forma de organização para o clube e metas a serem atingidas (SÃO PAULO, 2012, p. 17).

Trata-se de uma concepção de juventude que substitui a estratégia da contenção direta do potencial disruptivo dos jovens, que havia marcado a própria entrada do tema na agenda governamental brasileira (o jovem como problema social) por uma outra, mais sofisticada, de controle, para que os jovens tornem-se "produtivos" no sentido amplo da palavra.

Nesse sentido, um outro eixo importante de formação da escola PEI é o Projeto de Vida, entendido como ponto de convergência de todo o currículo escolar. Trata-se de um tema que vem sendo indicado por pesquisadores e psicólogos como importante na formação de jovens e adolescentes e que originalmente se configurou nos serviços de orientação profissional. Um grupo bem consolidado que atua na PUC-SP, ligado à vertente na Psicologia Socio-Histórica,[20] vem trabalhando com o tema do Projeto de Vida e de Futuro de adolescentes desde o início dos anos 2000 (BOCK; LIEBESNY, 2003). Suas pesquisas questionam as noções clássicas da psicologia sobre adolescência, que generalizam certos estados e naturalizam outros, enfatizando que a adolescência é uma fase construída historicamente e atravessada pelas relações sociais.

Em sua tese de doutorado, Bock (2018) aplicou um programa de orientação profissional baseado na psicologia sócio-histórica, voltado para jovens pobres, e concluiu que a escolha profissional desses sujeitos é muito diferente daquela das classes médias e das elites (que foram o público-alvo original deste tipo de abordagem). A autora enfatizou que as escolhas não são atos individuais isolados, mas um ato que mobiliza as condições objetivas de vida e a sua subjetivação:

---

20 É uma abordagem que surgiu na União Soviética embasada na concepção do materialismo histórico e dialético de Marx e que concebe o homem como um produto histórico-social e o indivíduo como alguém construído ao longo de sua história de vida, a partir das relações com o meio e com outros homens (OZELLA, 2003).

> O sujeito escolhe, e essa escolha é um momento de seu processo pessoal de construção de sentidos. Mas essa construção utiliza como recurso ou matéria prima não só a irredutível existência singular dos sujeitos, suas experiências e os afetos que dedica a cada momento vivido, mas o conjunto de significações e de formas de relacionamento e produção social em que acontecem e que circunscrevem as experiências por ele vividas. A vida social, na qual estão os determinantes importantes das escolhas profissionais, como a ideologia dominante, as formas de trabalho, o funcionamento do mercado, o papel da educação, os valores, os grupos de pertencimento, não é algo externo ao indivíduo. Ao construir sentidos subjetivos sobre a escolha ou sobre o futuro profissional, o sujeito estará também, e ao mesmo tempo, internalizando a vida social e contribuindo para a construção da subjetividade, que é coletiva. Sujeito e sociedade são âmbitos de um mesmo processo. (BOCK, 2018, p. 145)

Na concepção sócio-histórica de escolha profissional e de projetos de vida e de futuro, indivíduo e sociedade são indissociáveis, e o trabalho formativo juntamente ao jovem precisa envolver a investigação de ambos os aspectos, sendo de especial importância estudar o mundo do trabalho e seus determinantes. Entretanto, a abordagem de Projeto de Vida expressa na escola PEI é bem diferente, pois entende esse processo como uma formação escolar que municia os adolescentes com aprendizagens, habilidades e competências que lhe permitirão realizar seus objetivos, como um processo que se dá exclusivamente no âmbito individual e formativo.

O documento do Programa coloca o Projeto de Vida como uma estratégia para despertar o interesse dos jovens pela escola pois, elegendo determinados objetivos de vida, os mesmos supostamente valorizarão as aprendizagens escolares como meios necessários para atingi-los:

> O Projeto de Vida é um meio de motivar os alunos a fazerem bom uso dessas oportunidades educativas. Aos educadores cabe a tarefa de apoiar o projeto de vida de seus alunos e garantir a qualidade dessas ações. No entanto, cabe também aos alunos a corresponsabilidade no seu desenvolvimento, já que são os interessados diretos. O Projeto de Vida é o foco para o qual devem convergir todas as ações educativas do projeto escolar, sendo construído a partir do provimento da excelência acadêmica, da formação para valores e da formação para o mundo do trabalho. O Modelo Pedagógico é constituído para assegurar a construção do Projeto de Vida. (SÃO PAULO, 2012, p. 18).

O modelo das escolas PEI não tem sido oferecido à massa da juventude paulista. Pelo contrário, onde é implementado, as escolas modificam sua estrutura para atenderem a um número menor de alunos, reservando para eles um grupo selecionado de professores, com salários maiores (75% de adicional) e dedicação exclusiva. O restante das escolas, que atende à maioria dos jovens no ensino médio, permanece mais precarizada e superlotada, com profissionais mal remunerados e jornada escolar reduzida. Estudos sobre a PEI têm revelado que ela produz impactos no restante da rede ao acentuar as desigualdades entre as escolas e ao expulsar os estudantes mais pobres para as escolas mais periféricas e precarizadas (GIROTTO; CÁSSIO, 2018).

Em 2019, o Programa Inova foi criado de modo a estender para a rede mais ampla de escolas alguns aspectos do currículo praticado na escola PEI, sobretudo as disciplinas eletivas, de tecnologias e de projeto de vida. Entretanto, sem a alteração das condições estruturais de funcionamento das escolas, o Inova consiste muito mais num simulacro do que na extensão efetiva do modelo PEI para o restante da rede de ensino médio.

As escolas PEI parecem ser o "carro-chefe" da política de ensino médio, em que pese ser um modelo restrito a uma parcela minoritária dos jovens. A oferta dual de ensino médio parece estar no centro da política da rede estadual de ensino, o que nos leva a indagar se a PEI como escola do "protagonismo juvenil" seria uma proposta voltada a uma parcela selecionada da juventude paulista, escolhida para ser produtiva, integrada e controlada, enquanto para a maioria dos jovens restaria uma escola vilipendiada, precarizada e muito mais próxima de um modelo de contenção, para as quais, inclusive, seriam direcionados os programas de repressão policial, tais como o Conviva, anunciado em 2019 pelo então governador João Dória (2018-2022).

O modelo do protagonismo juvenil e o da contenção do jovem apresentam em comum a negação dos adolescentes e jovens como sujeitos de direitos, como atores políticos e emancipados. Ademais, revelam um certo temor de sua capacidade de transgressão. O movimento das ocupações estudantis de 2015 trouxe à tona esse potencial de maneira inesperada, gerando um enorme problema político para o governo do estado. Ficou evidente o quanto a juventude pode ser ameaçadora e como sua ação política pode ser incompatível com a lógica do Estado.

Reorganização Escolar

No ano de 2015 a Secretaria Estadual de Educação anunciou a reestruturação da rede física escolar em todo o estado, que teria como ações: 1) o fechamento de 94 escolas; 2) reorganizar 754 unidades escolares, deslocando 311 mil estudantes e 71 mil professores para outras escolas. A medida foi assim anunciada no sítio eletrônico da SEE-SP:

> Com foco na melhoria da qualidade de ensino das escolas de São Paulo, o novo processo pretende ampliar o número

> de escolas divididas pelos três ciclos de educação: Ensino Infantil, Ensino Fundamental – Anos Iniciais e Anos Finais – e Ensino Médio. Com a nova proposta, os alunos do Ensino Médio, por exemplo, passarão a estudar apenas com estudantes deste segmento. O mesmo vale para os alunos dos ensinos Infantil e Fundamental. (SÃO PAULO, 2015)

Uma das principais justificativas anunciadas pela SEE-SP para a reorganização era a diminuição nas matrículas da rede estadual causada por uma mudança demográfica que exigiria adequação da rede física escolar a essa nova realidade, argumento que foi refutado por pesquisas que: I. demonstraram a impropriedade de se realizar planejamento da oferta escolar tomando como base apenas o número de matrículas (CÁSSIO *et. al*, 2016); II. mostraram que a diminuição da população em idade escolar ocorria lentamente, sendo que uma parte dela, sobretudo a de adolescentes na fase de ensino médio, estava sendo desassistida em seu direito à educação; III. que havia, ainda, uma parcela da população paulista com educação básica incompleta, desconsiderada pela proposta de redução da rede escolar, assim como foi negligenciada a necessária oferta de Educação de Jovens e Adultos àqueles que não puderam concluir a escola na idade adequada (LONGO, 2019). Além disso, a suposta diminuição da demanda escolar poderia ser uma oportunidade de melhorar a qualidade da oferta educacional, em condições mais favoráveis à planificação:

> Um dos questionamentos que surgiu de vários segmentos sociais foi quanto à oportunidade de melhoria da qualidade de educação. Se, como afirmava o governo, havia diminuição de matrículas e salas disponíveis, por que não investir na diminuição da média de alunos por turma, atendendo a uma reivindicação histórica dos docentes? Ora, justamente porque um dos motivos para a reorganização era o aumento do número de

> estudantes por sala e a racionalização dos custos que adviriam dessa medida (GOULART; PINTO; CAMARGO, 2017, p. 127).

Outra motivação, não explicitada, da reorganização de 2015 seria a continuidade da municipalização do ensino fundamental, dessa vez com ênfase no ciclo II.

Esta reorganização foi antecedida por uma outra, 20 anos antes, que havia feito uma operação similar em 1995. Naquela ocasião, a reorganização produziu um efeito direto na oferta de ensino médio na rede estadual, aumentando o número de turmas no período diurno e reduzindo, gradativamente, a oferta de ensino noturno; produziu também uma superlotação das salas de aula (CORTI, 2015). De maneira geral, a reorganização possibilitou a municipalização do ciclo I do ensino fundamental, observando-se, a partir de 1996, a redução nas matrículas de ensino fundamental na rede estadual.

A reorganização de 2015 não logrou o mesmo êxito nem conseguiu ser implementada com a mesma rapidez da anterior porque enfrentou enorme resistência de estudantes secundaristas que ocuparam suas escolas como forma de protesto, conseguindo derrubar Herman Voorwald, o então secretário da educação e suspender judicialmente a medida.

Essas vitórias não duraram muito tempo, pois a mudança no comando da Secretaria de Educação, com um desembargador à frente da pasta, teve como efeito político o impedimento da continuidade do processo de judicialização das medidas da SEE-SP, e de outro, acabou reorganizando as estratégias que seriam utilizadas para dar continuidade à mesma política educacional.

Uma vez impedida de agir "no atacado" operando a reorganização escolar de uma vez, estudos mostraram que a estratégia passava a ser uma espécie de reorganização silenciosa, com o fechamento de turmas nas escolas da rede estadual. Na Nota Técnica que analisa a ação civil pública movida pelo Ministério Público e Defensoria Pública, a Rede Escola Pública e Universidade (REPU) apresenta dados que mostram o fechamento de 2.404 turmas em 2016, número desproporcional diante da redução da expectativa de redução de apenas 66 mil alunos na rede nesse ano. Além disso, o estudo apontou que:

> [...] das 165 escolas que deixaram de abrir turmas de ingresso em 2016, 53 escolas constam em uma das duas listas disponibilizadas no programa de reorganização escolar (seriam fechadas ou reorganizadas), o que perfaz 32% do total, valor significativo quando considerado o universo de escolas da rede estadual. Isso pode indicar a existência de um processo gradativo de reorganização escolar, uma vez que, em 51 destas 53 escolas, a não abertura coincidiu exatamente com o ciclo que seria fechado na unidade caso a reorganização fosse implantada nos moldes propostos pelo governo do Estado de São Paulo. (REPU, 2016, p. 4)

O estudo também analisou o número de alunos por turma e verificou que as médias aumentaram entre 2015 e 2016 em todas as etapas de ensino, principalmente na EJA, que saltou de 36 para 45 alunos por sala. Nesse quesito, o ensino médio foi exceção, pois o número de alunos por turma não aumentou. O mesmo estudo não constatou a redução no número de matrículas do ensino médio em 2016, havendo aumento de 961.967 para 1.019.935 matrículas. Porém, no ensino médio noturno, houve uma redução de 506.630 matrículas em 2015 para 482.498 em 2016 – o que levou os pesquisadores a concluírem que a política de fechamento de turmas no período noturno continuava em curso.

De todo o modo, talvez seja na resistência ao processo de reorganização o momento em que mais as questões de adolescência e juventude apareceram na rede estadual, advindas dos próprios sujeitos como contraposição. Fatores que apontam para uma escola valorizada pelos adolescentes foram efetivamente vivenciadas pelos mesmos, tais como a participação em projetos, aulas e atividades culturais, rodas de conversa sobre assuntos diversificados, a proposição democrática de critérios para a gestão dos espaços escolares, "o desenvolvimento da responsabilidade e do comprometimento frente a assuntos que envolvem interesses coletivos" (KLEIN; ARANTES, 2017, p. 152), certa flexibilidade nos processos organizacionais escolares, presença do debate sobre temas costumeiramente subvalorizados no espaço escolar, espaços para individualidades (CABRAL *et. al*, 2017), garantia de espaço-tempo para interação, socialização, estabelecimentos de laços e vínculos com "com outros seres de igual necessidade, muitas vezes longe da rigidez das fileiras das carteiras escolares" (RODRIGUES; COELHO, 2017, p.531).

O Programa Gestão Democrática

Instituído em maio de 2016, o Projeto Gestão Democrática da Educação teve como primeira medida a criação de um grupo de trabalho por meio da resolução 31, na qual se afirmam as seguintes intenções:

> - o aprimoramento da gestão participativa de que trata a legislação que regula e regulamenta a atuação de instituições auxiliares da escola, como a Associação de Pais e Mestres, os Conselhos de Escola e o Grêmio Estudantil;
> - a importância da participação dos segmentos da comunidade institucional, local e regional no processo de construção da gestão democrática na escola, mediante medidas e ações dos órgãos centrais e locais responsáveis pela administração e supervisão da rede estadual

> de ensino, mantidos os princípios de coerência, equidade e corresponsabilidade da comunidade escolar na organização e prestação dos serviços educacionais;
>
> - o compromisso desta Pasta de assegurar a todos os alunos, pais, responsáveis, profissionais de educação e comunidade escolar, a efetiva participação do processo de implementação das políticas públicas educacionais, visando à melhoria da qualidade da educação básica e à valorização dos integrantes do Quadro do Magistério (SÃO PAULO, 2016).

A iniciativa foi apresentada poucos meses depois da suspensão judicial da reorganização escolar, uma derrota imposta à SEE-SP pelo movimento das ocupações estudantis. Uma vez que a gestão democrática não vinha sendo um aspecto trabalhado pelas políticas da pasta que, pelo contrário, era considerada bastante autoritária no modo de conduzir suas ações, tudo indica que o Projeto surgiu como uma reação à derrota frente às medidas de reorganização escolar, posto que ele estava focado, justamente, nos estudantes que haviam sido os protagonistas das ocupações.

A primeira ação do grupo de trabalho encarregado de elaborar este Programa foi realizar uma pesquisa diagnóstica, cujos resultados foram divulgados em 2017, mapeando o funcionamento dos espaços de participação internos às escolas da rede estadual e o conjunto das percepções dos vários segmentos a respeito de sua importância. Foi disponibilizado um questionário *on-line* que teria obtido, segundo a SEE-SP, 448.593 respostas: 71% de alunos, 13% de professores, 9% de familiares, 4% servidores e 3% dos gestores.

A maior parte dos alunos respondentes estudava no ciclo II do ensino fundamental. Os resultados mostram que a maioria dos respondentes (cerca de 90%) afirmou não participar de nenhum espaço democrático dentro na escola. A pergunta que sondou a percepção do impacto da gestão democrática na vida da escola ("como a gestão escolar pode melhorar os aspectos do dia a dia da escola?") demonstrou uma preocupação uníssona com o "bom andamento" da unidade escolar, o que fica evidente lendo as alternativas elencadas como resposta: 1) a colaboração de todos na solução dos problemas da escola; 2) cuidado de todos com a escola; 3) a aprendizagem dos alunos; 4) a motivação dos alunos para participarem do dia a dia da escola; 5) a motivação dos alunos para estudar; 6) a inclusão e o respeito às diferenças entre as pessoas; 7) a preparação dos alunos para a cidadania; 8) o envolvimento de todos no projeto pedagógico da escola. Não apareceu a dimensão da responsabilidade governamental, tampouco do financiamento público como elementos determinantes do dia a dia da escola, e a gestão democrática foi vista como algo diretamente atrelada à melhoria da qualidade da educação nos termos definidos pela SEE-SP, ou seja, dos resultados escolares mensuráveis.

É nesse sentido que o conjunto de *slides* que mostram esses resultados destacou o fato de 66% dos respondentes concordarem que a gestão democrática poderia melhorar, em muito, a motivação dos alunos para os estudos, e de 61% acreditarem que ela também melhoraria a aprendizagem (SÃO PAULO, 2017).

Uma das ações de destaque deste Projeto foi o fomento aos grêmios estudantis, com o estabelecimento de um calendário unificado para a eleição em toda a rede estadual, com o objetivo de:

> Facilitar o processo de ampliação do nº de escolas com Grêmios Estudantis no Estado de São Paulo; propor orientações que garantam a lisura e transparência do processo eleitoral promovendo assim credibilidade e qualidade nas ações da equipe eleita; otimizar e acompanhar de forma organizada e sistemática todas as fases do processo eleitoral; oportunizar a visibilidade em Órgãos de Comunicação internos e externos de ações gremistas como: seminários, cursos, workshops, gincanas, campeonatos etc. (SÃO PAULO, 2019, s/p).

Segundo o site oficial da SEE-SP (2017): "ao participar do Grêmio Estudantil, os jovens teriam a oportunidade de adquirirem responsabilidade, autonomia e liderança". Os documentos revelam uma preocupação com a gestão e com o controle dos espaços de participação dentro da escola, criando canais de acompanhamento dos órgãos centrais da administração.

O estabelecimento de uma data centralizada para as eleições foi um exemplo da busca por este controle, uma vez que a cultura dos grêmios livres estudantis tem uma lógica de autonomia em cada escola, sendo criados na medida em que os estudantes tomam a iniciativa, processo que dispara em cada unidade e em ritmos próprios um calendário definido pelos estudantes.[21]

A busca por fomentar os grêmios e definir as regras para o seu funcionamento por parte da SEE-SP expressou uma nova preocupação da pasta em manter-se próxima às lideranças estudantis dentro da escola, preocupação que aparece justamente logo após as ocupações. Este novo interesse por parte da SEE-SP em criar maior proximidade com os estudantes também ficou demonstrado no II Encontro Paulista de Grêmios Estudantis realizado no Memorial da América Latina, em 25/09/18, que reuniu 1.700 pessoas entre estudantes e responsáveis.

No 'Documento Orientador para o processo de eleição de representantes dos Grêmios Estudantis nas escolas estaduais em

---

21 Conforme Sposito, Almeida e Tarábola (2020) sobre as dificuldades para incrementar a participação estudantil institucional em instituições escolares: "[...] as dificuldades também residem no caráter transitório dessas agremiações, uma vez que as temporalidades que organizam a experiência escolar no Ensino Médio são atravessadas pelo seu caráter breve e dinâmico. [...] Vários fatores podem ser elencados, mas a sucessão das turmas, ou seja, o curto espaço de tempo destinado ao Ensino Médio, faz que muitos organismos oscilem entre atividades e períodos de latência. A ativação dos grêmios pode ocorrer tanto em situações de demandas emergentes que agregam os alunos como podem ser consequência de mobilizações amplas que estimulam a participação" (p.321).

2019', a SEE-SP divulgou orientações bastante minuciosas para que as escolas pudessem organizar os grêmios, estabelecendo inclusive o papel da chapa vencedora e como deveria ser o modelo democrático de cada chapa concorrente:

> Como organizar uma chapa de forma democrática: organizar a chapa com candidatos que tenham ideias próximas e também com uma representação de todos os períodos de funcionamento da escola (Manhã/Tarde/Noite). Construir uma proposta simples e possível, sem fazer propaganda enganosa. Participar do processo com seriedade e respeito aos demais concorrentes (SÃO PAULO, 2019, s/p).

Segundo o documento, caberia à direção do grêmio elaborar um plano anual de trabalho, o qual precisaria passar pela aprovação prévia do Conselho de Representantes de Classe ou em Assembleia Geral, bem como escolher as prioridades da escola dentro do Orçamento Participativo Jovem, o qual, por sua vez, exigiria a apresentação de um plano de ação para o conselho de escola e para a Associação de Pais e Mestres (APM). Também seria seu papel executar o plano de ação buscando envolver toda a equipe.

Ficou evidenciada, portanto, a intenção de controlar a direção a ser seguida pelos grêmios, bem como um certo processo de burocratização de suas funções, que ficaram bastante próximas das funções de gestão (elaborar um plano, submetê-lo à aprovação, implementá-lo, gerenciar recursos financeiros), em sintonia com a concepção de protagonismo juvenil presente na escola PEI, bem como na ideia de empreendedorismo juvenil. Esse controle e essa reestruturação promovidos pela SEE-SP preconizou o esvaziamento da dimensão política dos grêmios livres como um direito dos estudantes e um espaço de experimentação, tornando-se uma atuação controlada e dirigida para, supostamente, serem atingidos fins produtivos que não colocariam em risco a estabilidade das escolas (na visão do documento). Não fosse assim, e se estivesse de fato interessada em valorizar e fomentar a gestão escolar democrática, a SEE-SP teria investigado os casos de denúncia de desvio de material didático e de merenda escolar feitos durante as ocupações dos estudantes, e não teria perseguido, de forma brutal e violenta, com apoio da polícia militar, os estudantes secundaristas envolvidos nas ocupações. Há aqui, portanto, uma contradição na prática da SEE-SP em defesa da gestão escolar democrática, que não consegue encobrir sua tentativa de produzir uma participação controlada e útil, que só é legítima quando reforça sua própria orientação na condução das políticas educacionais.

O Orçamento Participativo Jovem acima mencionado foi outra ação implementada pelo Projeto por meio da resolução 87 de 27/12/2018. O documento reafirmou a intenção de aperfeiçoar a gestão democrática nas escolas e revelou-se bastante convergente com as demais políticas adotadas pela SEE-SP no sentido de priorizar a obtenção de resultados. O uso da palavra "desempenho" mostra que até mesmo o grêmio estudantil foi utilizado como meio para atingir este fim, sendo a suposta "gestão democrática" completamente capturada pela lógica da gestão empresarial.

> Artigo 1º - O Projeto Orçamento Participativo Jovem - OP Jovem, no âmbito da Secretaria da Educação, em consonância com o Programa Educação Compromisso de São Paulo, tem por finalidade fortalecer a participação dos alunos, por meio do Grêmio Estudantil, das decisões da sua escola, visando à melhoria de seu desempenho, como protagonista do processo educacional. (SÃO PAULO, 2018)

Dentro desta abordagem, faz sentido que a SEE-SP afirme como principal objetivo para este projeto a "modernização da gestão democrática nas escolas públicas paulistas", sendo a modernização entendida como técnica eficiente de controle do processo participativo. De fato, tudo indica que a derrota política de 2015 desencadeou essa necessidade de aperfeiçoamento, revelando, contraditoriamente, um afastamento ainda maior da pasta em relação ao fomento de uma efetiva democracia na sua rede de escolas, dentro dos parâmetros definidos pela Constituição de 1988 e pela LDB de 1996.

Por fim, esse conjunto de medidas dialoga com as questões de adolescência e juventude exatamente por, na prática, impedi-las de acontecerem a contento. Afinal, conforme apontam Sposito *et.al* (2020, p. 345):

> Os tempos que marcam as rotinas escolares no decorrer das séries passam gradualmente a impor exigências de maior rendimento e *performance* nas avaliações de mérito, tendo em vista a disputa por melhores condições de acesso ao Ensino Superior ou ao mundo do trabalho, o que se acentua no decorrer dos anos, culminando no fim do ciclo.

O Projeto Gestão Escolar Democrática foi direcionado aos estudantes da rede estadual e, nesse sentido, se configurou como uma política da pasta voltada aos adolescentes e jovens. Entretanto, em flagrante dissonância com a literatura analisada, ele visou fortalecer o controle sobre os estudantes, em vez de fomentar práticas autônomas de exercício e descoberta da participação na esfera pública. Tratar a participação como uma dimensão formativa não nos parece o problema, tampouco a presença de adultos e professores auxiliando este processo. Porém, há um enorme risco diante da instrumentalização dessa participação e da busca por dirigi-la por rumos que comprometem a própria vivência da democracia como processo tenso, conflituoso, multifacetado e complexo. Um aspecto que parece evidenciar o caráter manipulatório do Programa é seu controle por parte dos órgãos centrais da administração e o fato de ele ter criado um elo direto de comunicação entre o governo e os jovens estudantes.

Pesquisa e política educacional: encontros e desencontros

A produção acadêmica em educação revelou avanços significativos na compreensão das questões de adolescência e juventude no contexto escolar, havendo uma multiplicidade de pesquisas com diversos temas associados a essa discussão.

Foi abundante, também, o diagnóstico de tensões e desencontros entre os jovens e a escola de ensino médio, apontando questões de ordem organizacional, estrutural e curricular.

Fica evidente que o ensino médio brasileiro carrega deficiências históricas que ficaram mais visíveis e dramáticas com a massificação desta etapa e com a entrada das classes populares na escola. A expansão do ensino médio ocorreu paralelamente ao aumento do campo de pesquisas sobre adolescência e juventude e, também, da políticas públicas voltadas a este público.

Houve um acúmulo de conhecimentos e um esforço dos pesquisadores para que o ensino médio fosse visto como uma escola para adolescentes e jovens, respeitados em suas especificidades, inclusive porque a forma escolar abstrata e moldada a partir das crianças mostrava-se incompatível com as necessidades deste "novo" público. Embora seja difícil sintetizar, de maneira fidedigna e suficiente, o enorme volume de pesquisas que foram realizadas a respeito da relação entre os jovens e a escola média, tentamos elencar abaixo alguns pontos que aparecem de maneira recorrente:

- Infraestrutura e condições de funcionamento das escolas: situação precária dos prédios escolares, falta de manutenção, banheiros sem papel higiênico, ausência de laboratórios de ciências em muitas escolas, e fechamento de laboratórios nas que existem por falta de manutenção, falta de funcionários, falta de professores etc.

- Indisciplina, violência e mal-estar em muitas escolas, ambiente parecido com as prisões, hostil e "abandonado" pelo poder público.
- Ensino pouco atrativo, maçante, com pouco espaço para metodologias ativas, práticas e experimentais
- Falta de voz e de espaço dos jovens no cotidiano escolar, demanda por maior autonomia e participação e pela democratização da gestão escolar.
- Ensino Médio em crise, embaçamento da identidade desta etapa de ensino.
- Desigualdade acentuada em relação ao tipo de ensino médio oferecido às diferentes classes sociais dos jovens.
- Valorização das escolas pelos jovens como espaço de encontro, amizades, sociabilidade juvenil.
- Importância de incorporar a dimensão da arte, da cultura e das expressões juvenis dentro da escola.
- Necessidade de trabalhar no currículo temas de interesse dos jovens como: periferia, gênero, sexualidade, relações raciais, saúde, comunicação, meio-ambiente, política e democracia.
- Importância de a escola discutir os projetos de vida e de futuro dos jovens, bem como auxiliá-los na escolha e no encaminhamento profissional.
- Necessidade de uma maior formação para gestores e educadores sobre assuntos acerca de adolescência e juventude.

O conhecimento e as preocupações trazidas pelas pesquisas começou a ter eco nas políticas para o ensino médio no período aqui analisado (2008/2018). O Programa de Ensino Integral (PEI) e o Projeto Gestão Escolar Democrática dialogaram diretamente com o tema juventude e adolescência e foram desenhados com uma preocupação explícita de produzir modelos de currículo e de gestão que tivessem os jovens como foco. Entretanto, o modo como incorporaram o tema da juventude e da adolescência foi muito particular e seletivo.

O PEI foi um modelo criado em 2012 especificamente para o ensino médio e que trazia: ampliação da jornada escolar diária, mudanças no currículo com a inserção do Projeto de Vida como organizador do currículo, inserção do eixo padagógico Protagonismo Juvenil e criação de disciplinas eletivas. O conceito de protagonismo juvenil que parece estar subjacente ao Programa é um "método pedagógico" a serviço da produção de melhores resultados de aprendizagem, assim como o Projeto de Vida é visto como um meio/estratégia para alcançar a finalidade de motivar os jovens no estudo. A subordinação do tema adolescência e juventude à lógica da gestão por resultados resulta em uma política que tende a distorcer o debate que a literatura realiza sobre uma escola para esse público, uma vez que tal tema passa a ser uma estratégia para produzir efeitos padronizados, o que conflita com as demandas por uma escola mais plural, que discuta temas de interesse dos jovens, que incorpore em suas rotinas e currículo as questões de adolescência, pois o currículo tende a ser padronizado e voltado às avaliações. Mesmo com esta limitações, é necessário reconhecer que o Programa avança ao incorporar no currículo questões que dizem respeito à formação juvenil e suas demandas, bem como oferecendo uma estrutura escolar melhor com professores dedicados exclusivamente a uma escola.

O problema é que este modelo de escola não foi desenhado para todos os estudantes paulistas, mas para uma pequena parcela, enquanto a maioria dos jovens continua tendo acesso a uma escola de ensino médio precarizada. Mais do que isso: ao transformar uma escola em PEI, os estudantes mais pobres, trabalhadores, periféricos, são expulsos dessa escola, que passa a fechar os cursos noturnos e a Educação de Jovens e Adultos (EJA). Nesse sentido, trata-se de uma política "dual" que oferece modelos desiguais de ensino médio para os jovens, existindo forte tendência de que os mais pobres sejam direcionados às escolas mais precarizadas e, portanto, é uma política que oferece menos e pior educação àqueles que já têm menos, sendo um fator de reprodução das desigualdades sociais.

Do ponto de vista das políticas curriculares adotadas no período, nos deparamos com descontinuidades entre o Programa São Paulo Faz Escola e o PEI, com propostas de currículo diferentes para o ensino médio, o que não significa que não possam ser articuladas nem que sejam divergentes, mas apenas denotam um certo "experimentalismo" curricular. A falta de avaliação dessas políticas curriculares faz com que elas sejam descontinuadas sem que se conheçam os reais motivos para essa decisão e impossibilita que as escolas e os professores possam se apropriar destas experiências de forma reflexiva. Também impede o controle social das políticas educacionais, que envolvem recursos públicos de volume considerável, como foi o caso da elaboração e distribuição dos cadernos do aluno e do professor no âmbito do Programa São Paulo Faz Escola.

O Projeto Gestão Escolar Democrática foi criado logo após as ocupações estudantis de 2015 como uma resposta a este movimento e com o objetivo anunciado de "aperfeiçoar a gestão democrática nas escolas", mas que, na prática, estabeleceu novos controles deste processo de participação: contato direto da SEE-SP com as lideranças estudantis na escola, realização de encontros com estudantes, controle do calendário eleitoral dos grêmios estudantis, remodelação dos grêmios como estruturas gerenciais com o esvaziamento do seu caráter político e conflitivo. Diante da surpreendente capacidade de "rebelião estudantil" das ocupações, a SEE-SP parecia perceber que havia deixado um espaço vazio nas escolas, que deveria ser preenchido com uma nova proposta de participação juvenil que pudesse canalizar esse potencial transgressor em formas de atuação juvenil controladas, produtivas, úteis e subordinadas à logica da administração central. O projeto representa o esforço em produzir um novo tipo de engajamento juvenil, alternativo àquele das ocupações. O quanto este projeto tem sido eficiente em alcançar estes objetivos não sabemos responder, e exigiria a realização de outras pesquisas.

Alguns aspectos importantes entendidos como críticos pelas pesquisas em educação não foram considerados pelas políticas educacionais: a infraestrutura escolar insuficiente das escolas, a baixa atratividade da carreira docente, a importância de melhor preparar os professores para a compreensão do adolescente e do jovem, de modo a que se vejam como professores de adolescentes – algo que, na prática, ocorreu muito pouco nas seguidas gestões do governo paulista. Essas mesmas pesquisas indicam a necessidade de estudar melhor os elementos do currículo, inclusive os conhecimentos das áreas, de modo que seja mais efetiva a discussão dos conflitos inerentes à crise de identidade do adolescente ou jovem no âmbito da escola formal.

Algumas percepções e demandas juvenis importantes não têm sido incorporadas pelas políticas educacionais para o ensino médio e, na verdade, parecem estar em oposição às suas orientações oficiais. Enquanto os estudantes pedem uma escola mais humanizada, que desperte a vontade de conhecer e aprender, com o uso de metodologias dinâmicas, as políticas educacionais caminham na direção contrária: enfatizam as avaliações de larga escala e a mensuração de resultados como sinônimos de qualidade educacional; padronizam currículos e métodos de ensino que passam a ser gerais e abstratos, supostamente aplicáveis a todo e qualquer contexto; reduzem a educação a aspectos pragmáticos e à "ideologia da aprendizagem", centrada em listas de habilidades e competências mínimas estabelecidas à revelia dos sujeitos da educação e de suas interações concretas, por instâncias administrativas e burocráticas superiores (BIESTA, 2017).

> É importante compreender que os jovens estudantes pedem uma escola que estabeleça uma ligação entre a razão e a realidade, capaz de refletir sobre o significado do conhecimento e a forma como ele está sendo assimilado pelos estudantes, com captação do conteúdo da vida real e criando relações novas no espaço da escola, motivando o estudante para concepções emancipatórias sobre o mundo, o trabalho, as relações sociais, enfim, sobre a vida (PEREIRA, LOPES, 2016, p. 208).

Diante da necessidade de educar o adolescente e o jovem de uma maneira mais ampla, em suas mais variadas dimensões como saúde física, lazer, cultura e formação profissional, seria necessário um diálogo das ações para a rede estadual com uma rede de instituições e equipamentos públicos que se comunicassem e dessem suporte ao trabalho educativo, conforme já defendem alguns especialistas (AMARAL, 2006). Não é, pois, tarefa do sistema de educação somente, mas da saúde, do trabalho, da cultura, da assistência social, entre outras, garantir os direitos dos jovens e adolescentes, inclusive porque a escola, isoladamente, apresenta capacidade reduzida de dirimir as desigualdades sociais. Trata-se de tarefa do conjunto do poder público e de uma política de articulação intersetorial.

Referências

ABRAMO, H. W. O uso das noções de adolescência e juventude no contexto brasileiro. In: FREITAS, M. V. de. (Org.) *Juventude e Adolescência no Brasil:* referências conceituais. São Paulo: Ação Educativa, 2005.

ALENCASTRO, S.M.R. *Obediência e transgressão sob a perspectiva do adolescente no ambiente escolar.* Mestrado. São Paulo: IP-USP, 2013.

ALMEIDA, Nadja Rinelle Oliveira de. *Juventude e Suas Manifestações Socioculturais: da Escola a Comunidade.* GT-17 -VI Encontro de Pesquisa em Educação da Universidade Federal do Piauí –2010. Disponível em: <http://www.ufpi.br/ppged/index/pagina/id/4075> Acesso em: 06/05/14

ALUNOS rasgam apostila em frente de escola estadual para comemorar fim de ano letivo em Sorocaba. Portal G1. https://g1.globo.com/sp/sorocaba-jundiai/noticia/2018/12/03/alunos-rasgam-apostilas-em-frente-de-escola-estadual-para-comemorar-fim-de-ano-letivo-em-sorocaba.ghtml. Acesso em 20/10/2020.

AMARAL, M. Encontros com professores de uma escola estadual do Ensino Médio – uma escuta em que a dimensão objetiva se vê alinhavada pela subjetividade dos autores. In: AMARAL, M. (Org.). *Educação, psicanálise e direito: combinações possíveis para se pensar a adolescência na atualidade.* São Paulo: Casa do Psicólogo, 2006. p. 75-96.

_______*A trama e a urdidura entre as culturas juvenis e a cultura escolar:* a "eróptica" como método de pesquisa e de ruptura de campo. 2009. Tese (Livre Docência em Psicologia e Educação) - Faculdade de Educação, Universidade de São Paulo, São Paulo, 2010. Disponível em: <http://www.teses.usp.br/teses/disponiveis/livredocencia/48/tde-24012017-104155/>. Acesso em: 11 nov. 2017.

ARIÉS, P. *História Social da Criança e da Família*. 2. ed. Tradução de Dora Flaksman. Rio de Janeiro: LTC Editora, 1981.

BEISIEGEL, C. R. *O ensino médio sob a perspectiva da educação básica*. Notas de aula. Faculdade de Educação. São Paulo, 2006.

BESERRA, M.A. *Violência na adolescência dentro do contexto escolar e fatores associados*' (tese de doutoramento). São Paulo: USP, 2015.

BEZERRA, S. I. *Entre o Governo Paulista e a Escola Pública : o Periódico Educação Democrática*' 01/10/2012 212 f. Mestrado em Educação e Saúde na infância e adolescência. Universidade Federal de São Paulo, São Paulo. Biblioteca Depositária: Unifesp Guarulhos (NÃO RECUPERADA)

BEZZERRA, O. *Funk na escola: que bonde é esse? Cultura, sexualidade e relações de gênero entre adolescentes: expressões da cultura funkeira no cotidiano de uma escola da periferia paulista*. Mestrado. Guarulhos: 2013, Unifesp, 191p.

BIESTA, G. *Para além da aprendizagem. Educação democrática para um futuro humano*. Belo Horizonte: Ed. Autêntica, 2017.

BOCK, S. *A escolha profissional de sujeitos de baixa renda recém egressos do ensino médio*. Faculdade de Educação, Unicamp. Campinas. Tese., 2008.

BOIM, T. *O que e como ensinar:* proposta Curricular, materiais didáticos e prática de ensino nas escolas públicas estaduais em São Paulo (2008-2009). 2010. Dissertação (Mestrado em Educação: História, Política, Sociedade). Pontifícia Universidade Católica de São Paulo, São Paulo, 2010.

BORGES, P. R. *O declínio dos ritos de passagem e suas consequências para os jovens nas sociedades contemporâneas*. Dissertação de mestrado. São Paulo: USP, 2013.

BOURDIEU, P. Os excluídos do interior. In: NOGUEIRA, M. A.; CATANI, A. *Escritos de Educação*. Petrópolis, Ed. Vozes, 1998.

FREITAS, M. V. de. (Org.) *Juventude e Adolescência no Brasil:* referências conceituais. São Paulo: Ação Educativa, 2005.

BRASIL. Conselho Nacional de Educação. Resolução CNE/CEB nº 6, de 20 de setembro de 2012. Define Diretrizes Curriculares Nacionais para a Educação Profissional Técnica de Nível Médio.

BRASIL. Decreto n. 5.154 e 23 de julho de 2004. Presidência da República, 2004.

BRASIL. Conselho Nacional de Educação. Aplicação do regime de intercomplementaridade à Educação Profissional Técnica de Nível Médio desenvolvida na forma integrada com o Ensino Médio, no Estado de São Paulo. Conselho Nacional PROCESSO: 23001.000093/2011-29. Brasília, 2011.

CALLIGARIS, C. *A adolescência.* São Paulo: Publifolha, 2000, 96p.

CABRAL, D. D. T. S. *Ensino Médio na Perspectiva de estudantes de uma escola pública da periferia de São Paulo.* 10/04/2017 100 f. Mestrado em Educação (Psicologia da Educação) Instituição de Ensino: Pontifícia Universidade Católica de São Paulo, São Paulo Biblioteca.

CATANZARO, F. O. *O programa São Paulo faz a escola e suas apropriações no cotidiano de uma escola de ensino médio*' 01/04/2012 126 f. Mestrado em Educação. Instituição de Ensino: Universidade de São Paulo, São Paulo Biblioteca Depositária: FEUSP.

CÁSSIO, F. L., CROCHIK, L., PIERRO, M. C. D., & STOCO, S. Demanda social, planejamento e direito à educação básica: Uma análise da rede estadual de ensino paulista na transição. *Educação & Sociedade, 37*(137), 1089-1119, 2016.

CASTRO. *A escola de tempo integral: a implantação do projeto em uma escola do interior paulista.* Dissertação de mestrado. São carlos: UFSCar, 2015.

CELLARD, A. A análise documental. In: POUPART, J. et al. *A pes-*

quisa qualitativa: enfoques epistemológicos e metodológicos. Petrópolis: Vozes, 2008. p. 295-316.

CORTI, A. P. de O. *Violência e indisciplina no cotidiano da escola pública*. Jovens espectadores, vitimizados e agentes de agressões. 2002. Dissertação. São Carlos. Universidade Federal de São Carlos, 2002.

__________*À deriva. Um estudo sobre a expansão do ensino médio no estado de São Paulo (1991-2003)*. 2015. Tese. Faculdade de Educação da USP. Universidade de São Paulo, 2015.

CUBA, ROSANA DA SILVA. *Significados e sentidos da escola para jovens estudantes das classes médias'* 17/12/2013 217 f. Mestrado em Educação Instituição de Ensino: Universidade de São Paulo, Ribeirão Preto.

DAYRELL, J. A escola faz juventudes? Reflexões em torno da socialização juvenil. *Educação e Sociedade*, vol.28, n.100, Campinas. Sedes, 2007. p.1105-1128.

DAYRELL, J. T. A produção acadêmica em torno da temática da Juventude. In: Angela Dalben; Julio Diniz; Leiva Leal; Lucíola Santos. (Org.). *Didática e prática de ensino: convergencias e tensões no campo da formação e do trabalho docente*. 1ed.Belo Horizonte: Editora Autêntica, 2010, v. 1, p. 168-189.

DAYRELL, J. ; DIAS, F. V. ; CARMO, H. C.; NONATO, B. F. Juventude e escola. In: Marilia Sposito. (Org.). O Estado da arte sobre juventude na pós-graduação brasileira: *Educação, Ciências Sociais e Serviço Social (1999-2006)*. 1ed.Belo Horizonte: Argumentum, 2009, v. 1, p. 57-126.

FELAMINO, D. *Da modernidade à pós-modernidade*: um estudo sobre a adolescência entre as gerações. Mestrado. São Paulo:PUC, 2010.

GIROTTO, E. D. A dimensão espacial da escola pública: leituras sobre a reorganização da rede estadual de São Paulo. *Educação e Sociedade*, v. 37, n° 137, p. 1121-1141, out.-dez., 2016.

GIROTTO. E. D.; CÁSSIO, F. GIROTTO, E. D.; CÁSSIO, F. L. A Desigualdade é a Meta: Implicações Socioespaciais do Programa Ensino Integral na Cidade de São Paulo. *Arquivos Analíticos de Políticas Educativas*, V. 26, n. 109, 2018.

GOULART, D. C.; PINTO, J. M. de R.; CAMARGO, R. B. de *Duas reorganizações (1995 e 2015)*: do esvaziamento da rede estadual paulista à ocupação das escolas. ETD-Educação Temática Digital. Campinas, v. 19, n. 1, p. 109-133, jan./mar, 2017.

GUIMARÃES, J. Alunos da rede pública rasgam livros pra comemorar fim das aulas. *Portal R7*. São Paulo, 13/12/2017. Disponível em: https://noticias.r7.com/sao-paulo/alunos-da-rede-publica-rasgam-livros-para-comemorar-fim-das-aulas-13122017. Acesso em 20/10/2020.

GUIMARÃES, G.G & GRINSPUN, M.Z. Revisitando as origens do termo juventude: a diversidade que caracteriza a identidade. *31ª. Reunião da Anped*, Rio de Janeiro, 2015. Disponível em: < https://www.anped.org.br/biblioteca/item/revisitando-origens-do-termo-juventude-diversidade-que-caracteriza-identidade>. Acesso em 20 de outubro de 2020.

GUTIERRA, B.C.C. *Adolescência, Psicanálise e Educação: o mestre-possível de adolescente*, São Paulo: Ed. Avercamp, 2003, 149p.

KLEIN, A.M. & ARANTES, V.A. *Projetos de Vida de Jovens Estudantes do Ensino Médio e a Escola.* In: Educ. Real. vol.41 no.1 Porto Alegre Jan./Mar. 2016. Disponível em: < http://www.scielo.br/scielo.php?script=sci_arttext&pid=S2175-62362016000100135> Acesso em 15 de dezembro de 2019.

KLEIN, A. M. *Projetos de Vida e Escola:* a percepção de estudantes do ensino médio sobre a contribuição das experiências escolares aos seus projetos de vida. 2011. 292 f. Tese (Doutorado em Educação) – Faculdade de Educação, Universidade de São Paulo, São Paulo, 2011.

KUENZER. A. *Ensino Médio: construindo uma proposta para os que vivem do trabalho.* 2ª. edição. São Paulo: Cortez Editora, 2000.

____________ *Ensino Médio e profissional: as políticas do Estado neoliberal,* São Paulo: Cortez, 1997.

LAGO, N. B. do; SOUZA, R,; SANTOS, T. S. dos. *Escola de nível médio: um olhar sobre a produção discente nos Programas de Pós-Graduação em Educação e Ciências Sociais (2007-2013).* São Paulo: Ação Educativa, 2016.

LEITE, A. H. R. *Juventude: estudos em representações sociais.*146 f. Mestrado em Educação (Psicologia da Educação) Instituição de Ensino: Pontifícia Universidade Católica de São Paulo, São Paulo, 2014.

LONGO, F. *Demografia e políticas educacionais:* um olhar sobre a proposta da reorganização escolar paulista de 2015. Instituto de Filosofia e Ciências Humanas, Unicamp. Campinas. Tese. 2019.

MAGALHÃES, J. *Notas sobre as ocupações escolares de São Paulo como manifestações de uma outra educação possível.* In: SANTOS, J; ROSA, R (Org.). Ativismo, movimentos sociais e educação. Cabo Frio: Mares Editores, 2017.

MATSUSHITA. *Formação e Trabalho: Ponte ou Abismo?'*: O Papel da Escolarização na Vida dos Jovens. Dissertação de mestrado. São Paulo: Uninove, 2012.

MELSERT, A.L. *A dimensão subjetiva da desigualdade social: um estudo de projetos de futuro de jovens ricos e pobres.* Dissertação de mestrado, São Paulo: PUC, 2013.

MORAES, R.R. *A escola vivida por adolescentes: situações agradáveis e desagradáveis.* Mestrado. São Paulo: PUC, 2008.

MURRIE, Z. *A reforma do Ensino Médio: textos e contextos.* Tese de doutorado. São Paulo: Universidade de São Paulo: 2000.

NEIRA, M. G. A proposta curricular do Estado de São Paulo na perspectiva dos saberes docentes. *Rev. bras. Educ. Fís.* Esporte, São Paulo, v.25, p.23-27, nov. 2011. Suplemento n.6.

OLIVEIRA, R. P. de. Da universalização do ensino fundamental ao desafio da qualidade: uma análise histórica. *Educação e Sociedade,* Campinas, v. 28, n. 100 - Especial, p. 661-690, out. 2007.

OMIO, Noeli Assunta Oro. *O sentido da escola (pública) para o adolescente.* 135 f. Doutorado em Psicologia (Psicologia Social) Instituição de Ensino: Pontifícia Universidade Católica de São Paulo, São Paulo, 2010.

OZELLA, S. (Org.). *Adolescências construídas.* A visão da Psicologia Socio-Histórica. São Paulo: Cortez, 2003.

PEREIRA, A.C.A. *O adolescente em desenvolvimento.* São Paulo: Harbra, 2005. 155p.

RAMOS, G. Racionalidade e gerencialismo na política educacional paulista de 1995 a 2014: muito além das conjunturas. *Ensaio: Avaliação e Políticas Públicas em Educação.* v. 24 n.92, Rio de Janeiro, Jul./Set. 2016.

REIS, R. R. *Juventude e conhecimento escolar: um estudo sobre o (des)interesse.* 304 f. Doutorado em Educação: História, Política, Sociedade Instituição de Ensino: Pontifícia Universidade Católica de São Paulo, São Paulo, 2014.

ROCHA, M. F. J. *Conflito, diálogo e permanência: o professor mediador, o adolescente que cometeu ato infracional e a escola'* 26/02/2014 157 f. Mestrado em Terapia Ocupacional. Instituição de Ensino: Universidade Federal de São Carlos, São Carlos Biblioteca Depositária: UFSCar

RODRIGUES. P. de P. *Instituto Unibanco e o projeto jovem do futuro:* uma forma de inserção dos empresários nas políticas públicas educacionais para o Ensino Médio. Universidade de São Paulo. Faculdade de Filosofia, Ciências e Letras de Ribeirão Preto. Dissertação. Ribeirão Preto, 2016.

SÃO PAULO. Resolução SE - 47, de 12-7-2011. Dispõe sobre a regulamentação do Programa Rede de Ensino Médio Técnico – REDE, instituído pelo Decreto nº 57.121, de 11 de julho de 2011, e dá providências correlatas.

SÃO PAULO. Resolução n. 74, de 6-11-2008. Institui o Programa de Qualidade da Escola - PQE. São Paulo, 2008a. Disponível em: Acesso em 6/7/2019.

______. Assembleia Legislativa do Estado de São Paulo. Lei Complementar n. 1.078, de 17 de dezembro de 2008. Institui Bonificação por Resultados - BR, no âmbito da 142 Secretaria da Educação. São Paulo: Imprensa Oficial, 2008b. ______. Resolução n. 76, de 7-11-2008. Dispõe sobre a implementação da Proposta Curricular do Estado de São Paulo para o Ensino Fundamental e para o Ensino Médio, nas escolas da rede estadual. São Paulo, 2008c. Acesso em 6/7/2019

______. ALCKMIN lança programa Rede Ensino Médio Técnico. *Governo do estado de São Paulo.* Secretaria de Educação. São Paulo, 2011. Disponível em: https://www.educacao.sp.gov.br/noticias/programa-rede-ensino-medio-tecnico/ Acesso em 01/10/2020.

SANTOS, Alexandre Cesar dos. *Adolescência e conflitualidade: desafios para o Professor Mediador Escolar e Comunitário no cotidiano da escola*' 26/10/2015 79 f. Mestrado Profissional em ADOLESCENTE EM CONFLITO COM A LEI Instituição de Ensino: Universidade Anhanguera de São Paulo, São Paulo Biblioteca Depositária: Anhanguera Pirituba (NÃO RECUPERADA)

SANTOS, L.S. *Corpos juvenis e escola: uma relação intrínseca na constituição do corpo social.* Mestrado. Presidente Prudente. Unesp: 017.

SILVA, J.A. *Compromisso e paixão: o universal e o singular na boa escola pública.* 2008. 339 f. Tese (Doutorado em Educação) – Faculdade de Educação da Universidade de São Paulo, São Paulo, 2008. 354p. Disponível em: <http://www.teses.usp.br/index.php?option=com_jumi&fileid=12&Itemid=77&lang=pt-br&filtro=Silva,%20Jose%20Alves%20da>. Acesso em: 19 out de. 2020.

SÃO PAULO. Instituto Federal de Educação, Ciência e Tecnologia de São Paulo. *Relatório de Gestão 2012.* São Paulo, 2012.

SÃO PAULO. Centro Paula Souza. *Relatório de Gestão 2012-016.* São Paulo, 2017, 108 p.

SÃO PAULO. Entenda como funcionará a reorganização escolar da rede estadual paulista. 23/09/2015. Disponível em: https://www.educacao.sp.gov.br/noticias/com-foco-na-qualidade-de--ensino-educacao-anuncia-nova-organizacao-para-a-rede-estadual/ Acesso em 01/10/2020

SÃO PAULO. Secretaria Estadual de Educação. Resolução 31 de 13/05/2016. Dispõe sobre criação de Grupo de Trabalho para planejar e executar ações atinentes ao Projeto de Gestão Democrática da Educação, e dá providências correlatas. São Paulo, 2016.

SOUZA, R. M. de. Protagonismo juvenil: o discurso da juventude sem voz. *Rev. Bras. Adolescência e Conflitualidade,* 1(1): 1-28, 2009.

SANTOS. L. *Corpos juvenis e escola:* uma relação intrínseca na constituição do corpo social. Dissertação de mestrado. Presidente Prudente. Unesp, 2017.

SANTOS, R.; FRENEDOZO, R. de C. Uma análise crítica sobre o atual currículo oficial da rede de ensino da Secretaria da Educação do Estado de São Paulo. *Anais.* XI Encontro Nacional de Pesquisa em Educação em Ciências – XI ENPEC Universidade Federal de Santa Catarina, Florianópolis, SC – 3 a 6 de julho de 2017.

SPOSITO, M. P. A instituição escolar e a violência. *Cadernos de Pesquisa.* Fundação Carlos Chagas, São Paulo, n. 104, 1998.

______ (coord.). *Juventude e escolarização* (1980-1998). Brasília: MEC/Inep/Comped, 2002.

________(coord.). estado da arte sobre juventude na pós-graduação brasileira. *Educação, ciências sociais e serviço social (1999-2006*). Belo Horizonte: Argvmentvm, 2009.

___________SPOSITO, M.P. A produção de conhecimento sobre juventude na área de educação no Brasil. *International Studies on Law and Education*, São Paulo, v. 4, p. 37-55, 2001. Disponível em: <http://www.hottopos.com/harvard4/marilia.htm>. Acesso em 18 de julho de 2019.

SPOSITO, M. P.; SOUZA, R. Desafios da reflexão sociológica para a análise do ensino médio no Brasil. In: KRAWCZYK (Org.). *Sociologia do Ensino Médio.* Crítica ao economicismo na política educacional. São Paulo: Cortez, 2014.

SPOSITO, ALMEIDA & TARÁBOLA. Jovens do Ensino Médio e participação na esfera escolar: um estudo transnacional. *Revista de Estudos Avançados* v.3, n.99. São Paulo: IEA, 2020. Disponível em: ttps://www.scielo.br/scielo.php?script=sci_arttext&pid=S0103-40142020000200313&lng=pt&nrm=iso&tlng=pt> Acesso em 21 de outubro de 2020.

STENGEL, M. e DAYRELL, J. T. Produção sobre adolescência/juventude na pós-graduação da Psicologia no Brasil. *Desidades* [online]. 2017, vol.14, p. 18-29.

TEIXEIRA, A. *Educação no Brasil.* São Paulo: Cia Editora Nacional, 1976.

____________A. *A escola secundária em transformação*. 1954 Disponível em: <http://www.dominiopublico.gov.br/download/texto/me001659.pdf>; Acesso em 17 de outubro de 2020.

A produção acadêmica sobre juventude e adolescência no contexto educacional paulista

José Alves da Silva

Sobre adolescência e contexto escolar

O presente capítulo destaca os resultados e uma análise da pesquisa bibliográfica referente às questões da adolescência, juventude, escola e ensino médio, com foco no estado de São Paulo, a qual abarcou o intervalo de 2008 a 2018, como parte de um relatório maior sobre o estado da arte acerca de adolescência e juventude na rede estadual de São Paulo empreendido pelo Grupo de Trabalho de Sujeitos Sociais, dentro da Pesquisa Política Educacional na rede estadual paulista (1995 a 2018).

A tarefa de levantar e analisar a produção acadêmica em educação no que tange aos temas do ensino médio, juventude, adolescência e escola é bastante desafiadora. O número de teses, dissertações, artigos e pesquisas cresceu substancialmente ao longo das últimas décadas, tornando muito difícil a realização de um balanço exaustivo.

Estados da arte sobre o tema adolescência e juventude no âmbito escolar (DAYREL, *et. al.* 2008) apontam para algumas recorrências nas pesquisas sobre o tema, tais como: enfoques próximos da sociologia (juventude e movimentos sociais, juventude e mundo do trabalho), políticas públicas acerca de programas e ações destinados a redes escolares voltados majoritariamente a esse público (matrículas, evasões e reprovações no ensino médio, por exemplo), pesquisas de cunho metodológico preocupadas em promover maneiras de aproximar determinados conhecimentos do universo adolescente por meio de projetos juvenis (CARNEIRO, 2002), ou do ensino de áreas específicas (SILVA, 2011; SILVA, 2013); e pesquisas no campo da psicologia da educação, em que o termo "adolescência" prevalece sobre o termo "juventude"; em particular podem ser mapeadas as interpretações relacionadas à psicanálise clássica (AMARAL, 2006, 2011; GUTIERRA, 2003), à linha eriksoniana (PEREIRA, 2005), à abordagem socio-histórica (NASCIMENTO, 2006) ou com elementos voltados à cognição do adolescente (HERCULANO-HOUZEL, 2013).

A literatura registra um sensível desenvolvimento sobre o tema juventude ao longo das últimas décadas (SPOSITO, 2001) - o que "tem contribuído para aumentar o reconhecimento dos jovens como sujeitos peculiares, que demandam a organização de um saber-fazer educativo próprio que dialogue com as suas especificidades" (CORTI *et.ul.* 2017, p. 1166), assim como outros autores o fazem:

> À medida que o conceito de adolescência se cristaliza e se estabelece, é provável que a percepção do ensino médio como escola para adolescentes também se estabeleça, de maneira que as identidades de ambos se fundam. Se é verdade que é na adolescência que a crise de identidade ocorre, tem-se daí a necessidade de haver uma escola em que os elementos presentes nessa crise sejam tomados como centrais em sua proposta curricular (SILVA, 2008, p. 324).

Dada a amplitude do tema, centramo-nos na discussão de adolescência no contexto escolar, ainda que não haja um consenso acerca do que é adolescência. Silva (2008) afirma que os adolescentes formam um verdadeiro mosaico de tipos e identidades e, juntamente com outros autores (AMARAL, 2006; CALLIGARIS, 2000; PEREIRA, 2005; GUTIERRA, 2003), definem-na como uma etapa da vida, que começa por volta dos 11 anos, com as mudanças físicas e o despertar da sexualidade voltada ao outro, e que não tem exatamente uma idade precisa para acabar (costuma ser finalizada quando o sujeito adquire autonomia emocional e profissional). Em comum a todos os adolescentes, há uma crise de identidade, não necessariamente negativa, em que o sujeito precisa construir seu projeto de vida[1] afetivo e profissional, além de características tais como necessidade de referências, comportamento em grupos, maximização de sentimentos, negação das figuras tradicionais (como pais), dentre outros elementos. Adotamos, pois, a adolescência como uma construção histórica e cultural, relativamente recente na história da humanidade, não restrita a mudanças físicas no corpo dos sujeitos (ARIÉS, 1981).

Como obtivemos os dados

Buscamos os principais bancos de dados de teses e dissertações do estado de São Paulo, particularmente os das principais universidades públicas paulistas (USP, Unicamp, Unesp) e de algumas privadas como PUC e Metodista, sempre associando as palavras chaves "adolescência" + "educação" + "São Paulo", seguidas por outras formas de buscas como "juventude" + "educação" + "escola" etc. Dependendo dos resultados encontrados, acrescentávamos novos itens de busca a essas palavras.

---

1 Adotamos a concepção de projeto de vida presente Nascimento (2006, p. 58): "[...] tem o sentido de aspirações, desejos de realizações, que se projetam para o futuro como uma visão antecipatória de acontecimentos, cuja base reside em uma realidade construída na intersecção das relações que o sujeito estabelece com o mundo. É, portanto, constituído por um conjunto de aspectos que estruturam o campo psicossocial".

Nessa primeira etapa, líamos os títulos, as palavras-chaves e, dependendo do caso e da disponibilidade, os resumos. Caso fossem adequados ao que procurávamos, registrávamos os dados da dissertação e os resumos em um arquivo à parte.

Em seguida, fizemos o mesmo percurso para o banco de dados de teses e dissertações da Capes, de modo a ampliarmos o nosso escopo para as universidades públicas federais paulistas e outras instituições privadas que, eventualmente, tenham pesquisado o tema. Foram elencadas 86 dissertações de mestrado e 22 teses de doutorado com temáticas próximas às que pesquisávamos em uma primeira busca. Guardamos os nossos dados em um arquivo à parte, inclusive com os resumos, quando eles estavam disponibilizados no sistema.

Pesquisamos, também, o banco de dados *Scielo,* sempre associando as palavras chaves "adolescência+escola+São Paulo" ou "adolescência+educação+São Paulo" ou, ainda, fazendo a mesma busca, porém substituindo adolescência por juventude. No primeiro caso, foram elencadas 31 publicações, a maioria de artigos em periódicos, enquanto sobre juventude destacavam-se 18 artigos publicados.

O total de publicações encontradas e uma análise parcial sobre elas encontram-se a seguir.

Acerca das pesquisas sobre adolescência e escola, foi observado se as publicações sugerem os seguintes pontos comuns à discussão de adolescência: I. que não há uma definição precisa sobre ela: quando começa, quando termina; II. que é uma fase da vida; III. que se trata de uma construção histórica recente (ARIÉS, 1981; GUTIERRA, 2003; AMARAL, 2006; CALLIGARIS, 2000; JEAMMET, 2006;); que surge à medida que viver na sociedade se complexifica; IV. que destaca o conceito de moratória social (CALLIGARIS, 2000) como algo imposto para essa fase da vida; V. que o sujeito vive uma "crise de identidade", não necessariamente negativa (GUTIERRA, 2003; AMARAL, 2006; CALLIGARIS,

2000; SILVA, 2008); PEREIRA, 2005); VI. que o sujeito se depara com a necessidade de fazer escolhas duras: construção de projeto de vida afetivo e profissional (NASCIMENTO, 2005; PINHEIRO, 2006); VII. que há uma série de mudanças físicas no sujeito, que influenciam o corpo, a mente, os desejos, os afetos, o comportamento; VIII. que a sexualidade começa a se definir e é colocada explicitamente sobre o outro (FREUD, 1972); IX. que é uma idade altamente invejada socialmente e colocada como um ideal de permissão (CALLIGARIS, 2000; JEAMMET, 2006); X. que nesta idade, há uma obrigatoriedade de ser feliz, de quebrar regras, de ousar (CALLIGARIS, 2000; GUTIERRA, 2003); XI. que surgem muitas dúvidas sobre o mundo adulto, sobre a promessa de felicidade garantida; XII. onde há a necessidade de diferenciação em relação aos grupos (PEREIRA, 2005; AMARAL, 2007; GUTIERRA, 2003; CALIIGARIS; 2000); XIII. que não há uma personalidade única, há um mosaico de perfis de adolescentes (AMARAL, 2006; SILVA, 2008); XIV. em que há uma brutal necessidade de referências, que podem ser pessoas (GUTIERRA, 2003) ou o próprio conhecimento (GUTIERRA, 2003; SILVA, 2011; CHARLOT, 2005) ou uma carreira (NASCIMENTO, 2005; ALVES-PEREIRA E SILVA, 2015) ou uma luta política; XV. em que há o "luto" dos pais; XVI. forte questionamento do mundo adulto, associada à procura por regras, ainda que para desobedecê-las; XVII. em que há uma brutal necessidade de constituição de vínculos (SOUZA, 2016), os quais se dão por transferências (fundamentais para os adolescentes) e, por fim; XIII. em que há forte presença de elementos emocionais como dominadores dos contextos sociais, ainda que desprezados pela escola (AMARAL, 2006)

Além disso, observamos aspectos da neurociência acerca do cérebro adolescente: comportamento estabanado (HERCULANO-HOUZEL, 2005); nova auto-imagem; nova "limpeza sináptica"; tédio; sistema de recompensa em baixa, daí a suscetibilidade para mais abusos (drogas, prazer por riscos, sexo etc.); período de abstinência da infância – em consequência, nada é interessante; mudanças na cognição: córtex pré-frontal ainda está em amadurecimento (gera desconcentração, planejamento e cálculo de consequências; falta de empatia em muitos casos); e da hebiatria: adolescência é marcada por três perdas significativas: a do corpo infantil; a da identidade e papel infantis; e a do tratamento dado pelos pais na infância. Destacam-se, neste caso, algumas características típicas da faixa etária, como oscilações de humor, vivência temporal singular, tendência de se reunir em grupos, sensações de invulnerabilidade, onipotência e sensação de imortalidade, entre outras.

Como boa parte dos assuntos acima está mais relacionado à psicologia ou à neurociência, destacamos nossa pesquisa às discussões desses temas no contexto escolar e, no caso do recorte da nossa pesquisa, nas políticas públicas empreendidas pelo estado de São Paulo entre 2008 e 2018.

Depois de toda a nossa pesquisa, em todos esses diferentes bancos de dados, fizemos uma primeira categorização a partir do que parecia ser o foco principal de cada uma delas. Aqui cabe ressaltar que colocamos todos os resultados em um único banco de dados, de modo que não há, por ora, a divisão de trabalhos por tipo de publicação (tese, dissertação, trabalho de conclusão de curso ou artigo) ou por tipo de banco de dados (os resultados são do banco de dados da Capes, do Scielo e de cada universidade pública no estado de São Paulo; mencionamos apenas um resultado caso a mesma publicação aparecesse em outros bancos de dados).

Apresentamos, a seguir, uma primeira categorização dos resultados encontrados:

Grupo 1: Neste grupo, destacam-se as pesquisas que buscaram discutir diretamente o conceito de adolescência ou outros diretamente associados a ela (subjetivação, alteridade, construção de identidade, percepção da dimensão corporal na adolescência). Dentre os principais trabalhos, destacamos: 'O declínio dos ritos de passagem e suas consequências para os jovens nas sociedades contemporâneas' (dissertação de mestrado; BORGES, 2013), 'Da modernidade à pós-modernidade: um estudo sobre a adolescência entre as gerações' (dissertação de mestrado; FELAMINGO, 2010), 'Corpos juvenis e escola; uma relação intrínseca na constituição do corpo social' (mestrado; SANTOS, 2017), dentre outros.

Grupo 2: Neste grupo, destacam-se os trabalhos que discutem, especificamente, a constituição de projetos de vida de adolescentes implementados em situações escolares. Dentre os exemplos de trabalhos, destacamos: 'Projetos de Vida de Jovens Estudantes do Ensino Médio e a Escola' (artigo; KLEIN; ARANTES, 2016); 'A dimensão subjetiva da desigualdade social: um estudo de projetos de futuro de jovens ricos e pobres' (mestrado; MELSERT, 2013), 'Projetos de vida e escola: a percepção de estudantes do ensino médio sobre a contribuição das experiências escolares' (tese de doutoramento; KLEIN. 2011), dentre outros.

Grupo 3: Aqui, destacam-se as pesquisas que buscaram a opinião dos adolescentes acerca de determinadas questões do âmbito da educação, seja no tocante a metodologias didáticas, a políticas públicas ou a situações inerentes ao cotidiano escolar. Como exemplo, podem ser citadas as seguintes pesquisas: 'Significados e sentidos da escola para jovens estudantes das classes médias' (mestrado; CUBA, 2017), 'Obediência e transgressão sob a perspectiva do adolescente no ambiente escolar' (mestrado; ALENCASTRO, 2013); 'A escola vivida por adolescentes: situações agradáveis e desagradáveis' (mestrado; MORAES, 2008); 'Juventude e conhecimento escolar: um estudo sobre o (des)interesse' (tese de doutoramento; REIS, 2014), dentre outros.

Grupo 4: Estão agrupadas aqui as pesquisas que discutem adolescência e juventude, associando-as a temas gerais de políticas públicas, especialmente as do ensino médio, ou voltados à educação integral e ou às questões do mundo do trabalho. Citamos como exemplos: 'À deriva. Um estudo sobre a expansão do ensino médio no estado de São Paulo (1991-2003)' (tese de doutoramento; CORTI, 2014), 'A participação de estudantes do ensino médio de escolas públicas da região de Caieiras/SP em movimentos e redes sociais' (tese de doutoramento; OLIVEIRA, 2016), 'Formação e Trabalho: Ponte ou Abismo?', 'O Papel da Escolarização na Vida dos Jovens' (mestrado, MATSUSHITA, 2012), 'A escola de tempo integral: a implantação do projeto em uma escola do interior paulista' (mestrado; CASTRO, 2016), 'O Programa São Paulo Faz a Escola e suas apropriações no cotidiano de uma escola de ensino médio' (mestrado; CATANZARO, 2011), dentre outros.

Grupo 5. Estão reunidas, neste grupo, as pesquisas que propõem ações específicas para a educação e o ensino de jovens e adolescentes. O foco dessas pesquisas, muitas vezes, parece centrar-se mais no ensino de determinados conteúdos ou da construção de atitudes escolares do que na discussão de juventude e adolescência propriamente dita. São exemplos: 'Violência na adolescência dentro do contexto escolar e fatores associados' (tese de doutoramento; BESERRA, 2015), 'O Funk na escola: que bonde é esse? Cultura, sexualidade e relações de gênero entre adolescentes: expressões da cultura funkeira no cotidiano de uma escola da periferia paulista' (mestrado; BEZZERRA, 2013) etc.

A tabela a seguir apresenta o total de pesquisas identificadas por grupos.

Tabela 1: Quantidade de publicação de cada grupo no total das referências identificadas.

Grupo	**Quantidade**	**Percentagem (%)**
Grupo 1	33	21
Grupo 2	18	11,5
Grupo 3	52	33,2
Grupo 4	38	24,2
Grupo 5	17	10,8
Total	157	100

Fonte: O autor

Os resultados apontam para uma considerável preocupação com a opinião dos jovens, ainda que sejam por temas colocados pelos próprios pesquisadores (os quais buscam saber o que pensam os jovens sobre sexualidade, por exemplo). Salta à vista, entretanto, o considerável número de pesquisas que buscam identificar o sentido da escola por parte dos jovens, ao mesmo tempo em que não há, praticamente, nenhuma pesquisa que busque saber a opinião deles acerca de aspectos específicos da política pública no estado de São Paulo (política de formação de grêmios, reorganização escolar, política de bônus, Saresp, São Paulo Faz Escola (há apenas uma pesquisa sobre esse assunto), dentre outros pontos)

Aparece como destaque, também, significativo número de pesquisas sobre políticas públicas destinadas a níveis de ensino voltados a adolescentes e jovens, especialmente sobre ensino médio e, em menor grau, sobre educação integral. Entretanto, o foco de grande parte dessas pesquisas está mais voltado a dados de matrículas e evasões ou à efetivação de implementações curriculares voltados a esses níveis de ensino. Prevalecem, portanto, pesquisas de cunho documental ou demográficas. Adolescentes e jovens não são tratados nessas pesquisas, portanto, como sujeitos centrais.

Por outro lado, percebe-se algum avanço na discussão da psicologia do adolescente no contexto escolar (Grupo 1), comparando-se com pesquisas do estado da arte sobre o tema antes do nosso período pesquisado (DAYREL *et.al*, 2009). O próprio conceito de adolescência passou a ser objeto de estudo direto dessas pesquisas, e o papel da escola como elemento contribuidor para a identidade ganhou certa centralidade, ainda que em uma escala pequena em termos de número de publicações. Observa-se, no entanto, certa pulverização na discussão, muito provavelmente por conta da própria complexidade do conceito de adolescência: é assim que a discussão de resiliência na adolescência, ou de identidade, ou de subjetivação, ou o papel do corpo passam a ser focos centrais, compondo, se somados, uma compreensão mais abrangente do fenômeno adolescência.

Nota-se significativo número de pesquisas sobre projeto de vida na adolescência, a ponto delas se constituírem como um grupo específico, com quase 12% do total de pesquisas encontradas. O foco dessas pesquisas é, de certa forma, diversificado. Há desde discussão mais diretamente voltada à escolha da carreira ('Tempo De Decidir: Produção Da Escolha Profissional Entre Jovens Do Ensino Médio'; KOBBER, 2008), até aspectos mais gerais voltados à cognição ('Sentimentos, emoções e projetos vitais da juventude: um estudo exploratório na perspectiva da teoria dos modelos organizadores do pensamento', tese de doutoramento, PÁTARO, 2011) ou a críticas sociais ('Dimensão subjetiva da desigualdade social: estudo de projetos de futuro de jovens ricos e pobres'; dissertação; MELSERT, 2013). Uma boa questão que se coloca é por que o tema tem conseguido atrair tanto a atenção de pesquisadores sobre o tema e por que tem ganho tanta atenção até de políticas públicas sobre o tema (projeto de vida passou a ser, por exemplo, uma disciplina obrigatória de todas as escolas da rede estadual de São Paulo a partir de 2020).

Por fim, destacam-se as pesquisas que buscam discutir melhores estratégias para o ensino de determinados conteúdos. Cabe salientar que foram colocadas como resultados apenas as pesquisas que destacam fortemente em seus títulos e em seu resumo a questão da juventude ou da adolescência com alguma centralidade no estado de São Paulo. Por isso, o número obtido não foi tão elevado (17 pesquisas). As consultas aos bancos de dados revelaram uma numerosa quantidade de pesquisas que destacavam as palavras adolescência ou juventude entre as palavras-chaves nas pesquisas, mas que, a julgar pelo resumo ou pelos índices, se referiam apenas ao público em que determinados conceitos eram ensinados (ensino de ondas eletromagnéticas, de números negativos, de sexualidade, de movimentos literários etc.). Por essa razão, foram descartados para o nosso banco de dados.

Descartamos, também, a numerosa quantidade de pesquisas sobre a saúde de adolescência e juventude feitas por profissionais da saúde em que as escolas eram apenas o local de coletas de dados. Todo esse numeroso conjunto de pesquisas da saúde merecia um estado da arte à parte, sobretudo porque são em número muito maior do que aquelas pesquisas que levam em consideração o contexto escolar ou as políticas educacionais, possivelmente indicando uma preocupação maior com a centralidade do sujeito adolescente ou jovem na área da saúde comparativamente à educação. Entretanto, apesar de numeroso, na área da saúde, havia certa repetição de temas, destacando-se a discussão de drogas, gravidez na adolescência, doenças sexualmente transmissíveis etc.

A seguir, apresentamos uma segunda categorização dentro de cada grupo, levando-se em consideração, sobretudo, os temas abordados em cada um deles.

Assunto	Quantidade	(%)	Exemplos
Abordagem direta do conceito de adolescência e de juventude no contexto escolar	13	40,0	Adolescências e identidades estéticas no cotidiano Adolescência: modernidade? A adolescência inventada e os sujeitos que se inventam na participação social: capturas e rupturas Da modernidade à pós-modernidade: um estudo sobre a adolescência entre as gerações A desordem das gerações e a recusa escolar: estudos de casos de adolescentes em psicopedagogia A escola e as interferências das imagens nas identificações dos adolescentes A representação social da adolescência e do adolescente e expectativas de prática pedagógica de futuros professores
O papel da escola como elemento construidor da identidade de adolescente	09	27,3%	A prática pedagógica junto a alunos adolescentes: as contribuições da psicologia Violências no cotidiano escolar: exclusão, adaptação e negação da subjetividade discente nas práticas educativas Travessias do beco: a educação pelas quebradas Tempo, Adolescência e Jogo Representações sociais do Estatuto da Criança e do Adolescente por educadores de escolas públicas. As relações sociais entre os jovens no ensino médio: um olhar através das habilidades sociais
O papel do corpo para a identidade adolescente	6	18,2	Corpos juvenis e escola: uma relação intrínseca na constituição do corpo Pela presença do corpo na escola: uma experiência de trabalho interdisciplinar entre arte e educação física O Corpo Representado e a Educação Física: um estudo entre jovens do Ensino Médio
Aspectos associados ao conceito de adolescência	05	15,2%	Educação escolar e constituição da consciência: um estudo com adolescentes a partir da psicologia histórico-cultural A relação amorosa no cotidiano do adolescente: fragmentos e tramas de sedução Alteridade e adolescência: uma contribuição da psicanálise para a educação Construção da resiliência na adolescência: uma abordagem bioecológica
Total	33	100,0	

Fonte: O autor

A tabela acima corrobora o crescente desenvolvimento de pesquisas sobre adolescência no contexto escolar (40%) e o importante papel que os processos socializadores na escola desempenham sobre isso (27,3%). Destaca-se, também, o aparecimento da discussão do corpo como central em algumas dessas pesquisas – algo que talvez não acontecesse se o tema adolescente não fosse o destaque.

A seguir, apresentamos os principais assuntos discutidos no grupo 3, que trata das opiniões dos adolescentes sobre determinados temas.

Tabela 3: Principais assuntos discutidos no grupo 3, que trata das opiniões dos adolescentes sobre determinados temas.

Assunto	Quantidade	(%)	Exemplos
Sentidos da escola para os adolescentes e jovens	29	55,7	Juventude e escola: um estudo a partir da visão dos estudantes A escola ideal: como os adolescentes percebem e idealizam o meio escolar Vozes de crianças e adolescentes: o que dizem da escola? Valores atribuídos ao trabalho e expectativa de futuro: como os jovens se posicionam? Por que ir à Escola? Os sentidos atribuídos pelos jovens do ensino médio Experiência escolar de jovens/alunos do ensino médio: os sentidos atribuídos à escola e aos estudos Expectativas de Jovens sobre o Ensino Médio: análise de suas representações sobre o papel da educação escolar O contexto escolar idealizado por alunos do ensino médio: contribuições para a atuação de professores. O significado atribuído à escola e ao ensino médio por jovens do 3º ano de uma escola pública de São Paulo
Opinião sobre assuntos específicos da realidade escolar	19	36,5	A escola vivida por adolescentes: situações agradáveis e desagradáveis O programa São Paulo faz a escola e suas apropriações no cotidiano de uma escola de ensino médio Juventude e conhecimento escolar: um estudo sobre o (des)interesse Juventude e educação profissional: um estudo com os alunos do IFSP Aderência e motivação dos adolescentes de ensino médio nas aulas de educação física escolar O que os estudantes consideram na escolha do curso de graduação? Discursos de adolescentes sobre a vida profissional e familiar: entre o sonho e a realidade
Opinião sobre questões de adolescência	06	11,5	A imagem do adulto na contemporaneidade: uma avaliação dos jovens sobre os adultos. Adolescência, internet e tempo: desafios para a Educação Desmistificando a concepção de adolescência Sexo e concepção de sexualidade para jovens estudantes de uma escola pública Obediência e transgressão sob a perspectiva do adolescente no ambiente escolar Opinião, Conhecimento e Atitudes de Adolescentes sobre a Sexualidade: uma contribuição para professores, médicos e enfermeiros Representações midiáticas e idealizações sobre juventude e consumo? Os sentidos do discurso na Revista Veja.
Total	52	100	

Fonte: O autor

A tabela 3 revela uma forte preocupação da comunidade acadêmica em identificar o sentido da escola por parte dos estudantes. Trata-se, pois, de algo esperado, dada a real dificuldade de identificar o papel da instituição escolar na atual organização social, sobretudo no atual estágio do capitalismo (LIPOVETSKY, 2002). Nota-se, também, uma preocupação em discutir as questões da adolescência com o próprio adolescente, corroborando com os resultados obtidos na tabela 2.

A tabela 4 a seguir apresenta os principais assuntos discutidos nas pesquisas acerca das políticas públicas da educação que envolvam adolescência e juventude (por nós classificadas no grupo 4).

Assunto	Quantidade	(%)	Exemplos
Políticas voltadas ao ensino médio	21	55,3	Juventude e ensino médio: sentidos e significados da experiência escolar À deriva. Um estudo sobre a expansão do ensino médio no estado de São Paulo (1991-2003) Da transição à permanência no ensino médio: o papel da família na trajetória do aluno ao longo da última etapa da educação básica Juventude e ensino médio: sujeitos e currículos em diálogo Do Texto Ao Contexto: O Programa Ensino Médio Inovador Em Movimento A reforma educacional do ensino medio no governo do Estado de São Paulo e os atuais desafios dos docentes (mestrado) Escola pública e ensino médio: formação da juventude na perspectiva dos documentos oficiais nacionais da educação básica Caminhos e descaminhos da educação brasileira: um estudo dos problemas que motivam a evasão escolar no Ensino Médio, no município de Franca
Juventude e trabalho	11	28,9	Entre o trabalho e a escola: estudo com adolescentes que estudam e trabalham, filhos de trabalhadores rurais Jovens trabalhadores: expectativas de acesso ao ensino superior Juventude, ensino médio e trabalho: Função social do ensino médio, uma análise crítica Os significados do trabalho para a juventude: um estudo sócio-histórico com adolescentes ricos Formação e Trabalho: Ponte ou Abismo? O Papel da Escolarização na Vida dos Jovens Jovens, escola e o mundo do trabalho: Experiência e Significados em São Miguel Arcanjo-SP
Programas específicos voltados à juventude	04	10,5	Instituto Unibanco e o projeto jovem do futuro: uma forma de inserção dos empresários nas políticas públicas educacionais para o Ensino Médio. Jovens do Projovem adolescente em Ribeirão Preto-São Paulo: descompassos entre a educação escolar e a educação não escolar na vivência da juventude. Ensino médio e a preparação da juventude para o mercado de trabalho: uma reflexão sobre o programa Jovem Cidadão› A escola de tempo integral: a implantação do projeto em uma escola do interior paulista O programa São Paulo faz a escola e suas apropriações no cotidiano de uma escola de ensino médio
Outros	02	5,2	A educação vem de casa: família e escola na periferia de São Paulo Outros Ritmos em Escolas da Periferia de São Paulo
Total	38	100	

Fonte: O autor

A tabela revela forte preponderância da discussão sobre o ensino médio comparativamente a outros níveis de ensino que envolvem adolescentes (por exemplo, no fundamental II). Aqui cabe ressaltar que certamente há muitas outras pesquisas sobre ensino integral ou educação de jovens e adultos que não apareceram nos nossos resultados, certamente porque não colocaram como destaque as palavras juventude ou adolescência nos seus títulos, na escolha das palavras-chaves ou em seus resumos. Entendemos que a própria opção de não destacar os sujeitos adolescentes ou jovens já são indicativos da não centralidade deles nessas pesquisas.

Destaca-se, também, a falta de pesquisas com os sujeitos sobre as políticas que atingiram a rede estadual paulista durante os últimos anos. Há apenas uma pesquisa que discute uma ação (O Programa São Paulo Faz Escola). Sabemos que há numerosas pesquisas sobre os movimentos de ocupações ocorridas na rede estadual em 2015-2016, mas que não apareceram nas nossas pesquisas por acreditarmos que elas merecem um estudo à parte, conforme apresentamos ao longo deste livro.

Por se tratarem de temas sem grandes variações, não consideramos relevante a identificação de assuntos específicos tratados nos grupos 2 (projeto de vida) e 5 (ações concretas para ensinar adolescentes).

Algumas considerações

Nossa pesquisa revela uma ampliação do número de publicações sobre os temas, em especial sobre os seus focos, comparativamente aos estados da arte produzidos anteriormente. Contudo, prevalecem pesquisas sobre os sentidos da escola e sobre o ensino médio, com crescente discussão do conceito de adolescência no contexto escolar. Há que se ter um maior aprofundamento e diversidade por meio de novos estudos, portanto.

Além disso, notamos certa pulverização de temas referente à discussão de juventude e adolescência no contexto escolar, havendo numerosa pesquisa sobre questões de saúde e adolescência, bem superiores a esses temas no âmbito da educação, ainda que abordem quase sempre os mesmos assuntos: gravidez na adolescência, uso de drogas, situações de violência etc.

Nossa pesquisa também revela que nem sempre as pesquisas sobre projetos ou níveis de ensino que atingem diretamente os adolescentes destacam os sujeitos sociais em sua análise. Há forte análise destes projetos a partir da política e dos referenciais teóricos relacionados à discussão de estado ou de formas de governo. Não há diálogo explícito ou interlocução forte entre esses referenciais das políticas públicas e aqueles associados às questões específicas de juventude e de adolescência.

Da mesma maneira, não há pesquisas sobre a política do estado de São Paulo juntamente aos estudantes da rede estadual paulista. Os estudos revelam que eles são pouco consultados, inclusive pela literatura acadêmica. Eis aí uma grande lacuna a ser preenchida por novos estudos.

Referências

ALENCASTRO, S.M.R. *Obediência e transgressão sob a perspectiva do adolescente no ambiente escolar.* Mestrado. São Paulo: IP-USP, 2013.

AMARAL, M. Encontros com professores de uma escola estadual do Ensino Médio – uma escuta em que a dimensão objetiva se vê alinhavada pela subjetividade dos autores. In: AMARAL, M. (Org.). *Educação, psicanálise e direito: combinações possíveis para se pensar a adolescência na atualidade.* São Paulo: Casa do Psicólogo, 2006. p. 75-96.

__________. *A trama e a urdidura entre as culturas juvenis e a cultura escolar*: a "eróptica" como método de pesquisa e de ruptura de campo. 2009. Tese (Livre Docência em Psicologia e Educação) - Faculdade de Educação, Universidade de São Paulo, São Paulo, 2010. Disponível em: <http://www.teses.usp.br/teses/disponiveis/livredocencia/48/tde-24012017-104155/>. Acesso em: 11 nov. 2017.

ARIÉS, P. *História Social da Criança e da Família*. 2. ed. Tradução de Dora Flaksman. Rio de Janeiro: LTC Editora, 1981.

BESERRA, M.A. *Violência na adolescência dentro do contexto escolar e fatores associados'* (tese de doutoramento). São Paulo: USP, 2015.

BEZZERRA, O. *Funk na escola: que bonde é esse? Cultura, sexualidade e relações de gênero entre adolescentes: expressões da cultura funkeira no cotidiano de uma escola da periferia paulista*. Mestrado. Guarulhos: 2013, Unifesp, 191p.

BORGES, P.R. *O declínio dos ritos de passagem e suas consequências para os jovens nas sociedades contemporâneas*. Dissertação. São Paulo: Faculdade de educação. Universidade São Paulo, 2013. 257p.

CARNEIRO, M. *Os projetos juvenis na escola de ensino médio*. Brasília: Vozes, 2001. p. 111-133.

CALLIGARIS, C. *A adolescência*. São Paulo: Publifolha, 2000.

CASTRO, A. *A escola de tempo integral*: a implantação do projeto em uma escola do interior paulista. Tese de doutoramento. São Carlos: UFSCAR, 2016.

CHARLOT, B. *Relação com o saber, formação dos professores e globalização: questões para a educação hoje*. Porto Alegre: Artmed, 2005. p. 13-72.

CORTI, A.P.; CORROCHANO, M.C.; SILVA, J.A._Ocupar e resistir: a insurreção dos estudantes paulistas. *Educação & Sociedade*. [online]. 2016, vol.37, n.137, p.1159-1176. ISSN 0101-7330.

CUBA, R.S. *Significados e sentidos da escola para jovens estudantes das classes médias.* Mestrado. Ribeirão Preto: FFCLRP-USP, 2013.

DAYRELL, J.; DIAS, F. V.; CARMO, H. C.; NONATO, B. F. Juventude e escola. In: Marilia Sposito. (Org.). O Estado da arte sobre juventude na pós-graduação brasileira: *Educação,Ciências Sociais e Serviço Social (1999-2006).* 1ed.Belo Horizonte: Argumentum, 2009, v. 1, p. 57-126.

DAYRELL, J.T. A produção acadêmica em torno da temática da Juventude. In: Angela Dalben; Julio Diniz; Leiva Leal; Lucíola Santos. (Org.). *Didática e prática de ensino: convergencias e tensões no campo da formação e do trabalho docente.* 1 ed.Belo Horizonte: Editora Autêntica, 2010, v. 1, p. 168-189.

FELAMINO, D. *Da modernidade à pós-modernidade*: um estudo sobre a adolescência entre as gerações. Mestrado. São Paulo: PUC, 2010.

GUTIERRA, B.C.C. *Adolescência, Psicanálise e Educação: o mestre--possível de adolescente,* São Paulo: Ed. Avercamp, 2003. 149p.

HERCULANO-HOUZEL, S. *O cérebro em transformação.* Rio de Janeiro: Objetiva, 2005. 224p.

KLEIN, A. M. Projetos de Vida e Escola: a percepção de estudantes do en-sino médio sobre a contribuição das experiências escolares aos seus projetos de vida. 2011. 292 f. Tese (Doutorado em Educação) – Faculdade de Educação, Universidade de São Paulo, São Paulo, 2011.

KLEIN, A. M & ARANTES. Projetos de Vida de Jovens Estudantes do Ensino Médio e a Escola. In: Educ. Real. vol.41 no.1 Porto Alegre Jan./Mar. 2016. Disponível em: <http://www.scielo.br/scielo.php?script=sci_arttext&pid=S2175-62362016000100135> Acesso em 15 de dezembro de 2019.

KOBBER, C. M. *Tempo de decidir: produção da escolha profissional entre jovens do ensino médio.* Tese (Doutorado em Educação) -

Faculdade de Educação, Universidade Estadual de Campinas, Campinas, 2008, 338p.

LIPOVESKY, G. *A Era do Vazio*: ensaios sobre o individualismo contemporâneo. Tradução: Therezinha Monteiro Deutsch. Barueri, SP: Manole, 2002.

MATSUSHITA, R. *O papel da escolarização na vida dos jovens*. Mestrado. São Paulo: Uninove, 2012, 165p.

MELSERT, A.L.M. *A dimensão subjetiva da desigualdade social*: um estudo de projetos de futuro de jovens ricos e pobres. Mestrado. São Paulo: PUC, 2013.

MORAES, R.R. *A escola vivida por adolescentes*: situações agradáveis e desagradáveis. Mestrado. São Paulo: PUC, 2008.

NASCIMENTO, I. P. Projeto de vida de adolescentes do ensino médio: um estudo psicossocial sobre suas representações. *Imaginário*, Jun 2006, vol.12, no.12, p.55-80.

OLIVEIRA, A. *A participação de estudantes do ensino médio de escolas públicas da região de Caieiras/SP em movimentos e redes sociais*. Tese de doutoramento. Campinas: Unicamp, 2016, 333p.

REIS, R.R. *Juventude e conhecimento escolar*: um estudo sobre o (des) interesse. Tese de doutoramento. São Paulo: PUC, 2014, 304p.

PEREIRA, A.C.A. *O adolescente em desenvolvimento*. São Paulo: Harbra, 2005. 155p.

SANTOS, L.S. *Corpos juvenis e escola: uma relação intrínseca na constituição do corpo social*. Mestrado. Presidente Prudente. Unesp: 017.

SILVA, J.A. As possíveis contribuições do ensino de ciências para a identidade do Ensino Fundamental II e para a tarefa de alfabetizar. *Ciência & Educação*, v. 19, p. 811-821, 2013.

_____________ Inclusão do tema adolescência no Ensino Médio: contribuições e limitações das Ciências em uma proposta interdisciplinar de uma escola pública. In: *VIII ENPEC - Encontro*

Nacional de Pesquisadores em Ensino de Ciências, 2011, Campinas - SP. Atas do VIII ENPEC. Campinas: Abrapec, 2011.

____________A sociedade pós-industrial e os objetivos do Ensino Médio e do Ensino de Física. In: *Encontro de Físicos 2011 - XIII EPEF* (Encontro de pesquisadores em Ensino de Física, 2011, Foz do Iguaçu-PR. Encontro de Físicos 2011, 2011.

___________ *Compromisso e paixão: o universal e o singular na boa escola pública*. Tese de doutoramento. Universidade de São Paulo: 2008. 346p.

SILVA, J. A. ; PEREIRA, S. A. ; PEREIRA, B. A. O conceito de projeto de vida e a formação de professores de ciências. In: IX Encontro Nacional de Pesquisadores de Ciências, 2013, Águas de Lindoia. *Anais do IX Encontro Nacional de Pesquisadores em Ensino de Ciências*. Bauru: ABRAPEC, 2013.

SOUZA, L. *A influência da relação professor-aluno-conhecimento na aprendizagem de estudantes e na escolha de seus projetos de vida relacionados às ciências.* Trabalho de conclusão de curso. Universidade Federal de São Paulo. Diadema, 2015, 67p.

SPOSITO, M.P. A produção de conhecimento sobre juventude na área de educação no Brasil. *International Studies on Law and Education*, São Paulo, v. 4, p. 37-55, 2001. Disponível em: http://www.hottopos.com/harvard4/marilia.htm. Acesso em 18 de julho de 2019.

Experiências, percepções e expectativas de estudantes na escola gerencialista da rede estadual paulista[1,2]

Débora Cristina Goulart
Marcelo Paziano da Silva
Marcia Aparecida Jacomini
Rubia de Araújo Ramos

Introdução

Neste texto, analisamos como jovens estudantes experienciaram a escola pública, em uma rede determinada por condições concretas e específicas, em diálogo com suas vivências fora da escola. Para tal, nos referenciamos na literatura sobre os sentidos da escola para jovens que estudam em instituições públicas de ensino de educação básica.

Partimos das contribuições de Licínio Lima sobre a configuração das relações escolares e a corrosão do processo educativo com o aprofundamento da NGP e o gerencialismo na educação e dialogamos com a concepção de racionalidade neoliberal de Pierre Dardot e Christian Laval (2016). Para a análise da experiência estudantil, sobre as vivências dos jovens em escolas da rede pública estadual paulista, utilizamos o conceito de experiência desenvolvido

---

1 Este artigo foi produzido com dados da pesquisa "Política educacional na rede estadual paulista (1995 a 2018)", financiada pela Fapesp, processo 2018/09983-0, coordenada pela Professora Márcia Aparecida Jacomini.

2 Versão estendida do artigo publicado na revista *Pro-posições* [online], v. 34, 2023.

por Edward P. Thompson. Essa concepção considera a 'experiência' como elemento de mediação, constitutivo da formação de consciência das classes subalternas e de processos de luta (THOMPSON, 1987). Trata-se da vivência das pessoas nos diferentes aspectos da vida social - trabalho, educação, saúde etc. - indissociáveis das relações sociais, políticas e culturais.

Tendo em vista este referencial, entendemos que investigar o que estudantes têm a dizer a respeito de suas experiências vividas na escola pública nos permite acessar efeitos das políticas de educação sobre esses jovens que tiveram a formação básica numa escola orientada pelo gerencialismo, isto é, nos permite compreender como a experiência vivida é sentida por esses estudantes, promovendo ações que se confrontam com esta política, ainda que não realizadas para este fim.

Buscamos, portanto, compreender como os programas e projetos educacionais implantados na rede estadual de ensino de São Paulo, no período de 1995 a 2018, foram vivenciados por alunos do ensino médio e que opinião formaram sobre a escola no que se refere à qualidade do ensino e aos processos educativos. O tempo da política é diferente do tempo da experiência dos estudantes, levando-nos a apontar os eixos principais da primeira no período que tem início em 1995 e a experiência dos estudantes em 2015, considerando as diversas trajetórias escolares de nossos entrevistados.

Além da pesquisa documental que nos permitiu conhecer a política educacional em termos de sua elaboração e implantação, da pesquisa bibliográfica que subsidiou nossas análises, foram realizadas entrevistas com estudantes que cursavam o ensino médio no ano de 2015 e que participaram do movimento de ocupação de escolas contra a proposta de reorganização do governo paulista (MEDEIROS; JANUÁRIO, 2017). O material de análise consiste em 11 entrevistas[3] com jovens entre 18 e 23 anos, seis mulheres e 5 homens, dispersos na Grande São Paulo, sendo que 5 residem na Zona Leste, 1 na Zona Oeste, 1 na Zona Norte de São Paulo, 1 no município de Osasco e 1 em Guarulhos.[4] Sobre os estudos, no momento da entrevista, apenas um não estudava, sendo que, dentre os demais, 5 estavam em universidades públicas, 4 em instituições de ensino superior privadas e 1 em formação pós-médio. O capítulo inicialmente discute as principais características da política educacional paulista nos 24 anos referidos, especialmente no que se refere às justificativas e medidas para melhorar a qualidade do ensino. Em seguida, analisamos o conteúdo das entrevistas com base em quatro categorias já anunciadas e, nas considerações finais, tecemos algumas interpretações sobre o significado da escola orientada pelo gerencialismo nas vivências escolares e na formação de estudantes do ensino médio.

A qualidade do ensino na política educacional paulista

"Frustração de ter passado pela escola e descobrir que sabe pouco", esta é a síntese da experiência de aprendizagem escolar relatada por um dos entrevistados.

Desde a primeira gestão analisada (1995-1998), a principal justificativa para a implantação dos principais programas e projetos tem sido a melhoria da qualidade do ensino. No início do período

3 As entrevistas foram realizadas no segundo semestre de 2019, gravadas e transcritas. Neste artigo, analisamos as informações referentes às experiências, percepções e opiniões dos estudantes sobre a escola no que se refere à qualidade da educação.

4 Indicamos ainda outras características dos/as ex-secundaristas, mas que não serão aqui exploradas: Quanto a sua orientação sexual, são 6 heterossexuais, 4 bissexuais e 1 homossexual. Declaram sobre sua adesão religiosa serem 2 ateus, 1 evangélico, 1 agnóstico, 1 espírita, 1 umbandista e 3 creem em Deus, mas sem religião. A maioria é solteira, com uma união estável, todos sem filhos.

analisado, ela vinculava-se à implantação de "um sistema eficiente de gerenciamento das unidades escolares, que lhe permitisse conhecer a real situação em que estas se encontram" (SÃO PAULO, 1995, p. 8).

Em sintonia com a Reforma do Estado, realizada no governo de Fernando Henrique Cardoso (PSDB[5]), a primeira gestão deste partido no estado iniciou um novo ciclo de políticas educacionais vinculadas ao gerencialismo, com mudanças no arcabouço institucional-legal das políticas educacionais, para operar uma mudança cultural e, assim, garantir uma nova forma de gestão educacional norteada pela Nova Gestão Pública (NGP) (BRESSER PEREIRA, 2011). As principais medidas adotadas pela gestão de Teresa Roserley Neubauer da Silva na Secretaria Estadual de Educação (SEE-SP),[6] no período de 1995 a 2002 foram: a) a reorganização da rede, com a separação das escolas para atendimento dos anos iniciais do ensino fundamental e dos anos finais e ensino médio, o sistema unificado de matrícula e o fechamento de centenas de escolas; b) a intensificação da municipalização do ensino fundamental, que contribuiu para uma expressiva diminuição da participação da rede estadual no total de matrículas da educação básica no estado – em 1995 ela era responsável por 73% das matrículas e em 2018 por 36%[7]; c) a adoção da progressão continuada, medida que, juntamente com a criação das classes de aceleração, visava diminuir os altos índices de reprovação e melhorar o fluxo escolar; d) a criação do Sistema de Avaliação do Rendimento Escolar do Estado de São Paulo (Saresp). A gestão de Gabriel Benedito Issaac Chalita (2002-

5 Partido da Social Democracia Brasileira.

6 Embora desde 2019, conforme Resolução SE n. 18, a sigla da Secretaria da Educação seja Seduc-SP, neste artigo usaremos aquela que consta nos documentos consultados, SEE-SP.

7 Dados organizados pela pesquisa, com base nos dados do Censo Escolar do Inep (1995-2018).

2006) buscou arrefecer os descontentamentos causados pelas medidas implantadas por Rose Neubauer, tanto no que se referem à forma quanto ao conteúdo, adotando a denominada Pedagogia do Afeto e o Programa Escola da Família, sem, contudo, romper com os aspectos centrais das medidas adotadas na gestão anterior.

O Programa Escola da Família (PEF), diferentemente das outras políticas do mesmo período, não apresentou qualquer proposta político-pedagógica, embora tenha sido implantado sob a ideia de melhoria da qualidade da educação.[8] Trata-se de um dos principais programas do primeiro governo de Geraldo Alckmin (PSDB) na área da educação, cujo objetivo consistiu em promover maior interação da comunidade escolar, assumindo a função de ação preventiva para reduzir a violência nas escolas e a vulnerabilidade infantil e juvenil. A ação consistiu em abrir escolas da rede estadual aos finais de semana para promover atividades de cultura, esporte e lazer para crianças, jovens e adultos.

Foi novamente numa gestão sob o comando de uma intelectual orgânica[9] do PSDB, a professora Maria Helena Guimarães de Castro (2007-2009), que a rede passou por mudanças profundas, desta

---

8 Em artigo assinado pelo então governador Geraldo Alckmin e publicado pelo jornal *Folha de São Paulo*, o discurso para a implementação do Programa Escola da Família se baseava na ideia de melhoria da qualidade da educação, sem explicar como essa melhora se daria através do Programa. O artigo "Pode entrar que a escola é sua", de 24 de agosto de 2003, pode ser encontrado em: https://www1.folha.uol.com.br/fsp/opiniao/fz2408200308.htm. Acesso em 27/07/2020.

9 Nos referimos ao conceito de intelectual orgânico de Antonio Gramsci (2014). Consideramos que Rose Neubauer, Maria Helena Guimarães de Castro e Paulo Renato de Souza, que foi secretário de educação de São Paulo nos anos de 2009 e 2010, são intelectuais orgânicos do PSDB na área de Educação e, entre outros, responsáveis pela elaboração e implantação das políticas educacionais do respectivo partido em nível nacional, durante os oito anos do governo de Fernando Henrique Cardoso, assim como na rede estadual de ensino.

vez especialmente relacionadas ao currículo e à gestão da escola. Sob a justificativa de baixo desempenho dos estudantes nos resultados no Saresp, criado em 1996, a então secretária assumiu como política principal de sua gestão a adoção de um currículo centralizado, com maior direcionamento e controle do trabalho pedagógico.

Como parte do Programa Qualidade da Escola (PQE) (SÃO PAULO, 2008a) houve uma reformulação do Saresp e a implantação do Índice de Desenvolvimento da Educação do Estado de São Paulo (Idesp), que passou a ser usado para definição do bônus aos profissionais da educação. O Idesp é calculado por escola com base no desempenho dos estudantes no Saresp e nos dados de fluxo escolar, e da taxa de aprovação. Por meio do Projeto São Paulo Faz Escola (SPFE), instituiu-se uma proposta curricular que se transformou no currículo oficial para todas as disciplinas. Com isso, a rede passou a ter um currículo centralizado, com conteúdo comum diretamente vinculado ao Saresp.

O currículo oficial do estado de São Paulo chegou às escolas por meio dos denominados Cadernos[10] do professor, do gestor e do aluno, material com conteúdo e orientação didática para o trabalho em sala de aula, assim como para o diretor e o professor coordenador fazerem a gestão do currículo na escola.

Entre as justificativas para a adoção de currículo único centralizado estava a ideia de que experiências internacionais, tendo em vista os resultados dos países no Programa Internacional de Avaliação dos Estudantes (Pisa), indicam que "[...] sistemas educativos de sucesso incorporam em suas práticas educativas a gestão de resultados, a definição clara de currículos e seus objetivos e o controle sistemático de qualidade por todos os interessados". (FINI, 2014, p. 371)

---

10 No início do Programa o material era denominado *Jornal do aluno* e *Revista do professor*.

O currículo centralizado, com material direcionado para toda a comunidade escolar, também se justifica como forma de contornar o que gestores educacionais têm denominado de má formação dos professores. Dessa forma, busca-se melhorar o desempenho dos estudantes no Saresp, visto que o conteúdo do material coincide com o que é solicitado nas provas externas, e garantir que tal conteúdo, acompanhado de orientação metodológica, seja trabalhado por todos os professores, uma vez que consta dos cadernos do professor e do aluno, sob o controle do professor coordenador e do diretor de escola, responsáveis pelo cumprimento do currículo oficial na escola. Nisso consiste, na rede estadual paulista, a gestão para resultados, o currículo bem definido e o controle da qualidade, conforme citação anterior.

Todavia, essa forma de enfrentar o problema desconsidera a complexidade de um trabalho que requer conhecimento, criatividade e atenção à relação com os estudantes e reduz conhecimento, habilidades e atitudes à competência de implementar um currículo definido alhures, que "se tudo der certo" salvará a educação, esquecendo ou desprezando o fato de que uma educação de qualidade se faz com professor bem formado, capaz de partilhar o mundo com os jovens (MASSCHELEIN; SIMONS, 2018). Como já sinalizado por Jacomini, Gil e Castro (2018, p. 442)

> Entre o conteúdo e a metodologia de ensino estabelecidos nos livros didáticos, nas apostilas ou em qualquer outro material que orientam o trabalho do professor, existem dois sujeitos que dão vida ao processo educativo e que impossibilitam um controle total do ato de ensinar e aprender por parte de qualquer instância externa à escola. Há um espaço de criação, que marca a especificidade de cada professor na relação com os estudantes que não pode ser controlado pelo Estado por meio de materiais didáticos, apostilas etc.

Entre outros, a desconsideração destes elementos, essenciais ao desenvolvimento do processo educativo, por sucessivos governos, têm contribuído para cada nova gestão da SEE-SP concluir que, não obstante os esforços anteriores, a qualidade do ensino paulista não corresponde ao estabelecido nas políticas, que tentam medi-la por meio de índices, a exemplo do Idesp. Assim, a despeito do entusiasmo da SEE-SP em divulgar uma melhora no desempenho dos estudantes no Saresp em 2009, atribuída ao SPFE, o Idesp continua atestando que as políticas educacionais não estão cumprindo as promessas de seus idealizadores de melhorar a qualidade do ensino.[11] Parece que as recomendações de Fini (2014), baseada na experiência de outros países, não têm dado certo na rede estadual paulista.

As duas gestões seguintes (de 2011 a 2018), tendo em vista a realização dos resultados esperados com a implantação do SPFE, seja em relação ao currículo e o controle do trabalho docente ou à gestão para resultados por meio do bônus por mérito (SÃO PAULO, 2008b), introduziram novos elementos da concepção gerencialista, especialmente com a adoção da gestão baseada no Método de Melhoria de Resultados (MMR), importado do mundo corporativo, que consiste na realização de planejamento estratégico seguindo etapas pré-determinadas para identificar os problemas, planejar e implementar soluções, cuja novidade está no fato de a escola só poder elencar problemas e propor soluções que sejam de sua governabilidade, impedindo-a de ampliar o escopo de atuação na política educacional. A novidade do MMR não diz respeito à gestão escolar ser realizada com base no conhecimento dos problemas, no planejamento e na intervenção com vista a so-

11 Em 2018, o Idesp (rede estadual) para o 9º ano do ensino fundamental foi 3,38 e para o ensino médio 2,51, a meta para aquele ano era respectivamente 3,98 e 3,02. Disponível em: http://idesp.edunet.sp.gov.br/boletim_escola2018.asp?ano=2018 Consulta em 20 jul. 2020.

lucioná-los, mas ao fato de a escola só poder elencar problemas e propor soluções que sejam de sua governabilidade.

Destarte, tem-se uma forma de gestão em que a SEE-SP, em parceria com instituições do setor privado,[12] formula a política educacional e as escolas a implementam e são responsabilizadas (*accountability*) pelos resultados. Lógica que não tem produzido o anunciado e esperado resultado pelas diferentes gestões da Secretaria de Educação, no que se refere à qualidade do ensino medida pelas avaliações em larga escala no período estudado, em parte pelas resistências ativas e passivas[13] que ocorrem no cotidiano escolar.

No primeiro semestre de 2015, os professores realizaram a greve mais longa da categoria, com 92 dias de paralisação, numa clara demonstração de que a carreira do magistério paulista não estava se tornando uma das mais atrativas do país, como anunciado por Herman Voorwald,[14] em 2011. No segundo semestre do mesmo ano, o anúncio da reorganização da rede de ensino, com fechamento de quase cem escolas e a mudança de milhares de alunos para outras, levou à ocupação de centenas de escolas por estudan-

12 Para a realização do Programa Educação Compromisso de São Paulo (SÃO PAULO, 2011), do qual o MMR faz parte, a SEE-SP firmou convênio com a Associação Parceiros da Educação (APE), conforme Processo Administrativo SEE-SP n. 2.737, em 2014.

13 Denominamos de resistências passivas aquelas em que, sem se contrapor formalmente às políticas educacionais, a comunidade escolar constrói subterfúgios para não as implementar, ou pelo menos não conforme orientações oficiais. As resistências ativas são aquelas em que profissionais da educação e/ou estudantes se recusam a implementar determinada política e lutam coletivamente, a exemplo do que ocorreu em 2015, com a ocupação das escolas contra a proposta de reorganização das escolas do governo (CAMPOS; MEDEIROS; RIBEIRO, 2016).

14 Secretário de Educação do estado de São Paulo no período de 2011 a dezembro de 2015.

tes, indicativo de que a comunidade escolar não estava satisfeita com política da SEE-SP.

Em resposta ao movimento dos estudantes, além do recuo em relação à reorganização, a SEE-SP implementou no ano de 2016 o Projeto Gestão Democrática da Educação: A Escola é Sua (SÃO PAULO, 2016) que, embora tenha aberto um canal de diálogo e de participação da comunidade escolar, o fez de maneira tutelada no que se refere à criação dos grêmios estudantis, que foram em grande parte organizados sob a orientação e "controle" de diretores, desconsiderando ou deliberadamente evitando que a experiência de organização horizontal das ocupações repercutisse de modo mais amplo na organização e participação dos estudantes nas escolas. Malgrada a consulta para a construção de uma proposta de gestão democrática realizada em 2016, a participação dos estudantes foi proporcionalmente muito inferior àquela dos profissionais da educação, conforme indicado no estudo de Jacomini et al (2019): entre os profissionais da educação, houve 55% de participação dos gestores, 33% dos funcionários de escola, 29% de professores, enquanto apenas 9% do total de alunos matriculados naquele ano participou do processo.

A riqueza da experiência que colocou os estudantes no centro das discussões sobre a educação pública e a gestão democrática não foi valorizada pela SEE-SP (e muitas vezes pelas escolas) para impulsionar a participação e a gestão democrática nas escolas estaduais de São Paulo (FRANÇA, 2019), como afirma uma estudante: "2015 impulsionou várias coisas, incluindo a discussão sobre gestão democrática e sobre o que é educação pública, voltado para o estudante e para o professor, e não na política em si e nos gestores de projetos" (entrevistada 5)

Com esta breve síntese de políticas educacionais no período, passamos à análise do conteúdo das entrevistas para compreender as experiências e opiniões de estudantes sobre a educação na rede estadual de ensino.

Desencontro entre políticas educacionais e expectativas de estudantes

Na literatura sobre os sentidos da escola média para os jovens, encontra-se uma compreensão de que esta instituição de ensino é um espaço de tensão potencializado pelo encontro de esferas da vida juvenil: os estudos, o trabalho, a família, as culturas (DAYRELL *et. al.*, 2009; NAKANO; OLIVEIRA, 2007). Por um lado, os estudantes criticam as condições precárias das instalações escolares, a carência de materiais e espaços educativos e apontam o despreparo dos docentes para lidar com as questões juvenis, além de se pronunciar sobre o absenteísmo dos professores. A inadequação das metodologias, de conteúdos desvinculados de seu cotidiano e a defasagem dos materiais didáticos é apresentada como um desincentivo à atenção às aulas e à aprendizagem. De outra parte, estão bastante atentos a uma discrepância entre o discurso escolar de inserção profissional com a ampliação da escolarização e o desemprego e subemprego juvenil (CORROCHANO; ABRAMO; ABRAMO, 2017), com especial atenção às desigualdades no mundo do trabalho a partir do gênero e da raça (PRONI; GOMES, 2015).

A insistência na escolarização como chave de entrada na vida profissional e decorrente mobilidade social e sociabilidade estável persistiu como eixo de políticas públicas que, ao não diminuir a fila para os jovens, gera frustração e desânimo, mas também raiva e indignação (MEDEIROS; JANUÁRIO, 2017). Sentimentos que são potencializados por uma escola competitiva e pautada no desempenho individual que, ao mesmo tempo que disciplina, controla o comportamento e os corpos juvenis (SANTOS, 2017), o que é possibilitado por uma forte hierarquia, rigidez escolar e fraca ou até ausente participação estudantil nas decisões escolares.

O conflito é latente e, inúmeras vezes, irrompe porque a escola também é detentora das expectativas juvenis. Espaço de sociabilidades, construção de suas subjetividades, amizades e diversão; de vivência entre iguais, de encontro com a diversidade e a diferença, onde reside o desejo de uma transitoriedade mais significativa e menos dolorosa, conduzida pela experiência e saberes docentes, ou seja, a escola contém esperanças de projetos de um futuro melhor.

Cabe então a pergunta: como os jovens estudantes entrevistados experenciaram esses aspectos no percurso escolar e em que medida podemos afirmar que suas experiências se constituem como singularidades advindas da política educacional paulista?

Inicialmente, devemos considerar o fato de que, embora haja considerável produção científica sobre o sentido da escola para os jovens e sobre a política educacional, são escassas as pesquisas que demonstrem a relação entre os aspectos que sustentamos neste texto. Sendo assim, buscamos, a partir de depoimentos dos jovens, sobre: avaliação externa (Saresp); infraestrutura do espaço escolar (manutenção e conservação predial, laboratórios e bibliotecas, salas de uso pedagógico); condições de ensino e de aprendizagem (número de alunos por sala, incursões pedagógicas fora da escola); material pedagógico (Cadernos do Programa São Paulo Faz Escola – Proposta Curricular de São Paulo e uso dos livros do Programa Nacional do Livro Didático - PNLD) e currículo e conteúdo (número de componentes, importância e adequação dos conteúdos abordados, metodologia e relação com docentes), compreender como a experiência escolar ocorre em unidades escolares diferentes, mas cuja política educacional se instaura em seus princípios em toda a rede pública paulista, para daí pensarmos processos de adesão, crítica e/ou confrontação dos/as estudantes.

Assim, construímos as categorias de educação como *eficiência e desempenho* e educação *instrumental e individualista*. Ambas são criticadas fortemente pelos estudantes em contraposição às categorias de educação para *a formação e a pluralidade* e educação como *experiência coletiva e democrática*.

A categoria de educação como *eficiência e desempenho* mostra como os entrevistados reconhecem na escola: I. o incentivo à incorporação de ações voltadas ao cumprimento de metas; II. do que decorre a centralidade das avaliações externas; III. em contraposição à melhoria das condições de infraestrutura das unidades escolares.

Essa categoria nos permite analisar como as unidades escolares têm sido afetadas pelas avaliações externas e como os estudantes desvelam a formalização dos objetivos educacionais, de maneira que a avaliação se tornou um instrumento de governação política e técnica de gestão (LIMA, 2015).

A realização de provas externas como forma de verificação de aprendizagem é vista pelos estudantes como uma forma limitada de avaliação do processo educativo, como diz um dos jovens:

> Então, eu acho que, de alguma forma, o SARESP cumpre a função dele. Porque ele vai meio que medir isso. Só que essa medição para mim é muito subjetiva, porque eu acho que o conhecimento não é capaz de ser avaliado dessa forma. Sobretudo porque isso envolve inclusive questões psicológicas. Às vezes o conhecimento que você obtém em dado momento não vai se manifestar no momento da prova, entendeu? (Entrevistado 1)

A avaliação como instrumento para orientar o processo de ensino e de aprendizagem, a relação entre professor e estudante e as relações escolares em sentido mais amplo voltam-se, basicamente, à quantificação de aprendizagens, visando atingir metas elaboradas fora do âmbito da unidade escolar.

> E era muito engraçado. Um pouco até triste, assim o porquê dessas provas... de como que funcionava. *Porque a escola queria ter uma nota boa.* E aí, o que eles combinavam com os alunos? Se você vier fazer a prova, você já tem um pontinho. Então, todo mundo já ia porque vai ter pontinho. (Entrevistada 8, grifo nosso)

> Aí era avisado pra todo mundo, a diretora geralmente passava na sala avisando, "olha, dia tal e tal é a prova do Saresp". Aí pra ninguém faltar, ela falava que valia nota. Então, todos os professores tinham que dar pelo menos 1 ou 2 pontos por prova do Saresp (Entrevistada 5)

A inversão de prioridade nas relações intraescolares, induzida pelo benefício pecuniário mediante cumprimento de metas de desempenho quantificado, corrói a possibilidade de uma gestão democrática, cujo projeto educativo é construído e assumido coletivamente pela comunidade escolar. As falas dos estudantes expõem certa desconfiança sobre as intenções da direção da escola e evidencia as divergências entre setores da comunidade escolar em relação ao Saresp.

> Só aplicava e servia ainda mais para deixar o pessoal mais triste com o desenvolvimento deles, que ninguém ali ia bem. Mas o bolso da diretora estava cheio. Então, era basicamente o que importava para ela. (Entrevistada 7)

> Tipo, a escola vai e recebe a melhor nota, mas você vê que não é assim. Só naquela prova que, às vezes, acabou tendo um acompanhamento ali antes de acontecer a prova em si para tirar uns bons resultados para que a escola tenha uma nota um pouco maior do que as outras escolas. E tem a questão do benefício. Que a gente vê essa questão do benefício,

> mas aí você não vê no que transformou nesse benefício. A escola recebe mais dinheiro. E esse dinheiro vai ser para o quê? (Entrevistado 4)

A avaliação, que é necessária para a compreensão e acompanhamento do processo de desenvolvimento escolar, ao focar nos resultados do Saresp, contradiz esta finalidade e inspira processos alheios ao sentido educativo, como a preparação para os testes, em nome das metas que, como métrica da aprendizagem, tornam-se "o sentido e a finalidade" da escola (RAVITCH, 2009). A pressão para participar das provas do Saresp, por meio da retribuição de "ponto bimestral" nas disciplinas e, em alguns casos, o auxílio dos docentes "tirando dúvidas durante a prova", mesmo após uma "revisão" para sua realização, são exemplos da lógica que este tipo de avaliação externa tem produzido nas escolas. Conhecedores das vantagens pecuniárias advindas do cumprimento de metas de aprendizagem pela unidade escolar aos docentes e gestores, para os jovens toda a sequência pedagógica perde o sentido e eles se sentem desprestigiados em suas necessidades. Parece escapar ao alcance das percepções e compreensões dos estudantes que diretores e professores também estão presos nesta racionalidade que, em troca de bônus que complementa a baixa remuneração, acabam por submeter-se à restrição de sua autonomia didático-pedagógica, minimizando sua tarefa – que é desbloquear e animar "um mundo comum para as nossas crianças" (MASSCHELEIN; SIMONS, 2018, p. 167), visto que a função social mais importante da escola é a formação, da qual a aprendizagem faz parte, mas não tem finalidade em si mesma.

O esforço para a adesão de estudantes às provas, convocando-os a serem estudantes, ainda que a participação seja episódica, não se mostrava, quando se tratava de condições mínimas de infraestrutura para o estudo.

> Era lotada a sala. Apesar que, se você falar de carteira e cadeira, até tinha. Tinha o suficiente para todo mundo. Mas era muita gente, né. E se você falar assim de estrutura, assim, de cadeira e carteira, tinha. Eu nunca precisei pedir em outra sala não. Agora, você falar, por exemplo, não tinha... Tinha janela sem vidro. Tinham salas sem cortina, então como eu estudava de manhã, atrapalhava um pouco o sol. Nem todos os ventiladores funcionavam. [...] o espaço entre uma cadeira e a outra era corredorzinho, né. [...] Colocaram todo mundo lá porque tinha que ficar todo mundo lá. Agora, não era um ambiente que... A sala não comportava o número de pessoas. Comportava o que tinha que comportar. (Entrevistado 2)

> E, no [nome da escola], o elevador... Tipo, chovia, virava uma cascata lá. [...] Tinha, mas não funcionava. Deve estar enferrujado lá. Os cabos... (Entrevistado 3)

> Tinha biblioteca, só que era junto com uma parte onde ficava a sala de vídeo. Aí era sala de vídeo e biblioteca. [...] Eles tinham uma biblioteca... Não era um espaço, mas eles tinham um espaço que deveria ser considerado a sala de Química. Mas não tinha equipamento para praticar a Química lá. Tinha livros só. Era uma salinha assim um pouco fechada que dava para você fazer uma reunião, sabe? Uma vez ou outra tinha uma reunião. (Entrevistado 4)

> Então quando eu entrei a escola... eu não me recordo da escola ter uma estrutura física muito ruim, e quando eu saí eu lembro que aquela escola tinha que ser demolida, porque as paredes rachadas. Teve uma... duas salas que o teto cedeu durante uma chuva, que tinha muitas goteiras. Em todas as salas têm goteiras, né? (Entrevistada 5)

As condições precárias de infraestrutura das escolas comprometem a qualidade do processo de ensino e de aprendizagem e, também, a formação integral dos estudantes. Contudo, elas recebem menor atenção dos governos se comparada àquelas relacionadas à testagem e construção de índices. Lima (2019) chamou atenção para a constituição de uma educação contábil, metrificada e obsessiva pela testagem, que garante um consenso em torno de regimes meritocráticos, competitivos e, supostamente, eficazes.

Mesmo para atividades como as do Programa Escola da Família (PEF), que não possui proposta de ensino e se mantém, ainda que bastante reduzido, alinhado ao paradigma da NGP, firmando convênios com instituições privadas e parcerias com o Instituto Ayrton Senna e o Força-Instituto Brasil Voluntário, as escolas abertas aos finais de semana não contam com estrutura material adequada e mão de obra qualificada para assumirem as atividades e funções necessárias para o cumprimento dos objetivos do PEF.

> O Escola da Família, na verdade, ele não tinha ações a não ser... Por exemplo, tinha uma vez ou outra um bazar, mas aí a gente não sabia direito como funcionava. Essas atividades mesmo de oficina, essas coisas foram o Grêmio que acabou levando. Mas, a Escola da Família era a escola aberta. Tinha uma mesa de pingue-pongue no pátio, então você poderia usar. Tinha a quadra. E ficava aberto até as salas, mas sempre com alguém olhando. Mas não tinha nada na sala (...). A quadra usa muito, porque eu acho que eles tinham time. Tinha um projeto que eu me lembro, que era o Arremesso para o Futuro, que era de basquete, então tinha um professor que dava essa aula de basquete para os alunos. Até hoje eu acho que tem. E era o único projeto que realmente tinha todo final de semana. E o resto não. Era só o espaço. Só tinha o espaço. Era esse o problema que a gente tinha. A gente falava "Poxa, a gente tem o espaço. Mas ninguém vai vir aqui só porque está aberto a escola." E é interessante, porque se a gente já vem aqui todo dia, qual é a graça de vir aqui no final de semana para fazer absolutamente nada? (Entrevistada 8)

> Eu acho que depende da Escola da Família. Porque às vezes tinha coisa muito pouca. Assim, tinha o pingue-pongue

> e a quadra liberada. Poderia ter isso no intervalo, durante... Sabe? Não precisa ser num sábado que... Sabe? Então, mas é interessante. (Entrevistado 4)

As falas acima mencionam atividades realizadas de improviso pela própria comunidade escolar e pela organização do grêmio estudantil. Sem recursos e sem finalidade pedagógica, as atividades do PEF não eram atrativas o suficiente para levar a comunidade à escola aos finais de semana. Convém observar que, apesar do Programa abdicar do trabalho docente para diminuir custos de mão de obra (PACHECO, 2004; SOUZA, 2009), o projeto mencionado "Arremesso para o Futuro" é desenvolvido de forma voluntária por um professor da escola. O fato é que os relatos revelam lacuna considerável entre planos de ação baseados na NGP e as práticas vivenciadas nas escolas.

A crítica da burocracia elaborada pelos defensores da NGP, com a defesa da priorização dos testes como ferramenta para obtenção de índices, reabilita a burocratização por meio de uma gestão racionalista técnico-instrumental, que tem na avaliação objetivista, quantitativa, um instrumento competente. Assim, ocorre uma hiperburocracia que aumenta o controle sobre os processos educativos, deixando-os "ocos", visto que o objetivo é resultado e os sujeitos tornam-se objetos de provas e testes elaborados, analisados e cuja consequência é mais centralização e menos autonomia, ainda que esta apareça como responsabilização dos sujeitos que estão na ponta do sistema (LIMA, 2015; 2019).

Assim, a direção escolar, torna-se "um executivo subordinado perante as autoridades políticas, embora, por outro lado, mais poderoso diante da generalidade dos atores escolares, agora vistos como seus subordinados" (LIMA, 2019, p. 10), como salientam nossos entrevistados.

> A diretora falava pra gente que eles corrigiam as provas, então eles iam saber quem aprendeu e quem não aprendeu, e quem não aprendeu ia se lascar, né? *Eles sempre usaram esses vocabulários, mais pra deixar o pessoal com medo mesmo, né?* (Entrevistada 5, grifo nosso)

O código do desempenho pode ser nesse tipo de gestão, marcado a ferro, mas aparece como técnica de um dispositivo neutro, afastando a escola da transmissão da cultura como bem comum, pois tudo que não seja operacional, útil e eficaz é dispensável.

Contra a humanização na apreensão da cultura que se dá na relação sócio-política-cultural entre sujeitos, eminentemente conflituosa e viva, age um conjunto de dispositivos que "despolitiza a ação política" (LIMA, 2015, p. 1342) e desestabiliza os referenciais profissionais docentes com a perda do sentido como agente da cultura e formação intelectual dos estudantes. A escola como instrumento técnico, portanto, não trabalha com os conflitos inerentes à prática pedagógica e os trata como desvios.

A racionalidade econômica e técnico-instrumental com a metrificação que se sobrepõe ao processo educativo é, também, uma irracionalidade pedagógica (LIMA, 2019, p. 14) que tem como consequência a perda de sentido das atividades escolares.

A categoria *educação instrumental e individualista* foi construída a partir da relação dos estudantes com o conhecimento por meio do currículo, metodologias e relação com os docentes.

> Acho que, no meu contexto, nunca achei que seria desinteressante, nem Física, nem Química... Quer dizer, esse problema é que dentro da escola não funciona. Dentro da escola não funciona porque a política voltada a ensinar essas coisas não está voltada a lidar com questões de contexto dos

> alunos, não está centrada em dar realmente a educação de base. Assim, sabe, te dar um mínimo de base do... Existe um cronograma e, o aluno, independente ou não de ele ter aprendido no Fundamental A e B, tem que aprender C e D ali. (Entrevistado 9)

A noção de direito à aprendizagem que veio substituindo o direito à educação nos últimos 30 anos pelos organismos internacionais tem eliminado o polo do ensino, do processo de ensino e de aprendizagem que pressupõe sujeitos em relação na construção de um conhecimento (BIESTA, 2013). A supremacia da aprendizagem subtrai a relação e o docente como sujeito político e profissional para construir uma ação dirigida do indivíduo – no caso, o aprendente -, movido por um interesse próprio, na direção da aquisição de competências flexíveis e, por isso, mais úteis e eficazes. Trata-se, antes da acumulação de capital humano por meio de aquisição de práticas e habilidades. Como afirma Laval "essa concepção estritamente individualista é condizente com os pressupostos da teoria liberal ortodoxa: o indivíduo possui recursos próprios que ele tenta incrementar ao longo da vida para aumentar sua produtividade, sua renda e suas vantagens sociais" (2019, p. 52).

> Sempre tem aquela ideia mais básica de que a escola só serve como uma instância de coesão social para o movimento de trabalho. E, também, eu acho que era mais essa linha de pensar que esses espaços não tinham uma proposta que visasse a gente a sair desse modelo. (Entrevistado 9)

> Pelo menos nesse sentido que se dá da escola, de formação, tem poucos resultados assim. E quando se tem, é pelo esforço ou do indivíduo, que se esforça, ou o esforço de algum professor que se dedica. (Entrevistado 1)

Com a imposição do consenso da educação como serviço e destinada a usuários/consumidores, a educação passa a se resumir à aprendizagem de competências predefinidas em órgãos centrais e/ou externos ao sistema educacional (como fundações privadas, por exemplo) de forma que a organização escolar se estruture voltada para a eficiência e eficácia deste tipo de escolarização restrita, por ser/estar sujeitada às demandas do mercado.

> E... então acho que existia um ponto muito maçante assim, na oferta de matérias e, também, na... assim, na expectativa que se gerava em cima da gente assim, essa cobrança de desempenho, de alcançar meta, o resultado. (Entrevistada 10)

> Para um vestibular da vida ou para um ingresso no mercado de trabalho não. Eu acho que não pelo menos. Porque as coisas que eu desenvolvi profissionalmente não dependeu do meu aprendizado na escola. Não dependeu da escola. E para o acesso à universidade também não tive nenhuma formação. (Entrevistado 1)

> Acho que não dá para falar "Ah, tem que oferecer isso..." num contexto geral, porque eu sei que tem alunos lá que tinha muito mais dificuldade que eu, tanto na vida deles como no aprendizado mesmo. Eu acho que os professores tentavam fazer o melhor deles, mas era um conteúdo muito pobre comparado ao que a gente precisa para passar em um vestibular. Eu tenho uma colega que estudou comigo e ela nunca quis faculdade pública. Ela falava que ela ia ter que fazer particular porque ela não ia passar em uma pública. (Entrevistada 7)

Neste ponto, há duas tensões que fazem subir os termômetros nas escolas reais: I. a educação voltada a interesses particulares se defronta com os currículos centralizados, uniformizados e passíveis de avaliação estandartizada e, II. os estudantes não se reconhecem na pressuposição dos objetivos normatizados pela noção de aprendizagem utilitária e pela promessa de ganhos pessoais advinda da escolarização, sobretudo porque a cotidianidade educativa a contesta a todo momento, daí a necessidade da aprendizagem se tornar fácil, atraente, o que por sua vez, a torna superficial e até banal.

Os jovens reconhecem na padronização dos materiais didáticos do PSFE uma limitação para os estudos, cuja centralidade para a atividade pedagógica torna-se inútil, visto que há interesses diversos e abordagens múltiplas que poderiam ser desenvolvidos pelos docentes se o controle sobre o processo pedagógico não fosse central em uma escola cujo foco é a quantificação da aprendizagem e os dados da avaliação externa.

> A minha intenção é falar que existe um currículo que é excluído da escola e que eu acredito, na minha concepção, que ele precisa estar dentro da sala de aula. Então, para mim, pode ser muito desinteressante aprender Bhaskara. Mas para o meu colega que vai partir para outra área, é muito interessante. [...] Mas eu acho que a gente deveria sim fazer um parâmetro de igualdade assim nas disciplinas. Eu não tiraria nada. Mas eu tentaria fazer algo muito em equidade assim das matérias. [...] Coisas específicas tem utilidade para alguém. (Entrevistado 2)

> Eu acho que a escola se propõe a ser umas coisas que nem isso ela está fazendo direito. Se a escola se propõe a formar um indivíduo para - se a gente pensar por essa lógica – passar no Enem, para passar em uma prova, não está funcionando. Então, na verdade, qual é essa demanda que a escola que atender, né. (Entrevistado 2)

Com a ênfase na aprendizagem, subjaz uma redução do currículo para as competências voltadas à qualificação do capital humano, o que Lima (2019, p.7) chamou de "perspectiva vocacionalista", dirigida para "as competências-chave de que cada indivíduo deverá apropriar-se fornecem valor acrescentado para o mercado de trabalho".

> Mas se a escola não tiver como projeto de escola e de educação de você formar um indivíduo para a sociedade e para a sua individualidade, se for só passar numa prova, você se limita a um currículo também dentro dessa lógica, que nem para isso atende. (Entrevistado 1)

> Hoje a gente já tem um currículo reduzido. E é o que eu falei, eu acho que a gente já tem um currículo enxugado. Dentro das áreas que, pode se falar, Matemática e Português é o que mais tem aula, ainda assim é um currículo enxugado. (Entrevistado 2)

A corrosão das relações educativas e a exacerbação da gestão formalista e tecnocrática se confrontam com as expectativas dos estudantes que procuram na escola um lugar para descobertas e desenvolvimento intelectual e pessoal.

> A maioria das coisas que eu aprendi na minha vida foi pelo fato de eu ter a iniciativa de pesquisar sobre. Porque a escola era muito limitada. [...] Assim, eu acredito que tem muitas pessoas criativas e muitas pessoas inteligentes dentro do ensino estadual e público que não é (sic) bem explorado. Que era o caso, tipo, que eu acredito que era, tipo, o meu caso e de alguns colegas também. (Entrevistado 3)

Mas a experiência cotidiana os torna parte submetida aos dispositivos de performance mensurável, "tendendo a conceitualizar o aluno como uma 'matéria-prima' moldável por meio de processos de 'produção' escolar" (LIMA, 2015, p. 1344).

> Eu acho que, se cumpriu alguma coisa ali, foi a minha vontade e a minha iniciativa de ir atrás. Porque eu não esperava mais [da escola]. Depois de um tempo, eu acabei não esperando mais nada de... Porque eu sentia, como eu falei, eu sentia todo esse lance de dificuldade de [como] todo mundo sentia. Não

> só de uma pessoa, mas acabava que, tipo, como todo mundo é coletivo, se um ali... Até para a pessoa que está mais... [que] se sente adaptada na sala com os métodos dos professores [elas] tinham uma certa dificuldade, (...) as outras pessoas que já tem a dificuldade (...) vão ter mais que [o] dobro do que aquela pessoa tem. Então, tipo, acaba tendo um prejuízo muito grande para todo mundo (Entrevistado 3)

A intensa instrumentalização da educação escolar para o mercado na forma de capital humano corrói as possibilidades de exercício democrático, de forma que o controle e a desumanização são sentidos de maneira intensa pelos/as estudantes.

> E era tratamento muito opressivo. Não tinha um diálogo entre a direção, entre os coordenadores e o aluno. (...) Gostava de alguns professores, né. Tipo, em particular, tinha uns outros professores que cumpriam o papel do Estado. Esse Estado que sucateia o ensino (Entrevistado 3)

> Eu diria que antes os professores não enxergavam... Isso eu vou falar bem sincero assim, por mais que eu tenha muita amizade com alguns deles. Mas não... Muita coisa que eu falava não botavam fé. Existia uma relação de um diálogo mínimo com esses estudantes que seriam eu e meia dúzia ali, que basicamente poderia se interessar por um tema etc. Mas nunca era aquela questão de que, tipo, enxergavam alguém ali às vezes. Enxergavam muito mais uma obrigatoriedade também. Existia essa questão de que a sala de aula é maçante para os dois lados (Entrevistado 9)

No entanto, a escola é, também, processo político e cultural que se opõe à instrumentalização nas relações entre sujeitos individualmente e nos coletivos na construção de suas subjetividades em que emergem os sentidos de pertencimento, amizade e, comunidade – e que abrem possibilidades individuais e coletivas. Esses são os sentidos da categoria *educação para a formação e a pluralidade* que emerge na disputa cotidiana por uma educação cujo sentido é portador da instabilidade, da dinâmica cotidiana, da esperança e da expectativa.

> Para mim, a escola estava me dando tédio. Eu ia para a escola e tinha tédio. Então, eu preferia ficar conversando com meus amigos, causando, rindo e chegar em casa e pesquisar. (Entrevistado 3)

> Eu acho que, no lance do espaço de encontro, sim. A perspectiva era de que eu ia conhecer muita gente doida. Porque, tipo, é o Ensino Médio. O pessoal mais velho e tal. (Entrevistado 3)

Tal como Apple afirma (2006), em busca do equilíbrio social e da manutenção do sistema, "há forte tendência para a conformidade e negação de que seja necessário haver conflito" (p. 136), quando, em verdade, "os conflitos devem ser considerados como uma dimensão fundamental e frequentemente benéfica da dialética da atividade que rotulamos de sociedade" (p. 140).

Os choques entre o gerencialismo e a tentativa de uma educação significativa fazem emergir a hostilidade, a recusa.

> Era isso. E aí acabando entrando mais nesse ponto da ocupação também com o modo de ensino. Porque a gente acaba questionando aquilo e acabava vendo que não era mais agradável. E a gente sempre questionava tudo. (Entrevistado 4)

A normatização das regras, a formalização dos conteúdos e a uniformização dos comportamentos são desafiadas pelo encontro dos sujeitos e pelas suas histórias, potência que se amplifica na diversidade.

> Eu acho que uma coisa muito importante que eu acho que eu trouxe pra vida foi ter contato com pessoas diferentes. Por-

> que quando a gente está dentro de casa, a gente conhece só um tipo de pensamento e uma forma de viver, né? [...] E aí é isso, uma série de pessoas de vários lugares, com histórias super diferentes que você vai aprendendo as histórias. Então acho que conhecer pessoas diferente de mim, pra mim, foi essencial. Inclusive conhecer outras pessoas que tinham histórias parecidas com a minha, histórias que os pais tinham passado as mesmas coisas que os meus, vindos de lugares totalmente diferentes. Eu acho que conhecer o diferente pra mim foi uma das coisas mais importantes. (Entrevistada 5)

> Acho que positivas... acho que foram as relações com as pessoas, né? Amigos que eu tenho até hoje, é... amigos no bairro que eu vejo até hoje, que são amigos da escola. E... eu acho também alguns professores, né? Alguns professores que, de alguma forma, foi meio que meu primeiro contato com algumas coisas, né? Acho que a primeira vez que eu fui pro centro foi com uma professora, né? E um inspetor da escola, a gente fez um rolê no centro e tal, me apresentaram o centro. Então algumas experiências assim, vividas e trocas, que eu achei que foram, é... importantes (Entrevistado 6)

Os elementos que são avaliados como formativos para os estudantes vão além da concepção de formação para o trabalho, para a competitividade ou para o sucesso pessoal e, em certo sentido, contrapondo-se a esta, ressaltam que o desenvolvimento individual e único está umbilicalmente relacionado ao meio escolar e o que dele se espera.

> Eu acho que a escola deveria ser um lugar que acolhe. Acho que a escola deveria ser um lugar que acolhe as mais diversas adversidades, né? É isso. A escola deve acolher a diversidade e talvez, a partir dessa diversidade do indivíduo, colocar um caminho, né? Seja esse caminho de transformação do ambiente, do indivíduo, de ideias. Acho que a escola deveria ser um lugar onde o estudante se sentisse acolhido, e não segregado. (Entrevistado 2)

Nota-se, no depoimento, a escola sendo valorizada como uma vivência familiar, tão aconchegante quanto desconfortável, quando foi ameaçada pela reorganização das escolas em 2015 (GOULART; PINTO; CAMARGO, 2017).

> Foi um negócio que veio daqui eu acho. Que é você ocupar um negócio que "Pô, isso aqui faz parte da minha comunidade. Isso aqui é meu", sabe? Eu faço parte disso aqui. E aí é a minha casa. Como assim vocês vão desmontar minha casa? (Entrevistado 2)

Assim, apesar dos problemas vinculados às imposições do modelo gerencialista, a experiência vivida na escola pelos estudantes proporciona o que nomeamos como *educação coletiva e democrática*. Isso perpassa pela ressignificação do espaço escolar, no sentido de que o movimento de ocupação das escolas, contrário à política de reorganização escolar, teria permitido aos estudantes mobilizados, ainda que temporariamente, participar de momentos decisórios de interesse coletivo e da organização da escola, envolvendo ações práticas do cotidiano, mas também estratégias de luta, como a organização das aulas e oficinas que compuseram programações dentro das ocupações.

Um elemento importante neste ponto, a respeito da *educação coletiva e democrática*, é a vivência nos grêmios estudantis que possibilitou a construção de lutas coletivas no interior e fora da escola, como indicam as falas dos entrevistados: "O Grêmio tomou uma proporção tão grande na vida das pessoas. (...) Então é ali que a gente vai se organizar." (Entrevistado 2) e "Quando a gente foi fazer todo o processo de luta, chegou um momento que a gente chegou ao que seria provavelmente a própria educação pública, no geral. E que a demanda de resolver isso vão ser de gestões mais democráticas." (Entrevistada 9).

Por outro lado, ao mesmo tempo em que os grêmios estudantis aparecem como um modelo de gestão democrática almejada pelos alunos, esbarram também em conflitos com a direção escolar, com gestores públicos e com os seus modelos de "democracia" que afastam a participação dos atores socioeducativos nos projetos de tomadas de decisões (LIMA, 2014).

> Tipo, na prática, é legal, mas essa questão que limitava muito. Eu chegava lá com uma ideia muito louca e a direção: "Ah, não tem como fazer isso." Tipo, você via que tinha como, que tinha acesso àquele tipo de atividade, mas a direção falava: "Ah, não dá para fazer isso." (Entrevistado 3)

> Então a gente nunca conseguiu fazer nada, porque a diretora não deixava fazer nada", porque, "ah, vocês estão perdendo aula", ou quando, "vamos fazer então fora do horário de aula. (...) todas as propostas que a gente tinha, ela sempre tinha alguma desculpa pra dizer que não. (Entrevistada 5)

> Tinha um projeto que vinha para a gente... Gestão democrática o nome, eu acho... Acho que gestão democrática. E o gestão democrática era no período da diretora que eu falei que ela tinha um certo receio e tal. E aí, ela sentou e a gente começou: "O que a gente pode fazer?" Porque ela falou que aquilo era a democracia, então ela colocou um representante de cada sala e ali era a Gestão democrática dela (Entrevistada 8)

Embora muitas escolas já tivessem a experiência do grêmio estudantil antes do contexto da mobilização secundarista, em 2015, a organização da ação coletiva contra a reorganização escolar impulsionou diversas questões, como a falta de transparência na gestão da educação estadual e a ausência da gestão democrática e participativa (MORAES; XIMENES, 2016). Alguns entrevistados colocam que, por meio das ocupações, houve uma consciência coletiva de que a escola pertencia à comunidade escolar, em um sentimento de solidariedade e projetando uma educação que se contrapunha ao individualismo:

> "Foi um trabalho coletivo de todo mundo. Todo mundo. Acabou agregando um valor muito sentimental, de consciência mental assim" (Entrevistado 4) e "Tipo, não é eu. Não é só eu. É tipo o meu irmão aqui do lado, é a minha irmã ali, é a professora que sai quando bate o sinal" (Entrevistado 3)

Apesar da precarização das condições de funcionamento, os estudantes mantiveram com a escola uma relação positiva de pertencimento e, com isso, reivindicaram o direito constitucional à universalidade de uma educação de base com qualidade, igualdade e com respeito à diversidade de posições e de interesses dos estudantes, professores e comunidade (MORAES; XIMENES, 2016)

Para pensar a categoria da *educação coletiva e democrática*, o movimento secundarista, com predomínio de repertório autonomista, é certamente importante para compreendermos como as escolas ocupadas construíram formas de tomadas de decisões e de tarefas que priorizassem a auto-organização e a horizontalidade (REDE ESCOLA PÚBLICA E UNIVERSIDADE, 2019). A tomada de decisões coletivas sobre os rumos da luta e suas organizações, sobre os conteúdos das "aulas públicas", por exemplo, e demais atividades políticas e culturais eram feitas, em geral, de modo rotativo (CATINI; MELLO, 2016).

> [15]Mas no tempo a gente se preocupava muito em ter uma ação coletiva e muito horizontal. Não existia uma hierar-

15 Sendo a autogestão e a horizontalidade as marcas do cotidiano nas ocupações, as tarefas eram debatidas e assumidas pelos ocupantes de forma coletiva e em muitas os estudantes alternavam suas funções, numa espécie de revezamento.

> quia ou, sei lá, quem era mais politizado era então a liderança. Não, não tinha nada disso. Todo mundo tinha que ter, cumprir um papel comum, sabe? Entre todos assim (...) As convicções que eu tenho hoje em relação à *cooperação*, à *solidariedade*, é... o quanto que eu acredito e me disponho a construir as coisas de uma forma *autogestionável*, na *horizontalidade*, e acredito no poder popular assim, naquele que é construído na base, com a base. Ele vem muito por conta da experiência com as ocupações, porque eu vi nas ocupações que é possível construir as coisas de uma forma coletiva. (Entrevistada 10, grifos nossos).

> E... mas a ocupação a gente tentou levar de uma... da forma mais democrática possível, então tudo que era decidido lá dentro era feito por assembleia. A gente levou muito a sério, muito a sério mesmo, porque a gente tinha muito medo de fazer alguma coisa errada e isso passar uma ideia errada pro movimento (Entrevistado 11).

A partir dessas experiências de autogestão e horizontalidade, houve a promoção de mudanças importantes nas relações entre os estudantes, como a ruptura com as relações de gêneros que reproduzissem estereótipos. As meninas puderam ocupar posições de liderança, enquanto os meninos fizeram tarefas de limpeza e alimentação. Com isso, há um olhar para a diversidade, sobre questões de igualdade de gênero e da comunidade LGBTQIA+ (CAMPOS; MEDEIROS; RIBEIRO, 2016).

> (...) nós éramos majoritariamente mulheres. E foi muito interessante, porque nós é que ficamos com as tarefas mais voltadas ao desenvolvimento político da luta, relações exteriores com outras ocupações, a cuidar da dinâmica mais política e reflexiva do movimento. Enquanto os meninos eles por eles não estarem tão amadurecidos quanto a gente nos debates, eles acabaram se encarregando das tarefas mais prá-

> ticas. Então é a limpeza, é fazer a comida, é... E isso não foi algo determinado, isso não foi, "ah, porque sei lá, questões de compensação histórica, vamos dividir as tarefas assim". Não, foi natural. Tanto que a gente só observou no decorrer das ocupações, que existia inversão de papéis dentro das organizações (Entrevistada 10)

Nota-se que os jovens estavam construindo um projeto de escola desejada, buscando formas alternativas à capitalização da educação, contrapondo-se, mesmo que indiretamente, ao gerencialismo e à formação do capital humano, enquanto conjunto de habilidades, destrezas, aptidões e conhecimentos que o indivíduo deveria "acumular". É necessário mencionar que esse processo desenvolvido no interior do movimento secundarista não ocorreu sem conflitos entre os estudantes. Embora nossas entrevistas não tenham captado, situações de desentendimento, episódios de preconceito e resistência às ideias mais progressistas no interior do movimento são registradas pela literatura (PATTA, 2017), sobretudo em relação às propostas ligadas ao feminismo. Feita esta observação, é possível afirmar que, de modo geral, os/as estudantes pensaram um projeto de escola que considera o diverso e que se contraponha à constante "busca pela eficiência" que acaba por homogeneizar os/as estudantes através de testes padronizados, que colocam em seus índices o objetivo do processo educativo.

> Talvez a gente estava meio que se opondo à ideia de escola. Então eu acho que ninguém sabia o que queria construir em si. Era um fato. *Mas não queria continuar com aquele modelo. Então a gente sugeriu uma oposição ao modelo. Então, as coisas também surgiam de um modo muito prático. Então, para mim, a minha educação, quando eu penso no eixo que eu pensei naquele momento, eu diria que era o modo que a gente estava interagindo era construir a educação.* (Entrevistado 4, grifos nossos).

> (...) é que assim, acho que o sentido da educação hoje se esvaziou, né? Parece que ela se tornou um recurso pra (sic) você adquirir uma prática fu... profissional futura e, com essa prática profissional, você adquirir recurso pra você ter mais recursos e fica uma coisa, assim, meio redundante, assim. E eu penso que a principal coisa que eu mudaria era, justamente, tra... é trazer o sentido de volta pra... pro (sic) ensino, pra (sic) educação, pra (sic) construção do conhecimento. O... pra ampliar... uma educação que amplie os horizontes existenciais de possibilidades de vida, de organização coletiva, só que, pra (sic) isso, eu sinto e sei que é necessário uma mudança da sociedade também (...) *Que no fim a gente só percebeu que a gente lutava por esse tipo de escola porque ela foi construída durante as ocupações, que é uma escola horizontal, autogestionada, popular e aberta, crítica*. Então... eu acho que a própria luta foi levando a gente pras nossas motivações assim, foi revelando quais eram os nossos desejos. (Entrevistada 10, grifos nossos)

Portanto, a proposta dos jovens seria construir aulas e atividades que surgissem de demandas dos estudantes, dialogando com a comunidade escolar. Compreendendo a escola como espaço público vivo e pulsante, como espaço de palestras, oficinas, artes e diversidade e pluralidade de ações educativas (REDE ESCOLA PÚBLICA E UNIVERSIDADE, 2019). Nesse sentido, construíram aulas ressignificadas enquanto crítica à forma escolar do capitalismo (CATINI; MELO, 2016).

> A gente tinha equipe de vigilância, equipe de limpeza, equipe de tudo assim. E a de cozinha também, né. E, em questão de atividades, a gente teve bastante. A gente teve até som, discotecagem lá. A gente fez aulas, né. Teve aulas também, teatros, oficina até de jiu-jitsu teve. Teve uns bagulhos (sic) bem louco assim. E a gente abria a quadra para o pessoal da escola jogar bola, né, jogar basquete (....) A gente fez a oficina de

> grafite também. A gente grafitou a escola inteira. Nossa, a gente fez muita coisa. Limpamos as carteiras, os vidros... Nossa, a gente fez um negócio louco assim. (Entrevistado 3)

> A questão em si das aulas públicas, eu acho que um elemento que faltava, porque existia também a questão de que a gente tinha carência de informação, carência de debate. Aqueles professores que se dispunham a construir essas aulas públicas, eu acho que eles não percebiam também que era uma forma de formação eu diria, né. Do tipo, era questão de que tinha carências ali que estavam faltando coisas que a gente precisava lidar com essas faltas também. Do tipo, a gente poderia ler os textos que fossem sozinhos, mas não dava conta ainda do processo maior. Então existia esse eixo de que, tipo, esses professores e essas pessoas ao redor também construíram a mobilização (...). Do tipo, muitas das questões ali surgiram como propostas de demanda dos alunos. Então eu diria que... Por isso que eu acho que eu pensaria também que ali foi um processo de educação, porque eram demandas que estavam surgindo durante o processo (...) E aí a gente... e assim conseguia *criar relações pela comunidade e com saberes que não eram só saberes escolares, né? Saberes... é... de pessoas licenciadas ou diplomadas. Saberes variados de diversos tipos de pessoas que se dispusessem a fazer isso, né?* E nas escolas periféricas é... foi até mais legal esse processo. Porque realmente é uma relação mais comunitária. (Entrevistado 9, grifos nossos)

Ao adotar medidas centradas em avaliações em larga escala, a SEE-SP deixa pouco espaço para propostas efetivamente democráticas de organização escolar, contrariando a participação de professores, estudantes e toda comunidade escolar nas propostas de plano pedagógico e no próprio cotidiano da escola, ainda que haja a existência formal de Conselhos de Escola e Grêmios Estudantis (ARELARO; JACOMINI; CARNEIRO, 2016). Os estudantes, no cotidiano das ocupações, procuraram se mobilizar contra tais políticas educacionais, elevando a importância da participação estudantil na construção do processo educativo.

Com o enfraquecimento do movimento de ocupação, muitos estudantes buscaram, por meio de grêmios, dar continuidade à militância estudantil e ao processo de construção de uma educação coletiva e mais democrática. Escolas que já tinham agremiação buscaram fortalecer a organização a partir da experiência do movimento, e muitas escolas que não tinham grêmio passaram a organizá-lo. A proposta dos estudantes era construir grêmios fortes para promover maior participação dos estudantes nos diversos assuntos da vida escolar.

Apesar dos esforços da organização dos estudantes, o projeto da "gestão democrática" de José Renato Nalini (2016-2018), que pretendia, supostamente, incentivar a formação de grêmios sob orientação de gestores escolares, serviu de ferramenta para controlar e reprimir a organização autônoma e participação dos alunos. O projeto *Gestão Democrática: a escola é sua* foi apresentado como ação de ampliação da participação dos alunos, com a pretensão de que todas as escolas da rede pública estadual formassem seus grêmios estudantis. Sob aparência da abertura ao diálogo, a política anunciada[16] teria sido, na prática, uma medida intervencionista e autoritária, servindo como ferramenta de controle e reforço do modelo gerencialista (RAMOS, 2020).

Considerações finais

As políticas educacionais são implantadas amparadas no argumento da sua necessidade e urgência, tendo como sujeitos cen-

16 O anúncio e proposta do programa, publicado no dia 16 de fevereiro de 2016, pode ser consultado no site da Secretaria da Educação: https://www.educacao.sp.gov.br/noticias/educacao-anuncia-formacao-de-gremios-em-todas-as-escolas-com-voto-direto-de-alunos/. Acesso em 16/10/2020.

trais os estudantes, embora seja recorrente a ausência de participação destes em sua definição, implantação e avaliação. Buscamos, neste texto, dialogar com estudantes sobre a política educacional paulista que fez parte da trajetória escolar de todos/as os/as entrevistados/as, cotidianamente.

Chamou-nos a atenção que, no campo crítico, também são poucos os estudos sobre a visão/avaliação/ação dos estudantes sobre a política educacional, seja ela em um sentido mais amplo, como intentamos aqui realizar, seja direcionada a um programa específico.

Para tanto, buscamos, por meio de entrevistas, captar como estudantes experienciaram as políticas educacionais no cotidiano escolar em diversas dimensões: educativa, socializadora, formativa, considerando a conflituosidade como parte das relações entre os sujeitos escolares, no interior das escolas, entre estes e as esferas intermediárias da SEE-SP que se pautaram por uma gestão gerencialista, no período estudado, como ordenamento dos programas e orientações mais corriqueiras.

Se as críticas são inúmeras e a insatisfação é evidente, a afirmação da formação e das relações escolares entre iguais com sua diversidade é também elemento que se inscreve na tensão que estes/estas estudantes imprimem nas escolas. O que pode parecer para diversos docentes uma "bagunça irresponsável", pode ser aqui lida, como transbordamento curioso.

Nossas análises sobre a experiência dos estudantes em relação às ocupações de 2015 e suas percepções e opiniões acerca das políticas educacionais nos permitem afirmar que as propostas educativas voltadas à eficiência e ao desempenho, numa chave instrumental e individualista, contrasta com uma demanda que se manifesta de formas diversas por uma educação orientada pela formação integral e pela pluralidade alicerçadas na experiência coletiva e democrática. Essas contradições ao mesmo tempo em que denunciam a inadequação das políticas educacionais a estudantes de escolas públicas, oriundos das classes populares, indicam possibilidades de "invenção" de uma escola com outras possibilidades educativas.

Referências

APPLE, M. *Ideologia e currículo.* Porto Alegre: Artmed, 2006.

ARELARO, L. R. G.; JACOMINI, M. A.; CARNEIRO, S. R. G. Limitações da participação e "gestão democrática" na rede estadual paulista. *Educ. Soc.*, Campinas, v. 37, nº. 137, p.1143-1158, out.-dez., 2016. Disponível em: <http://www.scielo.br/scielo.php?script=sci_arttext&pid=S0101-73302016000401143&lng=en&nrm=iso>. Acesso em: 16 out. 2020.

BIESTA, G. *Para além da aprendizagem*: educação democrática para um futuro humano. Belo Horizonte: Autêntica, 2013.

BRESSER-PEREIRA, L. C. *Reforma do Estado para a Cidadania*: a reforma gerencial brasileira na perspectiva internacional. 2. ed. São Paulo: Ed. 34; Brasília: ENAP, 2011.

CAMPOS, A. M.; MEDEIROS, J.; RIBEIRO, M. M. *Escolas de luta*. São Paulo: Veneta, 2016.

CATINI, C. de R.; MELLO, G. M. de C. Escolas de luta, educação política. *Educ. Soc.*, Campinas, v. 37, nº. 137, p.1177-1202, out.-dez., 2016. Disponível em: <http://www.scielo.br/scielo.php?script=sci_arttext&pid=S0101-73302016000401177&lng=pt&nrm=iso>. Acesso em: 14 out. 2020.

CORROCHANO, M.C.; ABRAMO, H. W.; ABRAMO, L. O trabalho juvenil na agenda pública brasileira: avanços, tensões, limites. *Revista Latino-Americana de Estudios del Trabajo.* Buenos Aires: v. 22, n. 35, p. 135-169, jan. 2017.

DAYREL, J.; NONATO B. F.; DIAS, F. V.; CARMO, H. C. do. Juventude e Escola. In: SPOSITO, Marilia Pontes (org.). *estado da arte sobre juventude na pós-graduação brasileira*: educação, ciências sociais e serviço social (1999-2006), volume 1, Belo Horizonte, MG: Argvmentvm, 2009.

DARDOT, P.; LAVAL, C. *A nova razão do mundo:* ensaios sobre a sociedade neoliberal. São Paulo: Boitempo, 2016.

FINI, M. I. Currículo e avaliação: uma articulação necessária a favor da aprendizagem. In: NEGRI, B.; TORRES, H. da G.; CASTRO, M. H. G de (Orgs.). *Educação básica no estado de São Paulo*: avanços e desafios. São Paulo: Seade/FDE, 2014.

FRANÇA, R. K. A. de. *O diretor escolar frente ao protagonismo estudantil do movimento "não fechem minha escola" no grande ABC Paulista.* 2019. Dissertação (Mestrado em Educação). Escola de Filosofia, Letras e Ciências Humanas da Unifesp. Guarulhos, 2019, 180p.

GOULART, D. C.; PINTO, J. M. R.; CAMARGO, R. B. DE. Duas reorganizações (1995 e 2015): do esvaziamento da rede estadual paulista à ocupação das escolas. *ETD - Educação Temática Digital*, v. 19, p. 109-133, 11 mar. 2017. Disponível em: <https://periodicos.sbu.unicamp.br/ojs/index.php/etd/article/view/8647797

GRAMSCI, A. *Quaderni del cárcere.* Quaderno 12 (1932). Volume Terzo. Edizione critica dell'Istituto Gramsci a cura di Valentino Gerratana. Torino, Itália: Einaudi, 2014.

JACOMINI, M. A.; GIL, J.; CASTRO, E. C de. *Jornada de trabalho docente e o cumprimento da Lei do Piso nas capitais. RBPAE*, v. 34, n. 2, p. 437-459, mai./ag. 2018.

JACOMINI, M. A.; ARELARO, L. R. G.; PERRELLA, C. dos S. S.; CARNEIRO, S. R. G.; PENNA, M. G. O. Democratic Management in Brazilian Schools: Pratices of resistence. In: RIDDLE, Stewart; APPLE, Michael W. *Re-imagining education for democracy.* London/New York: Routledge, 2019.

LIMA, L. C. V. da S. Uma pedagogia contra o outro? Competitividade e emulação. *Educação e Sociedade*, Campinas, v. 40, e0218952, 2019. Disponível em: <http://www.scielo.br/scielo.php?script=sci_arttext&pid=S0101-73302019000100206&lng=en&nrm=iso>. Acesso em: 05 out. 2020.

______. A avaliação institucional como instrumento de racionalização e o retorno à escola como organização formal. *Educação e Pesquisa*, São Paulo, v. 41, n. spe, p. 1339-1352, Dec. 2015. Disponível em <http://www.scielo.br/scielo.php?script=sci_arttext&pid=S1517-97022015001001339&lng=en&nrm=iso>. Acesso em: 06 out. 2020.

______. A Gestão Democrática das Escolas: do autogoverno à ascensão de uma pós-democracia gestionária? *Educação e Sociedade*, Campinas, v. 35, n. 129, p. 1067-1083, Dec. 2014. Disponível em: <http://www.scielo.br/scielo.php?script=sci_arttext&pid=S0101-73302014000401067&lng=en&nrm=iso>. Acesso em: 06 out. 2020.

LAVAL, C. *A escola não é uma empresa*: o neoliberalismo em ataque público à escola. São Paulo: Boitempo, 2019.

MAASCHELEIN, J.; SIMONS, M. *Em defesa da escola:* uma questão pública. 2. ed., Belo Horizonte: Autêntica Editora, 2018.

MEDEIROS, J.; JANUÁRIO, A. Desrespeito, indignação ou injustiça: o que motivou os secundaristas paulistas a ocuparem suas escolas? *18º Congresso Brasileiro de Sociologia*. 2017. Disponível em: <http://www.adaltech.com.br/anais/sociologia2017/resumos/PDF-eposter-trab-aceito-0897-1.pdf >. Acesso em: 06 out. 2020.

MORAES, C. S. V.; XIMENES, S. B. Políticas educacionais e a resistência estudantil. *Educação & Sociedade*, Campinas, v. 37, n. 137, pág. 1079-1087, 2016. Disponível em: <http://www.scielo.br/scielo.php?script=sci_arttext&pid=S0101-73302016000401079&lng=en&nrm=iso>. Acesso em: 14 out. 2020.

NAKANO, M.; ALMEIDA, E. de. Reflexões acerca da busca de uma nova qualidade da educação: relações entre juventude, educação e trabalho. *Educação & Sociedade,* Campinas, v. 28, n. 100, p. 1085-1104, Oct. 2007. Disponível em: <http://www.scielo.br/scielo.php?script=sci_arttext&pid=S0101-73302007000300021&lng=en&nrm=iso>. Acesso em: 19 ago. 2020.

PACHECO, R. T. B. *A Escola Pública e o Lazer*: um estudo de caso do programa parceiros do futuro – SEE/SP. Dissertação (Mestrado em Educação) - Universidade de São Paulo, São Paulo, 2004, 315f.

PATTA, C. *Contestando a ordem:* um estudo de caso com secundaristas da Zona Leste paulistana. Dissertação (Mestrado em Ciência Política) – Faculdade de Filosofia, Letras e Ciências Humanas, Universidade de São Paulo, 2017, 217f.

PEREIRA, B. P.; LOPES, R. E. Por que ir à Escola? Os sentidos atribuídos pelos jovens do ensino médio. *Educação e Realidade*, Porto Alegre, v. 41, n. 1, p. 193-216, Mar. 2016. Disponível em: <http://www.scielo.br/scielo.php?script=sci_arttext&pid=S2175-62362016000100193&lng=en&nrm=iso>. Acesso em: 20 ago. 2020.

PRONI, M. W.; GOMES, D. C. Precariedade ocupacional: uma questão de gênero e raça. *Estud. Av.,* São Paulo, v. 29, n. 85, p. 137-151, dez. 2015. Disponível em <http://www.scielo.br/scielo.php?script=sci_arttext&pid=S0103-40142015000300010&lng=pt&nrm=iso>. Acesso em: 20 ago. 2020.

RAVITCH, D. *The death and life of the great American school system*: how testing and choice are undermining education. New York: Basic Books, 2009.

REDE ESCOLA PÚBLICA E UNIVERSIDADE. Produção do conhecimento e a luta contra a barbárie na educação. In: CASSIO,

Fernando (org.) *Educação contra a barbárie:* por escolas democráticas e pela liberdade de ensinar. São Paulo: Boitempo, 2019.

RAMOS, R. A. *Movimento autônomo secundarista de São Paulo:* conflitos, processos sociais e formação política. Tese (Doutorado em Sociologia) - Universidade Estadual de Campinas, Instituto de Filosofia e Ciências Humanas, Campinas, 2020, 274f.

SÃO PAULO. *Decreto nº 57.571, de 2 de dezembro de 2011.* Institui, junto à Secretaria da Educação, o Programa Educação - Compromisso de São Paulo e dá providências correlatas. *Diário Oficial do Estado de São Paulo*, seção 1, p. 14, 3 dez. 2011. Disponível em: https://www.al.sp.gov.br/repositorio/legislacao/decreto/2011/decreto-57141-18.07.2011.html. Acesso em: 17 jul. 2020.

______. Comunicado SE, de 22 de março de 1995. *Diário Oficial do Estado de São Paulo, 23 mar. São Paulo: Imprensa Oficial,* 1995, p. 8-10. Disponível em: <https://www.imprensaoficial.com.br/Certificacao/Certificador.aspx?link=%2f1995%2fexecutivo%2520secao%2520i%2fmarco%2f23%2fpag_0008_DRTVKGS3M471De4E9O66SFO9NLE.pdf&pagina=8&data=23/03/1995&caderno=Executivo%20I>. Acesso em: 20 jul. 2019.

______. *Projeto Gestão Democrática da Educação*: a escola é sua. São Paulo, 2016. Disponível em: <www.educacao.sp.gov.br/gestaodemocratica> Acesso em: 26 abr. 2020.

______. *Resolução n. 74, de* 6-11-2008. Institui o Programa de Qualidade da Escola - PQE. São Paulo, 2008a. Disponível em: <http://www.educacao.sp.gov.br/lise/sislegis/detresol.asp?strAto=200811060074>. Acesso em: 26 abr. 2020.

______. *Secretaria da Educação. Resolução SE 76, de 7 de novembro de 2008.* Dispõe sobre a implementação da Proposta Curricular do Estado de São Paulo para o Ensino Fundamental e Médio, nas escolas da rede estadual. São Paulo, SEESP, 2008b. Disponível em: <http://siau.edunet.sp.gov.br/ItemLise/arquivos/76_08.

HTM#:~:text=Resolu%C3%A7%C3%A3o%20SE%20%2D%20 76%2C%20de%207%2D11%2D2008&text=Artigo%20 1%C2%BA%2D%20A%20Proposta%20Curricular,das%20escolas%20da%20rede%20estadual>. Acesso em: 26 abr. 2020.

SOUZA, A. de O. *Programa Escola da Família:* é possível educar para a cidadania? Dissertação (Mestrado em Educação) - Faculdade de Educação, Universidade de São Paulo, São Paulo, 2009, 166f.

THOMPSON, E.P. *A formação da classe operária inglesa*. Rio de Janeiro: Paz e Terra, Vol. III, 1987.

VERGER, A. A política educacional global: conceitos e marcos teóricos chave. *Práxis Educativa*, Ponta Grossa, v. 14, n1, p. 9-33, jan./abr. 2019. Disponível em: <http://www.revistas2.uepg.br/index.php/praxiseducativa>. Acesso em: 20 ago. 2020.

O conceito de projeto de vida na política curricular da rede estadual paulista

Débora Cristina Goulart
José Alves da Silva
Raphael Bueno Bernardo da Silva
Silvio Ricardo Gomes Carneiro

Contexto e objetivo

Começamos nossa investigação sobre o tema projeto de vida após realizarmos um levantamento bibliográfico nos principais bancos de dados[1] sobre educação no Brasil. Para tanto, usamos os marcadores "adolescência+educação+São Paulo" e "juventude+educação+são paulo". Entre o período de 2008 a 2018, foram localizadas 86 dissertações, 22 teses e 49 artigos. Constatamos, nessas produções, o registro de um aumento na produção acadêmica a respeito dos temas adolescência e juventude na área de educação. Identificamos, também, a emergência de pesquisas sobre 'Projetos de Vida' e 'Escolha Profissional' de adolescentes e jovens. Neste grupo, destacavam-se os trabalhos que discutiam, especificamente, a constituição de projetos de vida de adolescentes implementados em situações escolares. Dentre os exemplos, destacamos: 'Projetos

1 Pesquisamos os seguintes bancos de dados: Catálogo de teses e dissertações da Capes, o Dedalus (banco de dados da Universidade de São Paulo), no repositório de produção científica e intelectual da Universidade Estadual de Campinas, no repositório institucional da Unesp, no banco de teses e dissertações da Pontifícia Universidade Católica, no *scielo* e em periódicos como o Educação & Sociedade.

de Vida de Jovens Estudantes do Ensino Médio e a Escola' (artigo; KLEIN; ARANTES, 2016); "Projetos de vida e escola: a percepção de estudantes do ensino médio sobre a contribuição das experiências escolares' (tese de doutoramento; KLEIN, 2011), dentre outros. Em nosso levantamento, observamos que a quantidade de pesquisas específicas sobre projeto de vida (12%) era igual à quantidade das que discutiam conceitos de adolescência e de juventude no contexto escolar no estado de São Paulo. Esse elevado número de produção sobre projeto de vida nos chamou a atenção, ainda mais depois que constatamos a presença do tema em programas estaduais paulistas do ensino fundamental II e do ensino médio vendidos como inovadores[2] pelas seguidas gestões estaduais.

Ademais, o tema projeto de vida, associado a outros como protagonismo juvenil, está presente em recentes reformas curriculares como a Base Nacional Comum Curricular (BNCC) (BRASIL, 2018) e é fortemente endossado por organizações do Terceiro Setor, como as filantropias empresariais, com atuação crescente nas políticas públicas de educação desde os anos 1990 e que hoje ocupam um papel de destaque em determinados sistemas de ensino, tais como o Instituto Ayrton Senna na Secretaria da Educação do Estado de São Paulo (SEE-SP).[3] Dentro deste contexto, estão os programas de Ensino Integral (PEI) e o Inova Educação (este último anunciado no primeiro semestre de 2019 pelo secretário Rossieli Soares da Silva e implantado, desde então, nas escolas estaduais paulistas de ensino

2 Este artigo foi produzido com dados da pesquisa "Política educacional na rede estadual paulista (1995 a 2018)", financiada pela Fapesp, processo 2018/09983-0, coordenada pela Professora Márcia Aparecida Jacomini.

3 A partir de 2019, a sigla da Secretaria da Educação do Estado de São Paulo foi alterada de SEE para SEDUC, conforme Resolução SE n. 18, de 2 de maio de 2019. Porém, como o artigo descreve um intervalo de tempo também anterior a este ano, usaremos SEE-SP em todo o texto.

básico (SÃO PAULO, 2019b)), ambos com o projeto de vida como elemento central de sua proposta curricular.

Mas, do que se trata esse projeto de vida? Como ele aparece na literatura acadêmica e como está sendo compreendido na política estadual paulista? É o que pretendemos discutir nesse artigo.

O que é projeto de vida

Em relação ao conceito de projeto de vida, mais comumente associado à adolescência ou à juventude, há alguns grupos de pesquisa produzindo conhecimentos sobre o tema. Segue uma primeira definição do conceito:

> [...] tem o sentido de aspirações, desejos de realizações, que se projetam para o futuro com uma visão antecipatória de acontecimentos, cuja base reside em uma realidade construída na intersecção das relações que o sujeito estabelece com o mundo. É, portanto, constituído por um conjunto de aspectos que estruturam o campo psicossocial (NASCIMENTO, 2002, p.29).

Os estudiosos desse conceito estão mais ligados, desde a sua origem, ao campo da psicologia de adolescentes em suas diferentes linhas (desde a psicanálise até aos mais adeptos da teoria sócio-histórica). Há diversos motivos para que a discussão de projeto de vida venha quase sempre associada às pesquisas sobre adolescência.[4] Isso

4 Embora não haja um consenso acerca do que é adolescência, adotamos as visões de autores (CALLIGARIS, 2000; PEREIRA, 2005) que a definem como uma etapa da vida, que começa por volta dos 11 anos, com as mudanças físicas e o despertar da sexualidade voltada ao outro, e que não tem exatamente uma idade precisa para acabar (costuma ser finalizada quando o sujeito adquire autonomia emocional e profissional). Adotamos, pois, a adolescência como uma construção histórica e cultural, relativamente recente na história da humanidade, não restrita a mudanças físicas no corpo dos sujeitos (ARIÉS, 1981).

porque, segundo diversos autores (PEREIRA, 2005; CALLIGARIS, 2000), é neste período da vida que surge a "crise de identidade", na qual o sujeito vê-se diante da obrigação de escolher e construir ações e metas relacionadas ao seu projeto de vida profissional e afetivo, dentre outras ações e sentimentos típicos dessa fase.

Embora todas essas linhas estejam, fundamentalmente, preocupadas com a consolidação da identidade dos adolescentes, no caso dos projetos de vida voltados a contextos escolares há mais destaque para a abordagem utilizada por pesquisadores que usam referenciais teóricos próximos ao campo da psicologia sócio-histórica, de modo que são agregadas fortemente as dimensões de interações sociais à constituição da subjetividade, conforme pode ser visto na definição dada a seguir pela mesma autora:

> O Projeto de Vida estrutura-se em uma dinâmica psicossocial, na medida em que a construção de um projeto tanto possui marcas pessoais ligadas às idiossincrasias na maneira de perceber a si mesmo, os outros e o mundo como marcas da sociabilidade, do viver e aprender com os outros (NASCIMENTO, 2002, p.82)

A elaboração, construção e implementação de um projeto de vida precisa, também, de métodos ou de sistematização para que haja sucesso, de modo que ele não pode, apenas, estar no campo dos desejos ou das metas inalcançáveis:

> Ter um projeto de vida é saber aonde se quer chegar, com uma certa precisão, é saber o que precisa ser feito para chegar lá, o quanto de sacrifício e de condições será necessário para isso, e, sobretudo, ter a noção de quanto tempo, esforço e recursos serão necessários para se atingir esse projeto. Ter ideia das etapas que serão necessárias para que aquele projeto de vida se realize. É importante ter essa visão clara do

> futuro e manter em relação a ela uma constância de propósito. O projeto de vida não é uma coisa que se muda todos os dias, ele tem que ser constante (MENEZES; TREVISOL, 2014, p.16).

Em sendo necessária sistematização, método e disciplina para que seja efetivado, fica claro, também, o papel do conhecimento para garantir que haja algum êxito na consolidação e efetivação de projetos de vida. Nesse sentido, a elaboração e consolidação de um projeto de vida deveriam estar associadas com o próprio sentido de uma escola no contexto social, inclusive destacando o seu caráter sistematizador e organizador de conhecimentos considerados necessários à constituição do bem-estar dos estudantes adolescentes em formação. Afinal, a formulação do projeto de vida pelo adolescente é uma forma de integrar, via conhecimento, a sua subjetividade com a compreensão da sua realidade social, contemplando sua história vivida até aquele momento e a sua expectativa de futuro. No caso do contexto escolar, organizar e sistematizar um projeto de vida significa, portanto, passar de algumas metas colocadas genericamente no campo do sonho para associá-las a um planejamento (de etapas intermediárias, de possíveis limitações, das formas para consegui-los), de forma que é absolutamente necessária haver reflexões profundas acerca das formas para viabilizá-lo, sendo necessário ampliar a compreensão do sujeito acerca de sua singularidade e discutir, também, sua ancestralidade, seu histórico familiar, sua classe social, os aspectos da cultura local que os influenciam, as grandes questões do seu tempo etc. Um projeto de vida não se inicia do nada, mas deriva de uma situação, como bem ensinam filosofias existencialistas que assumem o projeto como móbile conceitual fundamental. Sem tomar consciência da situação, o nada é pura angústia, que desperta para um situar-se no mundo e um projetar-se nele.

Nesse sentido, não pode haver uma discussão de projeto de vida sem que o indivíduo tenha consciência, por exemplo, da necessidade de considerar, nele, a relação com outras pessoas,[5] de haver o mínimo de condições sociais e econômicas para viabilizá-las, de haver espaço para que ele se construa singularmente em um contexto de apreço pela diversidade, sem que haja opressão às suas diferenças. O projeto de vida não pode, portanto, ser construído em um ambiente escolar que não priorize a própria democratização da educação, conforme aponta Soares (2002, p.11):

> Reconhecer que a luta por democratização da educação está para o jovem da mesma forma que a escola para os seus projetos de vida significa tomar o entendimento de que um projeto de vida não se tece na individualidade. Cada conquista juvenil expressa, na verdade, a ação de várias mãos, a exemplo da figura do gestor e da coordenação pedagógica.

Silva (2013) elencou algumas dimensões que deveriam ser consideradas para que um projeto de vida seja construído: 1. dimensão de si mesmo, referente a aspectos relacionados ao autoconhecimento, ao desenvolvimento da subjetividade (que não pode ser confundida com narcisismo ou egoísmo), à capacidade de reflexão; 2. dimensão da afetividade, contemplando formas de valorizar e desenvolver os sentimentos, refletindo e se inteirando sobre os conceitos de amor, paixão, amizade, desilusões, sobre a dificuldade de constituir relacionamentos estáveis etc. (cabe destacar aqui a enorme inconstância desses afetos na sociedade atual), e conside-

5 Ciampa (1987), citada por Soares (2002), afirma que as histórias de vida de homens, mulheres, jovens vão sendo tecidas não somente como resultado de uma reprodução cultural a eles impostas, mas também no sentido de modificações a partir de situações por eles vivenciadas, no processo de aceitação e rejeição. (SOARES, 2002, p. 76).

rando os conhecimentos acerca desses temas já elaborados pelas ciências; 3. dimensão do trabalho: embora esteja relacionada à escolha da carreira, segundo o autor, essa dimensão não foi colocada como a primeira, exatamente para não correr o risco de restringir a construção do projeto de vida à escolha e às promoções profissionais;[6] 4. dimensão da sociabilidade, relacionada às interações pessoais e institucionais (família, vida escolar, vida em comunidade, lazeres coletivos, etc.); 5. dimensão do corpo, que abarca os cuidados e o usufruto das potencialidades do corpo, destacando o cuidado com a saúde mental e física e com a sexualidade. O autor critica, neste momento, a marca do corpo como objeto de consumo, à obediência a determinados padrões de beleza, além de salientar a importância de haver, juntamente ao adolescente, o desenvolvimento de uma melhor vivência para usufruir dos seus sentidos físicos; 6. dimensão do mistério, que compreende questões relacionadas à religiosidade ou a grandes questões da ciência, tais como origem da vida, do Universo, sobre o que é o futuro etc.; 7. dimensão do lazer, relacionada à ludicidade, ao gosto por brincadeiras, por bobagens, pelo humor, pelo ócio; 8. dimensão da inquietude, relacionada à permissão das vivências de tristezas, angústias, das dúvidas existenciais, das inseguranças etc.

Essas dimensões apontam, portanto, para uma discussão de sociedade, inclusive de futuro, sem a qual não é possível haver um projeto de vida efetivamente consistente. Leão, Dayrelll e Reis (2011), em seu trabalho sobre juventude e projeto de vida no contexto da modernidade, avalia que:

---

6 Segundo o autor, "é imperioso construir uma vida profissional em que haja criticidade em relação ao senso comum dominado em épocas neoliberais, de que "trabalhar demais é bom" ou de que a medição do progresso de vida necessariamente está relacionado à progressão profissional em termos de cargos ou de bens materiais" (SILVA, 2013, p. 76-77).

> Se antes dominava o futuro aberto, passível de colonização na direção de uma *terra prometida*, na contemporaneidade o futuro passa a ser indeterminado e indeterminável, governado pelo risco. Ou seja, o futuro foge do controle, gerando um sentimento difuso de alarme, associado a uma sensação de impotência. Nesse sentido, a contemporaneidade inaugura novas formas de temporalização. O futuro se torna passível de perder o seu sentido como um tempo progressivo, controlável e planificável. Diante de um cenário marcado pelas incertezas e pelos riscos, a busca de sentido é transferida para o presente, num eixo temporal curto que tornaria possível o seu controle (p.1074).

É preciso, pois, atuar, de forma a minimizar os riscos da inconstância e do constante sentimento de "vai e vem" manifestado pelos jovens atuais, conforme aponta Dayrel *et.al.* (2007):

> Diante de estruturas sociais cada vez mais fluidas, marcadas pela fragmentação do tempo e sob o domínio das incertezas, reforçadas pelo contexto social no qual se encontram inseridos, estes jovens parecem sentir a vida marcada por crescentes inconstâncias, flutuações, descontinuidades, movimentos autênticos de vai e vem (p.1079).

Há, portanto, na sociedade atual, elementos que dificultam o percurso da crise de identidade na adolescência, exatamente por conta da imprevisibilidade da própria sequência da vida, das quais pouco se pode ter controle, seja do mundo do trabalho (cada vez mais incerto), da reconfiguração dos laços familiares ou dos novos formatos de relacionamentos afetivos. E, de acordo com Melucci (1997), o grupo social mais exposto a essas mudanças é a juventude, devido às condições culturais e biológicas dos que a vivenciam:

> A incerteza própria da idade é multiplicada pelos outros tipos de incerteza derivados da nova realidade que apresenta uma ampliação de perspectivas, o que interfere, de forma direta, na produção social dos jovens e nas suas relações com o tempo ante as aceleradas mudanças, à globalização, aos avanços tecnológicos, ao individualismo e à ampliação das incertezas e riscos (p.593).

Não se pode ignorar tampouco, o cenário de profunda desigualdade que caracteriza os adolescentes e jovens brasileiros, o que compromete fortemente a construção de um projeto de futuro, conforme aponta Dayrell (2007, p. 1108-1109):

> Podemos constatar que a vivência da juventude nas camadas populares é dura e difícil: os jovens enfrentam desafios consideráveis. Ao lado da sua condição como jovens, alia-se a da pobreza, numa dupla condição que interfere diretamente na trajetória de vida e nas possibilidades e sentidos que assumem a vivência juvenil. Um grande desafio cotidiano é a garantia da própria sobrevivência, numa tensão constante entre a busca de gratificação imediata e um possível projeto de futuro.

Assim é que, na literatura acadêmica, projeto de vida tem uma visão muito clara de fortalecimento da subjetividade dos adolescentes a partir da criação de espaços e de tempos que lhes permitam refletir e atuar sobre as variáveis que compõem a sua identidade, em especial acerca da compreensão das vicissitudes e potencialidades do seu meio social. Veremos agora como ou se essa visão está presente na política curricular do estado de São Paulo, dando especial destaque aos Programas Ensino Integral e ao Inova Educação.

Como o tema projeto de vida tornou-se relevante na política curricular do estado de São Paulo: das escolas integrais ao Inova

A denominada educação integral tem sido objeto de discussão há cerca de duas décadas e ganhou força com a deflagração da política de educação em tempo integral presente na portaria que instituiu o Programa Mais Educação (BRASIL, 2007), o qual combinava eixos como ampliação da permanência escolar, da assistência e da proteção social de crianças e jovens por meio de atividades no contraturno escolar. O Plano Nacional de Educação (PNE) de 2014, por sua vez, estabeleceu como meta o mínimo de 50% de escolas públicas com perspectivas de educação integral, com tempo estendido, de forma a atender a, pelo menos 25%, dos estudantes da educação básica, já sugerindo a ampliação da jornada derivada da composição de um projeto pedagógico permeável às comunidades, elaborado por agentes formados e com infraestrutura e material adequado para sua implantação.

No estado de São Paulo, o Programa Ensino Integral (PEI) foi implantado a partir de 2012, através das Leis Complementares nº 1.164 e nº 1.191 (SÃO PAULO, 2012a; 2012b), tendo como referência a experiência do Ginásio Pernambucano que, por sua vez, contou com a *expertise* do Instituto de Corresponsabilidade pela Educação (ICE), entidade sem fins econômicos criada em 2003 e administrada por empresários,[7] evidenciando, mais uma vez, a participação de organizações filantrópicas em políticas públicas de educação brasileiras. A Secretaria da Educação do Estado de São Paulo, adaptou esse modelo à sua realidade, regulamentando o Regime de Dedicação Plena e Integral (RDPI) e a Gratificação de Dedicação Plena e Inte-

---

7 Esta informação consta no próprio site do ICE: http://icebrasil.org.br/sobre-o-ice/. Acesso em 22 de setembro de 2020.

gral (GDPI) aos profissionais do Quadro do Magistério em exercício nas escolas PEI, exigindo que estes dediquem-se com exclusividade a elas. Somou-se a essa característica uma série de mecanismos de avaliação de desempenho, denominado Avaliação *360º*, que buscava mensurar as atividades dos envolvidos no Programa. Em caso de desempenho não satisfatório, o profissional poderia ser desligado e transferido para outra unidade escolar (DIAS, 2018), em qualquer período do ano letivo. Com tais características, o PEI tornou-se, na prática, um formato de escola paralelo funcionando dentro da rede pública paulista.

Contudo, essa perspectiva de educação integral com tempo estendido para todos durou pouco. Em 2018, ao anunciar uma parceria com a SEE-SP, o Instituto Ayrton Senna (IAS) comemorou o lançamento de um projeto que tinha como objetivo "construir conjuntamente um modelo de escola que, mesmo em tempo parcial (quando os estudantes ficavam até 5 horas por dia na escola), pudesse oferecer uma educação integral" (IAS, 2018). Portanto, se antes o ensino integral deveria ser compreendido como uma ampliação do tempo do estudante na escola (com ampliação e complementação do currículo escolar[8]), no caso dessa parceria a educação integral passou a ser compreendida como parte de uma breve extensão desse tempo, incorporando componentes curriculares que diversificam o percurso escolar dos estudantes, segundo seus interesses.

A concepção de educação integral que permeia os documentos curriculares paulistas é baseada na indissociabilidade entre as dimensões "intelectual, física, afetiva, social, ética, moral e simbólica"

8 Krawczyk (2014) mostra que a escola integral é um projeto que contempla os interesses empresariais de formação diversificada e fragmentada da juventude, bem como instaura formas de gestão e controle do tempo docente e discente. Tal projeto esteve em disputa, uma vez que a proposição de escolas integrais vinha sendo defendida pelo campo progressista há décadas no Brasil.

(EFAPE, curso inicial Projeto de Vida, 2019) para o desenvolvimento pleno dos estudantes, de modo que foi retomada a visão utilitarista do 'aprender a aprender' difundida pela Unesco (DELORS, 1996), tendo como sustentação o conceito de competência.[9] Desse modo, o tempo estendido de permanência na escola passou a ser substituído por uma abordagem curricular que buscava o atendimento integral do estudante, sem que a questão do tempo estendido fosse necessariamente considerada. Em sendo assim, para melhor atender essa 'integralidade do sujeito' (e não a integralidade do tempo), segundo a visão dos documentos, era necessário adotar as competências sócioemocionais (CSE), além das cognitivas.

A elaboração do Programa Inova, portanto, está intimamente relacionada à construção do Currículo Paulista como adequação estadual à BNCC, a qual já trazia consigo o conceito central de educação integral nos termos em que as fundações empresariais vinham trabalhando desde os anos 2000 (EVANGELISTA; LEHER, 2010). A educação integral no tempo parcial[10] (SÃO PAULO, 2018, p. 12), por sua vez, surgiu como proposta para anos finais do ensino fundamental articulada à preparação dos jovens para o Ensino Médio – este

9 Definida como "a mobilização de conhecimentos (conceitos e procedimentos), habilidades (práticas, cognitivas e socioemocionais), atitudes e valores para resolver demandas complexas da vida cotidiana, do pleno exercício da cidadania e do mundo do trabalho" (BNCC, 2018, p. 08). Desta concepção derivam dez competências gerais que organizaram todo o documento nacional e que influenciaram fortemente o currículo paulista.

10 Cabe salientar que o Inova tem como antecedentes o Programa Educação Compromisso de São Paulo (PECSP), estabelecido pelo Decreto n. 57.571/2011 (SÃO PAULO, 2011), que tem como um dos eixos a educação integral e o Programa de Ensino Integral (PEI) criado em 2012, ainda com a perspectiva de tempo estendido. Contudo, o Acordo de Cooperação de 2018, inspirado na experiência do IAS com as escolas integrais no Rio de Janeiro, contempla a educação integral em tempo parcial.

umbilicalmente ligado à BNCC e à Reforma do Ensino Médio (nos termos da lei n. 13.415/17).

Para a viabilização do Programa Inova Educação nas escolas, houve a redução do tempo de aula de 50 para 45 minutos e a inclusão de cinco aulas a mais por semana, sendo duas do componente Projeto de Vida, duas eletivas e uma de tecnologia, as quais estariam articuladas aos componentes disciplinares de cada ano das séries finais do EF e em todo o ensino médio, gerando um total de 292.303 aulas na rede estadual.[11] A formação de docentes para esses novos componentes curriculares aconteceu por meio de cursos a distância oferecidos pela Escola de Formação e Aperfeiçoamento dos Profissionais da Educação do Estado de São Paulo "Paulo Renato Costa Souza" (EFAPE), com carga horária de 60 horas, sendo a aprovação dos cursantes, inicialmente, uma condição necessária para atribuição dessas aulas. O curso foi dividido em duas etapas: Formação Básica e Formação Aprofundada, sendo aplicado ao longo do ano letivo de 2019.[12] Cada etapa era composta por módulos de 30 horas em cada uma de suas três disciplinas.

Assim, o componente Projeto de Vida tornou-se o centro da nova formulação curricular que seria capaz de reunir "formação para a vida, excelência acadêmica e desenvolvimento de competências para o século XXI" (EFAPE, curso inicial Projeto de Vida, 2019).

Para conseguirmos investigar a compreensão de projeto de vida que está presente na política curricular do estado de São Paulo no Programa Ensino Integral e no Inova Educação, fizemos um estudo documental em todo o conjunto de materiais disponibilizados pelos diferentes governos estaduais paulistas sobre o tema, desde a

---

11 Informações oferecidas por meio do SIC-SP nº 69200207622.

12 O curso continua sendo oferecido em 2020 para docentes interessados no Programa.

criação do PEI até o mais recente formato proposto pelo Inova.[13] Diante de tantos documentos, centramo-nos na discussão do projeto de vida, tomando-se como base as pesquisas sobre o assunto encontradas na literatura, conforme apresentamos na introdução desse artigo.

O que constatamos nesses documentos

Sobre o conceito de projeto de vida presente nos documentos da SEE-SP e a visão de autores sobre o tema

Em quase todos os documentos analisados, nota-se um significativo distanciamento da visão de projeto de vida em se comparando com a dos autores que pesquisam sobre o tema na literatura acadêmica, não havendo referências a eles, salvo aos trabalhos do professor Antônio Carlos Gomes da Costa, datados de 2001 e 2006, que introduziu a discussão de adolescência no contexto escolar em sistemas de ensino públicos, sem jamais ter usado centralmente o termo 'projeto de vida' em sua obra. O material de autoria de Moran, de apenas quatro páginas, disponibilizado no curso de formação para o Inova, não apresenta uma discussão mais elaborada sobre o tema, assim como não há, no currículo oficial do autor, nenhuma publicação oficial sobre o assunto, salvo brevíssimo resumo de natureza propagandística em sua página profissional. Em um dos textos, Fodra (2015), educadora da SEDUC-SP,no momento em que parece propor uma definição do conceito, apenas pergunta "Por que investir na elaboração de um Projeto de Vida para os alunos?" (p. 4) e cita Paulo Freire como resposta:

> Se, na verdade, não estou no mundo para simplesmente a ele me adaptar, mas para transformá-lo; se não é possível mudá-lo

13 Dada a grande quantidade de documentos analisados, não o colocamos no corpo do artigo, embora esteja disponível aos interessados.

> sem um certo sonho ou *projeto de mundo*, devo usar toda possibilidade que tenha para não apenas falar de minha utopia, mas participar de práticas com ela coerentes (FREIRE, 2000, p.33; grifo nosso).

Logo após essa citação a Freire, Fodra (2015, p. 5) escreve:

> O trabalho com o Projeto de Vida traz sentido e significado para a vida escolar; os alunos começam a relacionar seu progresso acadêmico com sua realização pessoal e percebem serem capazes de consolidar seus sonhos por meio das vivências e aprendizagens adquiridas na escola.

E, em seguida, passa a descrever os métodos para que seja trabalhado o projeto de vida em escolas de educação integral, sem maiores aprofundamentos.

A mesma autora, em outro artigo com a parceria de Nogueira (2017), cita um importante trabalho sobre o tema, sendo a única menção a uma pesquisa mais aprofundada sobre o assunto em todo o amplo espectro de documentos analisados neste artigo:

> Contudo, para sua elaboração, o jovem, principalmente aquele que frequenta o ensino médio, demanda espaços e tempos de reflexão sobre seus desejos, suas habilidades, mas também informações sobre *o contexto social onde se insere, a realidade da universidade e do mundo do trabalho*, entre outros, de maneira que possa ter elementos para construir um rumo para sua vida (LEÃO; DAYRELL; REIS, 2011, p. 1068 e 1069; grifos nossos).

Cabe salientar que, no conjunto de documentos analisados neste artigo, há o uso de diferentes áreas do conhecimento muito díspares e com objetivos e visões muito distintas, muitas vezes utilizados para criarem uma visão sobre projeto de vida bastante diferente daquela proposta pelos formuladores iniciais. No documento do Porvir (2019) destinado ao ensino fundamental, na página 17, descreve-se textualmente que serão levados em consideração "aspectos psicológicos que têm a ver com contextos sociais, econômicos e culturais, aliados a estudos da neurociência e da hebiatria", de modo a enxergar a adolescência, tida como um "momento de crise", como uma "oportunidade". Na página seguinte, são citados os autores Erik Erikson (da psicanálise, de fato um importante estudioso para os estudos sobre identidade e adolescência), Urie Brofenbrenner (que defende a "abordagem bioecológica" (p.18), segundo o texto) e Lawrence Steinberg (neurocientista americano, escritor do livro *Age of opportunit*). Não há nenhuma discussão mais aprofundada sobre esses autores, cujas obras são descritas, individualmente, em poucas linhas. No mesmo documento, nas páginas seguintes, já são descritas ações para estimular o desenvolvimento do adolescente: da autonomia ao protagonismo, dinheiro e consumo, autonomia e trabalho e por aí vai. Assim, há uma considerável discrepância comparando-se ao que se costuma pesquisar na área.

Conforme descrevemos, os propositores do projeto de vida preocupam-se, sobretudo, com a formação do sujeito adolescente para o fortalecimento da sua identidade, levando-se em consideração, além dos seus anseios, a leitura das condições em que vivem, em um quadro social marcado por valores efêmeros, em crise, rápidos, com pouca valorização da tradição, do sentimento de pertencimento histórico e das tradições, instável, fortemente desigual e, portanto, gerador de sentimentos de instabilidade e de angústias. Assim é que a compreensão dos fatores que contribuem para esse quadro deveriam ser objetos centrais do conjunto de ações pedagógicas juntamente a adolescente, dentre as quais a discussão do consumismo, das desigualdades, das tentativas de uniformização e naturalização de comportamentos, das complexidades das relações afetivas nesse novo cenário, da apropriação do uso do tempo do indivíduo pelo mercado/emprego etc.

Observando os documentos apresentados sobre projeto de vida na rede paulista, percebemos que a proposta de leitura de realidade não é feita do ponto de vista causal, de modo que o projeto de vida aparece reduzido a um planejamento individual das vontades dos indivíduos em um cenário social já necessariamente dado e no qual, no fundo, os indivíduos têm de se adaptar. É assim que, em vez de uma discussão de cenários sociais complexos causadores de desigualdades históricas ou geradoras de novas desigualdades, o educando passa a estudar supostas formas individuais de superação desse quadro por meio de ações voltadas ao empreendedorismo, inclusive com ações típicas do universo corporativo como 'liderança de equipes', 'resiliências', propostas bastante controladas de intervenções pontuais em seu entorno, e onde são apresentados perfis tidos como de sucesso nas novas realidades por meio de imagens de youtubers bem sucedidos ("os *youtubers* são os novos empreendedores do sucesso", p. 47, do documento do Porvir). Para o nono ano, inclusive, prevê-se explicitamente "o desenvolvimento de competências ligadas ao autoconhecimento para o novo mundo do trabalho, a partir de comportamentos exploratórios e ampliação de repertórios" (PORVIR, 2019, p.2). Para tanto, segundo esse documento, o indivíduo deve ter como destaque "a capacidade de desenvolver processo de autoconhecimento, que fundamente escolhas futuras relacionadas ao mundo do trabalho", sendo que as competências socioemocionais associadas a esse objetivo são: "determinação, entusiasmo, organização, foco, persistência, responsabilidade, assertividade e empatia" (*Idem, Ibidem*, p. 2).

O processo de construção do projeto de vida deveria, também, promover ações que visassem estimular a reflexão sobre a identidade em crise do adolescente. Nesse sentido, seria fundamental discutir aspectos como a história do indivíduo, a qual também deveria passar pelos grupos sociais aos quais ele pertence (família, bairro, cidade, etnia etc.), de tal maneira que a sua compreensão como sujeito singular pudesse ser compreendida num contexto de elevada interação com o universo social/coletivo. Nos documentos pesquisados, há uma previsão de estudos sobre a relação com o outro logo no sexto ano e na primeira série do ensino médio, conforme podemos ver na tabela a seguir, idêntica àquela proposta pela SEE-SP:

Série	Ementa	Elementos em destaque	Competências socioemocionais a serem desenvolvidas intencionalmente a cada ano
6º. Ano Eu e o outro	Acolhimento, autogestão das novas demandas escolares, reflexão, discussão e conexão dos estudantes com sua origem e características e suas relações (família, amigos, escola e entorno)	O componente Projeto de Vida acolhe e apoia o estudante na mudança de etapa do Ensino Fundamental, no que diz respeito a: • Capacidade de se conhecer; • Capacidade de gerir seus estudos; • Capacidade de convívio.	Empatia, respeito, tolerância ao estresse, autoconfiança, tolerância à frustração e organização
1ª. série do ensino médio Quem sou eu e as escolhas que faço	Reflexão dos estudantes sobre o seu papel a partir das diferentes relações sociais que vivenciam na família, na escola e na comunidade. Pensar sobre o outro, fortalecendo as relações interpessoais, os vínculos sociais e a convivência com os outros. Entender o Ensino Médio e as possibilidades de escolhas como de itinerário formativo e outras relacionadas à dimensão estudantil e profissional. Discussão sobre diferentes perspectivas para a realização pessoal e profissional e caminhos práticos de sua viabilização em um mundo digital, tecnológico e em constante transformação. Compreensão e início da construção do Plano de Ação de Projeto de Vida.	O componente Projeto de Vida acolhe e apoia o estudante da 1ª série na chegada ao Ensino Médio, no que diz respeito a: • Capacidade de se conhecer, identificando sua relação com a família, a escola e a comunidade; • Capacidade de qualificar as relações que estabelece com os outros; • Capacidade de se abrir a novas experiências intelectuais, culturais e estéticas, aos aprendizados que serão construídos nessas experiências e à diversidade de caminhos para a autorrealização que delas decorre. • Capacidade de fazer escolha de itinerário formativo, tomando decisões com responsabilidade, considerando seu Projeto de Vida.	Autoconfiança, iniciativa social, organização, responsabilidade, curiosidade para aprender e empatia.

Pode-se perceber que o objetivo principal deixa de ser uma compreensão da situação que o coloca naquele quadro social, eventualmente injusto e desigual, para transformar-se em algo que, inclusive, possa gerar-lhes resiliência ou tolerância à frustração. Para a primeira série do ensino médio, inclusive, espera-se "autoconfiança e iniciativa social", de modo a fazer com que o individuo aja de imediato sobre o seu meio, propondo ações de intervenção, aparentemente bem objetivas, havendo o risco de, nesse processo, sugerir que a inaptidão ou a falta de iniciativas daqueles que moram nesses locais sejam as causas das eventuais dificuldades que eles próprio vivem.

Em todos os documentos, questões centrais relacionadas à formação consistente da identidade adolescente consideradas socialmente mais espinhosas são tratadas de forma tangencial. Discussões de sexualidade são feitas brevemente apontando os riscos da gravidez na adolescência e das doenças sexualmente transmissíveis, conforme sempre se fez e que já é amplamente criticado pela literatura (SOUZA, 2018), com tímidas frases relacionadas à orientação sexual ou a questões de gênero (no documento do Porvir, gênero e orientação sexual são discutidos em seis linhas). Nota-se a falta de quaisquer menções a discussões de ancestralidades, ou de questões de gênero ou a de valorização de culturas locais e do país, fundamentais no processo de construção de identidades.

A questão do consumismo como moldadora de desejos e de culturas, considerada central na crise de identidade, discutida pelos autores pesquisadores de projeto de vida, é apresentada de forma reducionista, de modo que apenas se mostra ao estudante maneiras de aprender a ter um controle orçamentário (educação financeira) ou estimulando-o a defender os seus direitos do consumidor. No documento do Porvir, direcionado aos estudantes, há uma breve discussão da necessidade de criar novos consumos num contexto de crise ambiental e há uma menção, sem grandes discussões, da "ostentação discutida no funk paulista" (PORVIR, 2019). Não se pergunta sobre o quanto o consumo é, de fato, algo sempre desejável ou o quanto a valorização das pessoas pelo consumo pode ser perversa em um cenário de brutal desigualdade. A miséria, o desemprego e as desigualdades históricas são desconsideradas em função de uma supervalorização do sujeito cliente.

Assim, nos documentos acerca de projeto de vida, a crise adolescente é vista, fundamentalmente, como uma oportunidade de incutir alguns valores centrais na proposta da SEE-SP, particularmente voltados a uma visão individual de resiliência, de adequação acrítica à realidade social, ao domínio da frustração e voltados ao empreendedorismo.

Sobre projeto de vida e protagonismo

A concepção de projeto de vida centrado no indivíduo, dissociado de uma visão crítica de mundo, traz consigo a necessidade de um protagonismo centrado no eu, conforme explicitamente colocado em um documento oficial do Programa Inova:

> A literatura tem mostrado e evidenciado que o que mais importa no desenvolvimento de uma pessoa desde os seus primeiros anos de vida é menos a quantidade de informações que chegam até ela e mais o desenvolvimento de um conjunto de habilidades como autoconhecimento, autocontrole, persistência, determinação, entre outras. Vale aqui não apenas o que se aprende, mas *como se aplica o que foi aprendido* e de que forma se usufrui. (EFAPE, Curso Inicial Projeto de Vida, 2019, grifo nosso)

Por isso, os temas que orientam a organização curricular deste componente apresentam o "eu" como foco: 6º ano - Eu e o Outro; 7º ano - Eu e meus projetos; 8º ano - Eu, nós e o mundo; 9º ano -

Eu e meu propósito; 1ª série EM – Quem eu sou e as escolhas que faço; 2ª série EM – Quem eu quero ser e as aprendizagens de que necessito; 3ª série EM – Meu percurso, conquistas e novos desafios. (EFAPE, Curso Aprofundado Projeto de Vida, 2019).

Ademais, nesta abordagem, o protagonismo juvenil está atrelado a uma supervisão e mediação dos adultos, sem o qual esse processo estaria comprometido, de tal maneira que os adolescentes deixem de ser um problema e passem a ser uma "solução" (COSTA, 2006, p. 218), ainda que não esteja sendo discutida, por exemplo, a dura concorrência no mercado de trabalho e a necessidade de flexibilidade por parte dos estudantes e trabalhadores para conseguirem se inserir na conjuntura atual. Essas são algumas das características almejadas pelo mercado de trabalho no contexto do neoliberalismo, ou da nova razão do mundo, conforme descritos por Dardot e Laval (2016), as quais aparecem como naturalizadas em pequenos fragmentos isolados em grande parte desses documentos. O voluntariado, a ação pontual sobre o seu meio, a resiliência e o empreendedorismo aparecem como uma grande fórmula aplicável a toda rede estadual, exigindo que gestões escolares e professores se apropriem dos mesmos por meio da sugestão de atividades pedagógicas como, por exemplo, o "varal de sonhos" de seus alunos.

Este pensamento vai em sentido muito semelhante ao que foi defendido por Hermann Voorwald, secretário da educação de São Paulo entre 2011 e 2015, em parceria com Valéria de Souza, no livro 'Políticas Públicas e Educação'. Os dois dedicaram a obra aos "jovens protagonistas" e descrevem o Protagonismo Juvenil e Projeto de Vida como eixos estruturantes do PEI, desdobrando-se em uma série de conceitos subsequentes, sendo eles: acolhimento, atividades experimentais e pré-iniciação científica, clubes juvenis, culminância, currículo integrado, disciplinas eletivas, líderes de turma, nivelamento (como um método de recuperação de estudos), orientação de estudos e tutoria. Todo este conjunto forma uma teia curricular em que há uma espécie de promoção de autonomia tutelada, em consonância ao que foi defendido por Costa (2006), gerando uma espécie de colaboracionismo supervisionado e controlado dentro das escolas PEI.[14]

De acordo com essa visão, a atuação social se dá em um cenário que aceita apenas um participacionismo disciplinado e integrador, que não contesta diretrizes impostas e contribui para legitimar pautas que já estão decididas. Com isso, ao contrário do que o vocabulário do protagonismo juvenil pode levar a crer, busca-se de tudo, menos um protagonismo de fato (SOUZA, 2006). Assim, os atores são tutelados e veem podada sua margem de autonomia, sendo a escola e, por conseguinte, a própria sociedade o seu cenário com um roteiro pré-estabelecido.

Há processos recentes que conflitam com tais discursos. Um exemplo disso foram as mobilizações estudantis que culminaram nas ocupações de escolas no ano de 2015 na própria rede estadual de São Paulo. Lideradas por estudantes secundaristas, o movimento foi contrário à chamada reorganização escolar, conjunto de medidas impostas pela Secretaria da Educação que incluía o fechamento de centenas de escolas estaduais, bem como o de inúmeras salas de aula, pretendendo transferir mais de um milhão de estudantes para outras unidades escolares de forma compulsória (CAMPOS, et.al., 2016). Nessas ocupações, o protagonismo aconteceu sem colocar este termo como palavra de ordem e de modo distinto do que foi defendido pelos institutos empresariais e pelos documentos da PEI. Ou seja, diferentemente dos clubes juvenis e da tuto-

14 (COSTA, 2006) afirma que o protagonismo juvenil não é um discurso dos jovens, mas dos adultos. É também um discurso das ONGs e filantropias empresariais que buscam integrar a sociedade em uma postura de colaboração dentro de uma ordem vigente. E esta ordem é a neoliberal.

ria defendidas por Voorwald e Souza (2014), o protagonismo nas ocupações ocorreu na forma de ação política dos secundaristas, com autonomia em relação aos adultos, rompendo com amarras de direções, supervisões e até mesmo de professores, inclusive com questionamentos de aspectos da política educacional vigente. Entre protestos de rua, escolas ocupadas, aulas abertas e várias outras ações, os estudantes exerceram uma forma independente e desafiadora de protagonismo, que incorporou círculos de diálogos para deliberações coletivas e a promoção de uma postura independente de supervisões e cooptações exteriores (NASTASI, 2019). Diante dessa mobilização, o estado não apenas ignorou as reivindicações como ainda as combateu, não hesitando em utilizar forças policiais contra as comunidades escolares durante todo o processo de ocupações. Por conta dessa mobilização contestadora,[15] Geraldo Alckmin anunciou a suspensão da reorganização em dezembro daquele ano, e concomitantemente, Herman Voorwald deixou o cargo de secretário da educação.

Toda esta política encampada pela SEE-SP sinaliza um descompasso em relação à juventude atendida pelas escolas públicas que, além de não ser ouvida, foi até combatida e jogada em um lugar de controle, com ação e autonomia limitadas apenas àquilo que a gestão deseja. O discurso do protagonismo juvenil associado ao projeto de vida, nesse contexto, faz parte de uma política de captura de subjetividades, imposta deliberadamente sem, de fato, questionar se o público deseja isso.

15 Cabe salientar que a auto-organização estudantil nas ocupações apresenta complexidade de diferenças e particularidades, não sendo homogêneas, havendo conflitos internos e externos, de modo que jovens, em suas reivindicações e atuações, não podem ser vistos de forma romantizada ou controlada.

O projeto de vida, as competências socioemocionais e o conceito de engajamento

A julgar pelos documentos encontrados, o projeto de vida aparece como algo ambicioso e demasiado vago para realidades escolares complexas, além de ser colocado, fundamentalmente, como algo instrumental, muitas vezes restrito ao domínio de técnicas para uma ação eficaz: "Pensar modelos alternativos para desenvolver competências socioemocionais (CSE) dos adolescentes [...] por meio de parcerias mais estreitas, e em diferentes níveis, com o setor privado, desenvolverá competências técnicas alinhadas com as necessidades das empresas" (BANCO MUNDIAL, 2018, p. 32). Ademais, o projeto de vida da rede estadual paulista centraliza a orientação curricular voltada para a construção intencional de metas plausíveis e provisórias, alicerçadas no desenvolvimento das CSE que, por sua vez, são "mensuradas significativamente dentro das fronteiras culturais e linguísticas" (OCDE, 2015, p. 03) para orientar as políticas de aprendizagem e potencializar os investimentos, tornando-os mais eficazes.

As macrocompetências que orientam o projeto de vida, propostas pelos documentos elaborados pelo IAS, são: "Abertura do novo" – curiosidade e flexibilidade diante de incertezas e disposição para novas experiências; "Amabilidade" – desenvolvimento da solidariedade, respeito, confiança; "Autogestão" – autorregulação para desenvolvimento de responsabilidade, persistência, organização "com relação a compromissos, tarefas e objetivos estabelecidos para a vida (EFAPE, curso inicial Projeto de vida, 2019); "Engajamento com os outros" – disponibilidade para comunicação e empenho nas relações interpessoais voltadas à assertividade; "Resiliência" – tolerância à situações desagradáveis, frustrantes que façam emergir sentimentos como medo, ansiedade, raiva ou tristeza. Esses são os eixos de ação pedagógica no projeto de vida que devem ser mensuráveis, segundo os conceitos de "Engajamento Total", "Engajamento Satisfatório" e "Engajamento Parcial", os quais conferem "maior ou menor comprometimento do estudante no desenvolvimento das ações e das atividades dos novos componentes curriculares" (EFAPE, curso aprofundado Projeto de vida, 2019). O conhecimento científico mediado pelas relações escolares aparece como secundário às CSE.

Nesse conjunto de procedimentos instrumentais para a elaboração do projeto de vida, é considerado fundamental o treinamento das habilidades socioemocionais como "flexibilidade, a resiliência e a eficiência da liderança" (BANCO MUNDIAL, 2018, p. 32) – são essas as habilidades que, na visão dos documentos, devem preparar os sujeitos para estarem mais bem preparados para a competição do mundo do trabalho.[16]

O impulso nas perspectivas econômicas e sociais ocorreria individualmente e socialmente orientado pela noção de "progresso" trazida pela aquisição das "competências socioemocionais como capacidades individuais que podem ser manifestadas com um "padrão consistente de pensamentos, sentimentos e comportamentos, desenvolvidas por meio de experiências de aprendizagem formais e informais; e importantes impulsionadoras de resultados socioeconômicos ao longo da vida do indivíduo" (OCDE, 2015, p. 35, grifo nosso), bem como "pela adaptabilidade frente aos "desafios do século XXI",

16 Documentos da OCDE e do Banco Mundial insistem nesse preparo para o mercado competitivo, retomando a noção de capital humano e do seu desenvolvimento como mecanismo de diminuição da desigualdade, visto que "uma forma eficiente de reduzir as desigualdades nos resultados educacionais, de mercado de trabalho e sociais é investir cedo e ao longo dos anos de escola em competências socioemocionais nas populações menos favorecidas" (BANCO MUNDIAL, 2018, p. 131)

pois as competências são melhor adaptáveis ao mercado instável. O documento também sugere outras ações como o engajamento social e cívico, que "pode ser avaliado usando medidas de voluntariado, voto e confiança interpessoal." (*Idem, Ibidem*, p. 33).

Constatamos, pois, no cerne da discussão de projeto de vida, a mudança epistemológica que disputa o conceito de educação, vinculada à presença de uma racionalização instrumental das atividades sociais, dos âmbitos coletivo e privado, que compreende a educação como sinônimo de formação de pessoas competitivas e adaptáveis. A análise de todo o conjunto de documentos nos levou a uma identificação com uma tendência mundial apresentada por Ball (2013) como "aprendizagem ao longo da vida" que faz uso de uma crítica feroz à escola ultrapassada em seus métodos e conteúdos e que propõe a vinculação das necessidades mercantis[17] à construção autobiográfica da capacidade competitiva por meio do engajamento total a demandas instáveis da sociedade. Assim, o lugar privilegiado do projeto de vida no desenho curricular da rede pública atende a demandas que estão além da legislação nacional e insere-se em uma política orientada internacionalmente para o aumento da produtividade dos jovens e para a afirmação da mobilidade social a ser conseguida individualmente:

> Considerando-se que as desigualdades cresceram e que as disparidades educacionais estão relacionadas às dificuldades de acesso desigual a bens e serviços, *resta* o estímulo às competências que podem alterar a inserção e postura do indivíduo nas relações no seu entorno. A mobilidade social é uma possibilidade que deve ser estimulada por meio do desenvolvimento das competências (OCDE, 2015, p. 21, grifo nosso).

17 Essas necessidades não são mais da empresa, propriamente, mas da esfera das trocas econômicas desregulamentadas em um contexto de força de trabalho flexível e precarizada.

Na concepção do Banco Mundial, as competências possibilitariam maior produtividade, na medida em que a escola oferecesse as competências capazes de aumentar a empregabilidade. No Brasil, a baixa produtividade se deve, segundo o BM (2018), a um mercado de produtos, de trabalho e de capital voltado para a baixa qualificação, cercado por um sistema educacional em crise de aprendizagem que, por sua vez, reforça o baixo nível de informação do próprio retorno econômico da educação. Esses fatores levariam a um baixo engajamento dos jovens no presente e com perspectivas de piora no engajamento futuro.

A discussão de engajamento, inclusive, ganha destaque na visão do BM, que busca formas de medi-lo por meio de variáveis como níveis de escolarização, distorção idade-série, evasão, bem como, qualificação, participação no emprego formal e informal e desemprego. Em função da medida dessas variáveis, estabelecem-se "a forma mais extrema de desengajamento (habitualmente chamados de nem-nems)" e os "totalmente engajados" aqueles que têm "educação e emprego formal de boa qualidade" (BANCO MUNDIAL, 2018, p. 14).

Nesse contexto, há uma evidente desconsideração de um conjunto de pesquisas desenvolvidas desde há 30 anos que mostram a falência da linearidade entre escola e trabalho (desde a diplomação-emprego à formação-ocupação) e a ocultação das desigualdades entre classes e grupos sociais que estão muito além das disparidades na aquisição de competências (TANGUY, 1999).

O conceito de projeto de vida associado a uma nova visão de educação

Assim é que a existência do processo educativo como conhecemos passou a ser modificada, e visão de projeto de vida presente nessa política evidencia esse aspecto. Há, nela, um novo elemento quanto à relação formação-emprego que, até então, havia subordinado a escola ao mercado de trabalho nos últimos 30 anos, inclusive sendo amplamente criticada e que, mesmo assim, estava na base das reformas (mesmo nas neoliberais, com o processo de privatização da educação e com a conversão do direito à educação à compreensão da educação como mercadoria). Não é mais a escola que se adapta às necessidades do mercado, gerida como uma empresa nos moldes da Nova Gestão Pública, com a alteração dos currículos e metodologias e formas de controle. Agora são os estudantes que devem ser convertidos ao suporte ativo da mercadorização da vida, em que "a liberdade tornou-se obrigação de desempenho" (LAVAL, 2016, p. 344). Encaixa-se, portanto, no processo de governamentalidade empresarial em que os sujeitos se tomam como empresa, em que há um "processo de valorização do eu (*Idem, Ibidem*, p. 335), em que a "criança mesmo deve ser "empreendedora de seu saber" (*Idem, Ibidem*, p. 336) que se estende por toda a vida do neossujeito neoliberal (*Idem, Ibidem*, p. 372) – sujeito esse que necessita manter-se no campo de batalha em que os sonhos se tornam metas e o projeto de vida torna-se uma estratégia de sobrevivência no mundo em que os riscos estão implicados na atividade de lançar-se na competição indiscriminada. Em vídeo, um professor explica:

> Não é uma aula simplesmente (...) ali há uma troca maior. Uma pessoa conversando com outra pessoa (...), onde eles vão trocar ideias entre os amiguinhos (...) com a família para ver onde ele pode chegar. Depois ele começa a mudar as suas atitudes para alcançar aquele sonho, ele começa a entender que ele começa a entender mais de matemática, de português, de geografia (...) ele precisa entender mais de relacionamento, de conduta... ele vai se acertando e você vai vendo que ele vai se transformando no decorrer do curso. Depois ele passa a reconhecer que ele precisa de um network (...) e depois ele passa a entender que tudo isso depende dele,

> porque ele tem um sonho agora e ele quer alcançar (EFAPE, curso inicial Projeto de Vida, 2019).

Em uma sociedade cuja competição é ininterrupta e a desigualdade é crescente, os riscos de insubmissão e revolta são mais profundos. Por conta disso, o fracasso precisa ser redefinido e ressimbolizado. Daí que o "trabalho não é castigo, é gozo de si por intermédio do desempenho que se deve ter" (LAVAL, 2016, p. 373), e tal desempenho pode ser assim, infinitamente remodelado, como vemos na literatura indicada para formação docente para o Programa Inova Educação:

> A autorrealização – é bom que se esclareça – não é a resultante de um objetivo atingido, de fim alcançado, de uma meta superada. Basta o jovem estar na direção e não estar parado, que ele já está se realizando. Não é necessário chegar lá. Cada passo dado na direção daquilo que dá sentido à sua vida é para o jovem motivo de autorrealização (EFAPE, curso inicial Projeto de Vida, 2019)

Não se trata apenas de um aprofundamento dos mecanismos econômicos impostos à escola, mas de um trabalho institucional intencional, por meio das competências, de responsabilização e engajamento direto dos indivíduos no papel ativo de otimização da interiorização da forma de ser concorrencial e mercantil.

Considerações finais

Concluímos que as proposições curriculares que centralizam o projeto de vida na perspectiva de uma pedagogia contra o outro (LIMA, 2019) presente em dois programas na política educacional paulista desconsidera a literatura acadêmica sobre o assunto e adota apenas a sua nomenclatura. O projeto de vida presente nessa política, ao basear-se na métrica avaliativa e na adoção de paradigmas estatísticos de produção de evidências por meio de questionários de desempenho "ao longo da vida", nega toda uma tradição de análise e de complexidade que o tema requere.

A escolha da concepção de projeto de vida evidenciada pelos documentos não é apenas uma reformulação curricular, com proposição localizada. É parte de uma mudança profunda que está ocorrendo nos sistemas educacionais em diversas partes do mundo, ainda que haja especificidades em cada localidade. Tal mudança ainda precisa ser compreendida por pesquisas e pela própria comunidade educativa. Ao analisarmos o projeto de vida em duas formulações tão distintas neste artigo, buscamos tornar evidentes alguns aspectos dessa mudança.

A questão a se fazer para um jovem estudante submetido à discussão de projeto de vida presente nessa política curricular é: caso não se realize, terá sido por conta de sua incapacidade de planejar, de ser resiliente, de não ser engajado? Se a resposta não for positiva, caberá a ele adquirir tolerância à frustração, uma das principais metas de formação do ser humano, na visão dos documentos pesquisados.

Longe de inovar, portanto, essa concepção de projeto de vida reforça dispositivos neoliberais que recentralizam a noção de capital humano, de mercantilização dos corpos, em busca de uma subjetividade adaptada e sujeitada que dificulte a projeção de futuros impossíveis, criações coletivas em cuja realização as individualidades se reconheçam. A proliferação de "empresários de si mesmo" é a forma da morte do sujeito e com ele sua revolta, sua criatividade e sua potência para ferramentas para o novo.

Referências

ARIÉS, P. *História Social da Criança e da Família.* 2. ed. Tradução de Dora Flaksman. Rio de Janeiro: LTC Editora, 1981.

BANCO MUNDIAL. Competências e empregos: uma agenda para a juventude: síntese de constatações, conclusões e recomendações de políticas. 2018. Brasília: Grupo BANCO MUNDIAL. Disponível em http://documents1.worldbank.org/curated/pt/953891520403854615/pdf/123968-WP-PUBLIC-PORTUGUESE-P156683-CompetenciaseEmpregosUmaAgendaparaaJuventude.pdf. Acesso em: 20 jul. 2020.

BRASIL. Portaria Normativa Interministerial nº 17, de 2007. Institui o Programa Mais Educação, que visa fomentar a educação integral de crianças, adolescentes e jovens, por meio do apoio a atividades sócio-educativas no contraturno escolar. Brasília: MEC, 2007 Disponível em http://portal.mec.gov.br/arquivos/pdf/mais_educacao.pdf. Acesso em: 20 jul. 2020

______. Lei nº 13.005, de 25 de junho de 2014. Aprova o Plano Nacional de Educação – PNE e dá outras providências. Brasília: MEC. Disponível em http://www.planalto.gov.br/ccivil_03/_Ato2011-2014/2014/Lei/L13005.htm.2014. Acesso em: 27 jan. 2021.

______. *Lei Nº 13.415, de 16 de Fevereiro de 2017.* Altera as Leis nºs 9.394, de 20 de dezembro de 1996, que estabelece as diretrizes e bases da educação nacional, e 11.494, de 20 de junho 2007, que regulamenta o Fundo de Manutenção e Desenvolvimento da Educação Básica e de Valorização dos Profissionais da Educação, a Consolidação das Leis do Trabalho - CLT, aprovada pelo Decreto-Lei nº 5.452, de 1º de maio de 1943, e o Decreto-Lei nº 236, de 28 de fevereiro de 1967; revoga a Lei nº 11.161, de 5 de agosto de 2005; e institui a Política de Fomento à Implementação de Escolas de Ensino Médio em Tempo Integral. Brasília. Disponível em: <www2.camara.leg.br/legin/fed/lei/2017/lei-13415-16-fevereiro-2017-784336-publicacaooriginal-152003-pl.html>. Acesso em: 13 mar. 2020.

______. Ministério da Educação (MEC)/ Secretaria da Educação Básica (SEB).2018. *Base Nacional Comum Curricular - Versão Final.* Brasília: MEC/SEB.

BALL, S. Aprendizagem ao longo da vida, subjetividade e a sociedade totalmente pedagogizada. Educação, vol. 36, núm. 2, mayo-agosto, 2013, p. 144-155 Pontifícia Universidade Católica do Rio Grande do Sul Porto Alegre, Brasil. Disponível em https://www.redalyc.org/articulo.oa?id=84827901003. Acesso em 07 mar. 2020.

CALLIGARIS, C. *Adolescência.* São Paulo: Publifolha, 2000

CAMPOS, A. M., MEDEIROS, J., e RIBEIRO, M. M. *Escolas de Luta.* São Paulo: Editora Veneta, 2016.

CIAMPA, A. C. *A estória do Severino e a história da Severina.* São Paulo: Brasiliense, 1987.

COSTA, A. C. G. *O professor como educador:* um resgate necessário e urgente. Salvador: Fundação Luís Eduardo Magalhães, 2001.

______. *Protagonismo juvenil:* adolescência, educação e participação democrática. Salvador: Fundação Odebrecht, 2006

DARDOT, P., e LAVAL, C. *A nova razão do mundo*: ensaio sobre a sociedade neoliberal. 1ª ed. São Paulo: Boitempo, 2016

DIAS, V. C. Programa de Ensino Integral Paulista: problematizações sobre o trabalho docente. *Educ. Pesqui.*, 2018, São Paulo, v. 44, e180303.

DAYRELL, J. A escola faz as "juventudes"? Reflexões em torno da socialização juvenil. *Educação e Sociedade.* 2007, vol. 28, n. 100, Campinas: Sedes, 1105-1128p.

EVANGELISTA, O., e LEHER, R. Todos pela educação e o episódio Costin no Mec: a pedagogia do capital em ação na política educacional brasileira. *Revista Trabalho Necessário*, [S.l.], 2018, v. 10, n.

15, june. Disponível em https://periodicos.uff.br/trabalhonecessario/article/view/6865/5148>. Acesso em 17 abr. 2020.

ESCOLA DE FORMAÇÃO E APERFEIÇOAMENTO DOS PROFISSIONAIS DA EDUCAÇÃO DO ESTADO DE SÃO PAULO "PAULO RENATO COSTA SOUZA" (EFAPE). *Formação Básica*: Projeto de Vida. 1ª edição, 2019a.

______. *Formação Aprofundada*: Projeto de Vida. 1ª edição, 2019b.

_______. Diretrizes Curriculares Projeto de Vida, 2020. Disponível em https://efape.educacao.sp.gov.br/curriculopaulista/wp-content/uploads/sites/7/download/Projeto%20de%20Vida/Diretrizes%20Curriculares%20Projeto%20de%20Vida%20Revisa%CC%83o_V1.pdf. Acesso em 19 jan. 2020.

EVANGELISTA, O. Apontamentos para o trabalho com documentos de política educacional. In: ARAÚJO, R. M. L.; RODRIGUES, D. S. (Orgs.). *A pesquisa em trabalho, educação e políticas educacionais*. 1ed. Campinas, SP: Alínea, v. 1, p. 52-78

FAZ SENTIDO. (2016). Adolescentes. Projeto Faz Sentido - Fundamental II. Disponível em https://fazsentido.org.br/wp-content/uploads/2016/06/cst_adolescentes_geral-1.pdf, 2016.

FÁVERO, A. A. e CENTENARO, J. B. A pesquisa documental nas investigações de políticas educacionais: potencialidades e limites. In: *Contrapontos*. 2019, v.19, n.1. Itajaí: Univale, 170-184p.

FODRA, S. M. O projeto de vida: escolas do Programa Ensino Integral. São Paulo: SEE-SP/PUC-SP. 2015, 12p. Disponível em www.fecilcam.br/revista/index.php/anaisame/article/viewFile/1348/835. Acesso em 16 ago. 2020.

FODRA, S. M., e NOGUEIRA, M. E. C. O projeto de vida nas escolas de ensino integral. *Revista Ambiente & Educação*. 2020, v.10. no.2. Campinas: Unicid. 2017, 251-261p. Disponível em file:///C:/Users/HP/AppData/Local/Temp/34-290-1-PB-1.pdf. Acesso em 17 mai 2020.

INSTITUTO AYRTON SENNA. *Secretaria de Educação do Estado de SP e Instituto Ayrton Senna levarão educação integral para adolescentes de 6º a 9º ano*. 2018. Disponível em https://www.institutoayrtonsenna.org.br/pt-br/conteudos/secretaria-de-educacao-do-estado-de-SP-e-instituto-ayrton-senna-levarao-educacao-integral-para-6-a-9-ano.html. Acesso em 18 nov 2020.

INSTITUTO DE CORRESPONSABILIDADE PELA EDUCAÇÃO. *Sobre o ICE*. 2020. Disponível em: http://icebrasil.org.br/sobre-o-ice/. Acesso em: 22 jul. 2020.

KLEIN, A. M., e ARANTES, V. A. Projetos de Vida de Jovens Estudantes do Ensino Médio e a Escola. *Educação & Realidade*. 2016, v. 41, n. 1. Porto Alegre: UFRS, p. 135-154.

GIROTTO, E. D.; JACOMINI, M. A. Entre o discurso da excelência e a lógica do controle: os riscos do Programa Ensino Integral na rede estadual de São Paulo. *Revista*
de Ciências da Educação, ano XXI, n. 45, p. 87-113, jul./dez. 2019.

KLEIN, A. M. *Projetos de vida e escola*: a percepção de estudantes do ensino médio sobre a contribuição das experiências escolares. 2011. Tese de doutoramento. São Paulo: Universidade de São Paulo.

LEÃO, G., DAYRELL, J. T., e REIS, J. B. dos. Juventude, projetos de vida e ensino médio. *Educação e Sociedade*. 2011, vol.32 no.117 Campinas: Cedes, p. 1067-1084.

LIMA, L. C. V. S. Uma pedagogia contra o outro? Competitividade e emulação. *Educação e Sociedade*. 2019, vol.40, e0218952 Campinas: Cedes, p. 01-18.

MELUCCI, A. Juventude, tempo e movimentos sociais. *Revista Brasileira de Educação*, 1997, Mai/Jun/Jul/Ago 1997 n.º 5, p. 3-14.

MENEZES, L. O., e TREVISOL, M. T. C. Adolescentes e projetos de vida: um estudo com alunos do primeiro ano do ensino médio. *Revista Leopoldianum*. 2014, Santos: Unisinos, p. 13-24.

NASCIMENTO, I. P. *As representações sociais dos projetos de vida dos adolescentes: um estudo psicossocial.* 2002. Tese (Doutorado em Psicologia da Educação) - Pontifícia Universidade Católica de São Paulo.

NASTASI, S. L S. *Devir-Secunda: Ativismos das juventudes contemporâneas entre as imagens clichê.* 2019. Dissertação de Mestrado Acadêmico do Programa de Pós-Graduação em Filosofia da UFABC. São Bernardo do Campo.

KRAWCZYK, N. Ensino médio: empresários dão as cartas na escola pública. Educ. Soc., Campinas, 2014, v. 35, n. 126, p. 21-41, jan.-mar. Disponível em https://doi.org/10.1590/S0101-73302014000100002. Acesso em 19 fev. 2020.

MORAN, J. *A importância de construir Projetos de Vida na Educação.* n.d. Disponível em: http://www2.eca.usp.br/moran/wp-content/uploads/2017/10/vida.pdf. Acesso em: 10 jul. 2019.

ORGANIZAÇÃO PARA A COOPERAÇÃO E DESENVOLVIMENTO ECONÔMICO (OCDE). Competências para o progresso social. O Poder Das Competências Socioemocionais. São Paulo: Fundação Santillana. Disponível em https://dx.doi.org/10.1787/9789264249837-pt. Acesso em 19 mar 2020.

PEREIRA, A. C. A. *O adolescente em desenvolvimento*. São Paulo: Harbra, 2005

PEREIRA, H. C., e STENGEL, M. Projetos de vida na Pós-Modernidade: possibilidades e limites aos jovens. *Psicologia em Revista*, 2015, *21*(3), 582-598.

SÃO PAULO. *Lei Complementar nº 1.164, de 4 de janeiro de 2012.* Diário Oficial do Estado de São Paulo, seção 1, p. 1, 5 jan, 2012a.

______. *Lei Complementar nº 1.191, de 28 de dezembro de 2012.* Diário Oficial do Estado de São Paulo, seção 1, p. 1, 28 dez, 2012b.

______. Secretaria de Estado da Educação de São Paulo. (2018). *Processo administrativo SE n. 343762/2018: Plano de Trabalho de Acordo de Cooperação entre SEE e Instituto Ayrton Senna.* 4v. (mimeo).

_______. Secretaria da Educação do Estado de São Paulo. *Inova Educação: Perguntas e Repostas para Professoras e Professores. São Paulo. 2019ª.*

_______. Secretaria da Educação do Estado de São Paulo. *Resolução SE-18, de 02-05-2019*. São Paulo, 2019b.

SILVA, J. A. Formar professores na sociedade pós-industrial: as contribuições do conceito de projeto de vida e as especificidades da docência em ciências e matemática. *In:* SILVA, J. A. e KLUTH, V. *Aproximações e distanciamentos no ensino de ciências e matemática: questões de identidade da área no âmbito filosófico e institucional.* São Paulo: Porto de Ideias, 2013, p. 69-92.

SOARES, D. H. P. *A escolha profissional*: do jovem ao adulto. São Paulo: Summus, 2002.

SOUZA, E. J. *Educação sexual "além do biológico"*: problematização dos discursos acerca de sexualidade e gênero no currículo de licenciatura em biologia. Tese (Doutorado em Educação). 2018. Programa de Pós-Graduação em Educação, Faculdade de Educação, Universidade Federal do Rio Grande do Sul, Porto Alegre.

SOUZA, R. M. *O discurso do Protagonismo Juvenil. 2006.* Tese de Doutorado do Curso de Pós-Graduação em Sociologia, da Faculdade de Filosofia, Letras e Ciências Humanas da Universidade de São Paul. São Paulo.

TANGUY, L. Do sistema educativo ao emprego. Formação: Um bem universal? Educ. Soc., Campinas, 1999, n. 67, p. 48-69, Ago. Disponível em https://www.scielo.br/pdf/es/v20n67/v20n67a02.pdf. Acesso em 25 mar 2020.

VOORWALD, H., e SOUZA, V. *Políticas públicas e educação:* o novo modelo de escola de tempo integral. São Paulo: Secretaria da Educação, 2014.

Experiências formativas da vivência escolar: reflexões de estudantes que lutaram contra a reorganização escolar

Leonardo Crochik
Rúbia de Araújo Ramos

Introdução

O movimento de ocupação de escolas estaduais de São Paulo, em 2015 e 2016, ganhou bastante destaque na esfera pública brasileira e descortinou o conflito entre estudantes secundaristas da rede pública do ensino estadual paulista e a gestão desse sistema de ensino, baseada no modelo do Novo Gerencialismo[1] (ARELARO; JACOMINI; CARNEIRO, 2016; ADRIÃO; GARCIA; AZEVEDO, 2017). A mobilização dos secundaristas ficou conhecida como um dos mais recentes movimentos sociais de jovens estudantes, em grande parte jovens de periferia, organizados entre estudantes autônomos e estudantes vinculados a entidades estudantis, contra a

1 O novo gerencialismo de serviços públicos tem sido praticado na educação com ampla participação de atores privados desde a oferta do ensino – formação de professores, vagas em escolas privadas, materiais didáticos –, até a gestão e avaliação de políticas públicas. Em São Paulo, a educação gerencialista, vinculada à ideia de Nova Gestão Pública (VERGER; NORMAND, 2015), vem sendo implementada desde 1995, a partir da reorganização escolar do governo de Mário Covas (PSDB), conforme mostram Arelaro, Jacomini e Carneiro (2016). Trata-se da "nova ordem" política, crítica ao Estado de Bem-Estar social. No Brasil, a Nova Gestão Pública foi inicialmente adotada pelos governos de Fernando Collor de Melo e de Fernando Henrique Cardoso (FHC).

política de reorganização escolar, que prometia fechar salas, turmas e turnos, além de fechar cerca de 94 escolas e reestruturar 754 unidades, priorizando escolas de ciclo único (ensino fundamental ou ensino médio).

Nesse período, todos os meios de comunicação noticiavam manifestações de rua e o aumento de escolas ocupadas (contabilizadas no total de 213),[2] entre outras táticas de atuação do movimento, cujo *slogan* "ocupar e resistir" marcou os protestos contra a política anunciada pelo governo de Geraldo Alckmin (PSDB). Os estudantes mobilizados de São Paulo serviram de exemplo e inspiração para alunos de outras instituições de ensino e de outras regiões do Brasil. Nos dois anos que se seguiram, estudantes de mais de 1000 instituições de ensino em todo o país, entre escolas regulares, escolas técnicas, institutos federais e universidades públicas, se utilizaram da mesma tática de ocupar e promover, simultaneamente, bloqueios de importantes vias da cidade no contexto de protestos contra projetos de governos federal e estaduais, entre os quais se destacaram: a PEC 241, proposta de emenda constitucional que, desde 2017 limita, por vinte anos os gastos públicos, afetando a educação; o projeto "Escola sem Partido"; o projeto de lei 44, que prevê parcerias entre governos estaduais e organizações sociais na gestão do ensino público e a medida provisória do Novo Ensino Médio (2017), que flexibiliza o currículo.

Para acessar as avaliações que os estudantes paulistas fazem a respeito da escola pública a partir de suas vivências e práticas cotidianas no interior da escola e em outros contextos formativos, tais

2 Dado divulgado pelo Sindicato dos Professores do Ensino Oficial do Estado de São Paulo (APEOESP). A informação pode ser consultada na página de internet do sindicato: http://www.apeoesp.org.br/noticias/manifestacoes-contra-a-bagunca-da-s-e/calendario-escolar-sofre-mudancas-apos-ocupacoes-e-greve-em-2015/. Acesso em 29/11/2020.

como aqueles associados ao envolvimento com a militância política, recorremos às narrativas de nove estudantes ex-secundaristas da rede estadual paulista que passaram pela experiência do movimento de ocupações de escolas entre 2015 e 2016. As narrativas foram obtidas por meio de entrevistas semiestruturadas realizadas em 2019. Dos entrevistados, quatro são mulheres e cinco homens, todos ex-secundaristas do ensino regular da rede pública estadual de ensino e engajados no movimento de ocupações, residentes em diferentes regiões de São Paulo (zonas leste, oeste e norte), incluindo os municípios de Osasco e Guarulhos. Desses estudantes, apenas um não deu continuidade aos estudos, quatro estudam em universidades públicas, e outros quatro em universidades privadas. A média da renda mensal familiar é, aproximadamente, de 3300 reais. As mães com maior escolaridade têm o ensino médio completo, e apenas um pai concluiu o ensino superior.

Nas entrevistas, as opiniões e percepções não são dirigidas necessariamente às políticas que orientam diferentes aspectos e estruturas do sistema educacional (tais como diretrizes curriculares, financiamento, políticas de avaliação), mas dizem respeito às práticas e condutas mais cotidianas que seguem tais políticas (relações com a direção, os professores e os colegas, com a infraestrutura escolar, experiências de aprendizagem, de avaliação, etc). Isso nos leva a considerar essas avaliações também como forma de análise dos alunos sobre as políticas educacionais no cotidiano da vida escolar. Nesse sentido, recorremos não apenas a seus posicionamentos valorativos a respeito de temas objetivos associados à sua formação, como também às narrativas que constroem, no esforço de recuperar memórias de sua vida escolar pregressa. Desse modo, é possível perceber uma dimensão afetiva do envolvimento com a escola, bem como as múltiplas maneiras acerca de como as experiências dentro e fora da escola se articulam em uma experiência formativa mais ampla, contribuindo para uma avaliação dos sentidos da vida escolar e dos impactos formativos das políticas educacionais que configuram a escola atual.

Tomamos como ponto de partida o movimento de ocupações, para então tratarmos de histórias associadas a outros momentos da trajetória formativa desses jovens, buscando refletir sobre indícios de como a experiência das ocupações pôde propiciar aos estudantes novas perspectivas para pensar suas trajetórias formativas e novos significados a elas associados. Que acontecimentos marcaram sua experiência formativa, transformando suas formas de perceber, experienciar e pensar o mundo? Que sentidos eles atribuem à escola e às experiências que viveram nos espaços escolares? Como relacionam as experiências escolares a outros espaços que também têm papel formativo, tais como os cursinhos, a militância política, as organizações não governamentais, o espaço familiar, espaços e atividades artístico-culturais, os cultos religiosos, a internet, e a própria participação no espaço urbano da cidade?

A experiência formativa inclui a experiência escolar que não pode ser dissociada do sistema educativo – práticas pedagógicas, organização hierárquica, integração, projetos – e, portanto, das políticas de educação. A perspectiva da experiência escolar se faz necessária porque a escola reúne diferentes práticas ligadas à educação dos cidadãos, aos conhecimentos que compõem o currículo oficial, mas ela também permite a vivência de práticas não restritas a essa função e que, por vezes, se apresentam como questionamentos e críticas ao modelo de escola instituído, que busca "moldar" os jovens de acordo com os valores empregados pela sociedade (DUBET, 1991). Nesse sentido, a escola pode ser compreendida como espaço onde as relações sociais também se dão através de conflitos fundados na diversidade e nas desigualdades, nos questionamentos de ideias e práticas vivenciadas no ambiente escolar.

O papel biopolítico (FOUCAULT, 2009) da escola na constituição dos sujeitos apresenta também uma dimensão de poder sobre o corpo, constituída por meio de uma série de rituais que estabelecem identidades desejáveis e não desejáveis, comportamentos adequados e inadequados.

> Em sua formação, os sujeitos interiorizam a norma mediante a identificação. Esta identificação possui modelos desejáveis e modelos negados de antemão, não reconhecidos ou deslegitimados. No contexto da escola, estes processos de identificação são caracterizados por prêmios e castigos mais ou menos explícitos, mais ou menos claramente formulados, que se desenvolvem tanto por meio de sanções regulamentadas como por valorizações sutis da ordem do gesto, mas em todos os casos com potência normalizadora (MORA, 2017, p. 140).

Mora (2017) discute como a dinâmica de gestos sutis de aprovação ou rechaço desenvolve uma dimensão não apenas corporal, mas afetiva, que precisa ser levada em conta nas análises. O afeto é compreendido por ela como a capacidade corporal de afetar e ser afetado e também, em sua dimensão coletiva, associado a uma "atmosfera compartilhada". Sujeitos que se encontram conectados e comprometidos com as práticas escolares – e que são simultaneamente produzidos por elas – envolvem-se em uma atmosfera afetiva compartilhada, associada à construção coletiva dos afetos:

> As performances escolares e as experiências vinculadas a elas emergem de uma trama relacional no contexto de práticas específicas, realizada por sujeitos que se encontram conectados e comprometidos com essas práticas e que foram produzidos por elas. Mas também emergem na dimensão do afeto como capacidade construída coletivamente para afetar e ser afetado (MORA, 2017, p. 142).

A noção de experiência aqui utilizada segue orientações de Edward P. Thompson (1987 [1963]), permitindo refletir sobre a formação da consciência social e os sentidos das ações de contestação das classes subalternas a partir das estruturas vividas (WOOD, 2011). Essa concepção compreende a experiência como categoria de mediação entre o sujeito social, a estrutura social vivida nos seus diferentes aspectos - trabalho, saúde, educação etc. - e a consciência social. A experiência seria um elemento constitutivo da consciência e da ação coletiva, da formação de movimentos sociais e ações de natureza política; a experiência vivida também é sentida e pensada pelos sujeitos (MARTINS, 2006). Desse modo, consideramos as vivências dos jovens estudantes no ambiente escolar como experiências social e histórica.

Do ponto de vista da experiência escolar, especificamente, partimos das considerações de François Dubet (1991), as quais dialogam com o conceito de Thompson:

> A experiência escolar não é estritamente escolar: as amizades e os amores, os encontros com os professores "extraordinários" ou odiados, as paixões políticas e ideológicas se agregam na escola. A vida do estudante é a de um ator não identificado totalmente com seu papel, que constrói uma subjetividade, que se esforça para ser o sujeito de seus estudos avaliando seus projetos, aderindo a uma cultura ou a rejeitando. Toda uma alquimia da experiência rapidamente afogada nas brumas ou nas racionalizações dos adultos deve ser quebrada e posteriormente reconstruída passo a passo (DUBET, 1991, p.17).[3]

3 Tradução nossa. Essa concepção tem sua origem na Sociologia da Ação francesa, que tem como uma de suas bases metodológicas ouvir os atores sociais para compreender a sociedade, as relações sociais e as diferentes formas de organização social.

As contribuições de Dubet nos permitem compreender que a experiência escolar passa pela dimensão da subjetividade dos alunos: a maneira como eles pensam esse sistema, as percepções e relações que estabelecem nesse lugar, como lidam com a escola e os significados que ela adquire.

É sabido que a participação em movimentos sociais tende a gerar processos de formação política e cidadã. A relação entre movimento social e educação ocorre de diferentes formas (GOHN, 2016) no que diz respeito às ações no interior da ação coletiva, isto é, envolve a própria organização do movimento, bem como processos de aprendizagem dos atores organizados para o desenvolvimento de um pensamento comum que possa compor a identidade do grupo (TOURAINE, 1978) e permita uma unidade, mesmo quando a diversidade de perfis dos participantes caracteriza o movimento social, como foi o caso do movimento secundarista de São Paulo (RAMOS, 2020).

Entendemos que há uma identidade secundarista heterogênea, marcada pela diversidade, que não é anterior ao movimento de ocupações, mas se constitui performativamente (BUTLER, 2017) de maneira simultânea ao próprio movimento de ocupações, a partir da oposição à política de reorganização escolar.[4] A revolta

4 Com a noção de performatividade, invocamos aqui uma compreensão não essencialista das identidades, em associação às ações / representações que as constituem, reproduzem, tensionam e multiplicam. No livro *Corpos Aliados e Luta Política*, Butler (2017) aborda manifestações recentes de ocupação dos espaços públicos, indagando a respeito das possibilidades de luta contra a precariedade, feitas a partir da própria situação de precariedade. Com a sua própria presença expressiva nessas manifestações, anterior a qualquer reivindicação verbal, "os corpos dizem que não são prescindíveis, ainda que não articulem nenhuma palavra" (p. 26). Com sua atuação coletiva, em uma situação compartilhada em que é necessário cuidar coletivamente das condições mínimas necessárias à reprodução da vida, esses corpos se contrapõem à moralidade neoliberal que

com o posicionamento intransigente e autoritário do governo do Estado, a percepção coletiva na situação de negação de direitos a que estavam submetidos, o vínculo de pertencimento associado à territorialidade da escola, a defesa desse espaço escolar e todo um conjunto de atuações que configuraram um repertório de ações e de pensamento caracterizam a identidade dessa militância estudantil emergente (CORTI; CROCHIK, 2021).

O texto está dividido em seis seções, que buscam apresentar tônicas que emergiram das entrevistas realizadas sobre a trajetória formativa dos estudantes. A primeira sessão traz uma reflexão inicial a respeito do caráter formativo do movimento de ocupações e as demais trazem aspectos da trajetória formativa dos estudantes, organizados a partir dos temas que tiveram maior ênfase e repetição entre as diferentes falas, a saber: ações repressivas e discriminatórias na vivência escolar; diversidade no interior da escola e suas potencialidades; currículo; a precariedade; os afetos, os vínculos formados e a participação no ambiente escolar.

O caráter formativo do movimento de ocupações

A explosão de uma revolta cujo nexo causal é certamente difícil de traçar, mas cujas motivações transparecem em um acúmulo de exclusões, privações de direitos, na percepção da impossibilidade do diálogo, é facilmente verificada nas falas dos entrevistados:[5]

---

prega uma auto-suficiência individualista inviável socialmente. Dessa maneira, estabelece-se, nesses movimentos uma aliança e um reconhecimento mútuo na e contra a precariedade.

5 As falas dos estudantes entrevistados são apresentadas ao longo do texto sempre recuadas, precedidas de um número entre parêntesis, que identifica o entrevistado.

> (9) Eu acho que não teria ocorrido a ocupação caso a gente não chegasse ao limite do diálogo e da falta de diálogo, sabe? De perceber que a gente não fazia diferença para ninguém ali, de que, se fosse considerar, a gente estaria ali dentro do ramo dos escravos (...). A gente era a manada que serve para nada e está ali passivo a tudo.

> (3) Tipo, eu estou aqui. Eu tenho uma vida aqui. Eu já não era contente com a minha escola. Tipo, eu fui para o noturno e comecei a gostar, porque o ensino é mais orgânico. É a revolta, de, "Porra, mano, olha o quanto de gente que precisa, sabe?" (...) Igual quando alguém vai ter uma integração de posse e o pessoal se revolta. É revolta de, tipo, "Mano, está tirando o lugar que, por direito era para ter", sabe? Tipo, já não tem escola. Já não tem ensino. E os caras querem tirar, tá ligado? (...) Uma revolta tipo... De, pô, eu sou um adolescente, sabe? (...) Tipo, é injusto isso. O adolescente precisa ter informação, precisa estudar, precisa trabalhar. Pô, se precisa trabalhar, é porque eu realmente preciso. Se eu estou estudando, é porque eu realmente preciso para mim.

O anúncio da reorganização escolar,[6] que previa a transferência compulsória, sem consulta, de milhares de estudantes e demais pessoas da comunidade escolar, provocou debate entre os jovens a respeito do caráter autoritário e das consequências da reforma, tais como a separação de irmãos e estudantes de uma mesma família, rompendo vínculos de convivência e de identificação com a escola e amigos, e a criação de situações que impossibilitariam a conciliação com o trabalho de estudantes e familiares, o que poderia levar

6 A notícia sobre a reorganização escolar saiu no caderno Cotidiano do jornal *Folha de S. Paulo*, no dia 23 de setembro de 2015. A matéria anunciava a transferência de escola para mais de um milhão de alunos, destacando que a mudança de forte impacto para a comunidade escolar ocorreria a partir do ano seguinte.

uma parcela dos estudantes da rede a desistir de estudar, especialmente alunos do ensino médio que trabalham e passariam a estudar em escola mais distante de suas casas ou de seus empregos.

É a partir das mobilizações de protesto que se nota o desenvolvimento de uma percepção coletiva mais clara de pertencimento (CAMPOS *et al.*, 2016) e valorização do espaço público escolar enquanto instituição de participação juvenil (SPOSITO, 2020) e, portanto, espaço pelo qual se deve lutar:

> (2) E a ocupação da sua escola foi um negócio de sentimento. Foi um negócio que veio daqui eu acho [apontou para o peito]. Que é você ocupar um negócio que "Pô, isso aqui faz parte da minha comunidade. Isso aqui é meu", sabe? Eu faço parte disso aqui. E aí é a minha casa. Como assim vocês vão desmontar minha casa?
>
> (4) [A ocupação] acabou agregando um valor muito sentimental, de consciência mental assim. De perceber você no meio de muitas coisas, sabe? Perceber que você tem uma escola e que, talvez a sua opinião, naquele momento, seja importante para melhorar aquele ensino ou daquela escola específica ou do geral. Porque às vezes a mesma dificuldade de uma é a mesma dificuldade do outro que está em outra escola, sabe? Então, tinha esse encontro de se reconhecer, sabe? (...) É engraçado porque nisso daí foi que a gente percebeu que todo mundo acaba tendo o mesmo pensar. Acaba tendo o mesmo: "Nossa, é verdade." Então foi isso. Tinha essa relação. Acho que começou a ter essa relação de ter... De você realmente tendo uma... Como é que se fala? É... Tomando um partido em algo que já é seu, mas que você não sabia até então.

É impossível dar conta da riqueza de detalhes significativos, associados à experiência dos entrevistados, em relação ao período das ocupações. Importa, para a reflexão que propomos, relatar o movimento de descoberta de uma escola até então desconhecida, tanto porque suas riquezas – itens de alimentação, livros, materiais didáticos, bens comuns destinados à formação dos alunos – eram ocultadas e negligenciadas, quanto porque não havia, até então, oportunidade para percebê-la como um espaço potencial de criação e construção coletiva, em que a opinião de cada um pudesse importar. Essa percepção da escola resultou, para os alunos organizados no movimento, em novos objetivos, para além do combate à política de reorganização escolar. O movimento que nasce como protesto contra o fechamento de escolas inteiras e a transferência forçada de centenas de alunos e professores se desenvolve de modo a disseminar a ideia de uma outra escola possível, de uma reforma diferente da que fora anunciada pela Secretaria da Educação, em defesa de um outro projeto educacional não explicitamente formulado, mas vivenciado durante as ocupações:

> (8) Naquela escola, tinha uma sala que tinha muito livro, mas eles [alunos] não sabiam daquela sala. E aí na ocupação que eles foram descobrir isso. Tipo, "Caraca, olha o que a gente tem!". Então eles começaram a explorar, assim, um pouco a escola. E todo dia tinha um horário, que era geralmente 7:30 mais ou menos, às vezes 6 horas, que se reunia todo mundo e aí todo mundo falava mais ou menos o que estava sentindo. "Ah, eu estou sentindo que a gente está fazendo certo". O outro falava: "Ah, eu não sei se a gente está fazendo o certo, porque eu estou ouvindo gente falando mal..." Tinha gente que falava mesmo o medo que sentia, se sentia medo ou se não sentia, se estava gostando, se achou que era o ideal. E a gente fazia isso. Os assuntos, tinham muito a questão também de entender o porquê que aquilo estava acontecendo.
>
> (5) Então assim, nossa, eram 5-6 escolas, que a gente fazia. Então assim, um dia vai a reunião no Arthur, outro dia vai ser no Vilma Flor, outro dia vai ser no Sapopemba. Então a

gente ficava, "não vamos fazer só em um, tem que todo mundo conhecer a escola de todo mundo". E a gente foi percebendo que os problemas eram iguais em todas as escolas. Então o problema não era minha diretora, não era a diretora deles, entendeu? Era um problema muito maior. E quando a gente foi descobrindo as coisas que estavam escondidas dentro da escola, aí foi que a gente foi ganhando mais fôlego pra continuar ocupado, né? Então, o pessoal ia questionar pra gente porque é que a gente estava ocupando ainda, a gente falava: "Gente, essa é a oportunidade de a gente conseguir reformar a escola. A escola está caindo aos pedaços. É a oportunidade da diretora justificar por que a gente encontrou na cozinha alguns documentos dizendo que a gente tinha bolacha recheada, que a gente tinha suco natural, que a gente tinha um monte de coisa que a gente nunca tinha visto.

(6) acho que todo esse campo artístico veio pras escolas, esse campo da produção periférica, produção cultural, produção cultural periférica, eles vieram tanto pra... pras escolas, fazendo atividade. E aí teve essa relação com os estudantes, né? Alguns estudantes já eram desse rolê, então... aí eles viram a possibilidade de ser desse rolê dentro da escola, porque às vezes dentro da escola você tem que ser aluno e não ser o que você faz fora dela, né? Então, é nesse sentido que eu digo também, vai muito atrás do que levou as pessoas a ocuparem, essa possibilidade de realizar, é... esse autocontrole na escola em que você pode ser o que você quer ser na verdade. Então... isso resultou em várias coisas incríveis. O Fernão, depois da desocupação, no primeiro ano ele se manteve muito organizado ainda, até ocupou de novo. E teve um processo lá dentro de uma... é... um amigo que é trans, na verdade, né? Que ele... na aula de educação física andava... foi andar sem camisa e tal, e aí a diretora queria suspender, né? Dizendo que era uma mulher, não podia andar assim, e não sei o que, nã-nã-nã. E aí eles organizaram "peitada" no Fernão (Risos)

Certamente não podemos falar de um projeto educacional *stricto sensu* desenvolvido e defendido nas ocupações. Em que pese o caráter fragmentário e diverso das proposições, conforme necessidades de cada comunidade escolar, podemos considerar algumas demandas comuns, performativamente apresentadas e vivenciadas (BUTLER, 2017; CORTI; CROCHIK, 2021) durante o movimento de ocupações, tais como: (i) a demanda pelo acesso dos estudantes ao espaço escolar e a seus bens, rotineiramente negligenciados; (ii) a demanda por espaços de discussão e troca entre os estudantes; (iii) a demanda por atividades culturais dentro da escola e por uma escola mais permeável, com possibilidades de intercâmbio com atores sociais externos; (iv) a demanda por liberdade de expressão, de trazer para dentro da escola a expressão das subjetividades socialmente constituídas dos estudantes; (v) o combate ao preconceito, à discriminação, ao racismo e ao sexismo dentro da escola.

Num só tempo, as demandas foram apresentadas e vivenciadas pelos estudantes. Apresentadas na forma de pautas de reivindicação e denúncias a respeito da escola e vivenciadas performativamente por meio das ocupações, que foram, no limite, experiências antecipadas do modelo de escola reivindicada. As ocupações tiveram papel formativo imensurável para os participantes, tanto sobre a formação política desses jovens quanto sobre a educação em sentido abrangente, gerando histórias que se quer contar, devido ao seu valor significativo. Histórias de organização e construção coletiva, histórias de articulação do pensamento, histórias de repressão, perseguição e enfrentamento:

> (3) A gente tinha equipe de vigilância, equipe de limpeza, equipe de tudo assim. E a de cozinha também, né. E, em questão de atividades, a gente teve bastante. A gente teve até som, discotecagem lá. A gente fez aulas, né. Teve aulas também, teatros, oficina até de jiu-jitsu teve. Teve uns bagu-

lhos bem louco assim. (...) A gente abriu a biblioteca para o pessoal também. Se alguém quisesse ir lá de tarde. A gente tinha o controle de tipo anotar as pessoas que entravam. A gente tinha diálogos também. A gente convidava as mães, o pessoal do Fundamental, para ir lá, conversar e falar sobre. Tinha bastante organização. (...) mais para o final, começou a ficar fraco, né. Que quando começou a desocupar bastante escola, meio que enfraqueceu. Uma ponta soltou e as outras pontas que, tipo, a gente estava tentando segurar começou a ficar muito fraca. Aí a gente começou, tipo, a se preocupar. Foi quando a gente entrou num modo meio que danger da escola. Que a gente começou a fazer barricada. Tacaram umas bombas de efeito moral dentro do Orville. Aí foi tipo a fase mais tensa assim.

(9) A questão em si das aulas públicas, eu acho que um elemento que faltava, porque existia também a questão de que a gente tinha carência de informação, carência de debate. Aqueles professores que se dispunham a construir essas aulas públicas, eu acho que eles não percebiam também que era uma forma de formação eu diria, né. Do tipo, era questão de que tinha carências ali que estavam faltando coisas que a gente precisava lidar com essas faltas também. Do tipo, a gente poderia ler os textos que fossem sozinhos, mas não dava conta ainda do processo maior.

Revendo a trajetória formativa: a recorrência de ações repressivas, controladoras e discriminatórias

Passados cerca de quatro anos da vivência no movimento de ocupações e protestos de rua, fica a pergunta sobre como os estudantes repensam sua formação nas escolas públicas, anterior e posterior ao período das ocupações. A experiência no movimento parece ter proporcionado uma lente de aumento que permitiu aos estudantes enxergar com maior clareza diversos aspectos que em outros momentos seriam apenas difusamente percebidos. Tomemos como exemplo a questão da opressão e do controle. As ocupações tornaram esse aspecto presente de maneira ostensiva, especialmente na relação com a direção escolar de algumas unidades da rede:

> (7) Foi aí que a perseguição da diretora começou a ficar mais intensa. (...) a princípio, a gente achou que não teria uma retaliação tão severa dela. Mas depois ela estava chamando aluno por aluno na sala dela para conversar e ameaçar de expulsão mesmo.
>
> (5) E aí ela [diretora] falou assim, "se vocês fizerem isso [a ocupação da escola] eu só queria dizer pra vocês que assim, não vai ter como os professores dar presença pra vocês. E sem presença, os seus pais vão perder o Bolsa Família". E aí o pessoal que não tem acesso, que não entende nada, aí ela, "só queria dizer que os pais de vocês não vão receber o Bolsa Família, que vocês não vão ter presença. Porque se vocês não sabem, você tem que ter 75 por cento de presença, né, pra poder receber o Bolsa Família. Menos que isso os pais perdem. Então os seus pais vão ficar sem Bolsa Família. E aí? Vai ter janta pra vocês em casa?". E aí o pessoal começou a ficar desesperado.
>
> (3) Depois que aconteceu as ocupações, e todos os procedimentos, eu fui meio que expulso da escola. Eu fui obrigado a sair da escola. Aí eu terminei o Ensino Médio em outra escola.

A experiência repressiva durante o período das ocupações contribuiu para que os estudantes percebessem e lembrassem, em suas histórias formativas, de outras ações de natureza similar, as quais se apresentaram de maneira mais difusa e opaca, porém não menos contundente ou violenta. Não se trata apenas de ações que visam combater uma ação política coletiva, mas também de ações direcionadas ao estudante individualizado, seja ao reprimir comportamentos supostamente indesejados ou inadequados, seja ao estabelecer rituais de ordenação e controle, ou mesmo ao realizar diretamente ações discriminatórias:

> (2) E teve uma reunião que o meu coordenador de sala era o professor de Filosofia. (...) Ele questionou minha mãe, dizendo que eu era uma ótima aluna, mas na aula dele eu era uma aluna que questionava muito. E ele dava aula de Filosofia, né? [Risos]

> (5) Meus pais são feirantes, e eu trabalhei desde que eu tenho 7-8 anos na feira. Então na minha casa todo mundo fala muito alto. E na escola, ainda mais eu sendo uma menina, isso foi muito difícil. Então eu lembro que no fundamental eu fui muito repreendida pela diretora por falar alto. (...) E eu lembro que na escola isso foi muito explícito pra mim, como as pessoas se incomodavam - as pessoas assim, não os meus colegas, mas a gestão, as inspetoras, os professores - pelo meu jeito de falar. E aí sempre no meio da minha fala, às vezes eu estava com o pensamento formado pra fazer uma pergunta ou pra fazer colocação, e eu era interrompida pra dizer, "fala baixo". E isso foi uma coisa que eu lembro que foi muito marcado, que foi muito recorrente com muitos professores, com a diretora, que sempre tentaram controlar o jeito que eu ia falar. Então pra mim a parte da disciplina foi uma das partes mais difíceis. (...) De controlar o meu corpo. Questão da disciplina. Eu odiava cantar o Hino Nacional, porque eu acho o Hino Nacional muito feio, eu não gosto (risos). Eu odiava todo dia quando chega, faz fila, todo mundo... aí tinha até as divisões no chão com durex assim. Aí aqui, "primeiro A, primeiro B" (...) que gira em torno também de controlar o seu corpo, que é a questão da repressão, né? Então, eles tinham muito "ah, não pode andar de mão dada, não pode se abraçar muito, não pode sentar junto, não pode...". Tentando sempre separar as pessoas, individualizar.

> (4) E aí eu me levantei porque eu queria ir ao banheiro, estava muito apertado e acabei saindo. Eu voltei e meus amigos comentaram que a professora perguntou para a turma se eu era magro naquela época porque eu passava fome em casa ou era porque eu usava droga. (...) Eu acabei respondendo para ela no meio de outra sala com outros alunos, que era um pessoal mais velho, com os alunos do oitavo ainda, eu acabei respondendo que eu não achei aquilo legal e tal. E ela acabou se irritando. (...) eu xinguei ela, porque eu fiquei meio revoltado com aquilo, sabe? Nem para olhar na minha cara e falar isso e esperar todo mundo sair, mas ela perguntou para todo mundo da minha sala. (...) Essa foi a que mais me impactou, assim. Porque além do que aconteceu, tudo isso eu fiquei sem estudar uns 3 meses assim, que eu não conseguia voltar naquela escola. E aí foi essa, tipo, expulsão sem expulsão, sabe? Eu acho que esse lance de "Ah, a gente não vai falar que você está expulso, mas, tipo, você não vai entrar na escola, saca? Você está tipo de suspensão."

> (6) E um outro professor também, que tinha feito mestrado e etc., e ele estudou na Federal de Ouro Preto, que era negro também e tal. E ele chegou em mim um dia que eu estava lendo... que eu sempre gostei de história, né? Aí eu estava lendo, é... acho que era Raízes do Brasil, Sérgio Buarque. E aí ele pegou, tirou da minha mão, fechou na página que eu estava, eu perdi a página e colocou na mesa de novo e disse que não era pra mim, que eu não tinha cabeça pra isso. E ele era um professor que gostava de olhar e falar para as pessoas que elas não iam ser nada, que ele não passava a lição porque não adiantava, porque eles não iam olhar e querer aprender aquilo.

As histórias chamam a atenção porque se, por um lado, como comentamos, as repreensões narradas demonstram um direcionamento individualizado, associado às supostas características pessoais do estudante (o tom de voz, a magreza), por outro, transparece que muitas vezes é a origem social e racial dos estudantes que acaba sendo invalidada pelos atos repressivos (a família feirante, a suposta pobreza).

São relatos que apontam para a reprodução de injustiças sociais na escola, situações de preconceito e de violência, de relações intersubjetivas que reforçam privações de direitos dos alunos. Mostram certa prática para a formação de sujeitos "que sabem o seu lugar", que aceitam que "não têm cabeça" para assuntos complexos, que se culpam por terem respondido à covardia de uma ofensa pública, que têm vergonha da própria voz, que aprendem a não questionar "demais", que aprendem a posicionar seus corpos conforme determinado por outros. Talvez, mais do que fazer lembrar dessas situações, às vezes traumáticas, o que a experiência das ocupações tenha proporcionado é um outro olhar para esses acontecimentos, permitindo aos estudantes reconhecer situações de opressão e, assim, resistir à assimilação passiva do tipo de construção subjetiva que tal ação discriminatória propunha.

As memórias de desrespeito sofrido pelos estudantes, relatadas sob o ponto de vista crítico desses jovens, nos leva à concepção de tensão moral (HONNETH, 2011, p.155), que tende a impulsionar a formação e desenvolvimento de movimentos sociais e mobilizações de luta e de revolta. Tendo em vista as narrativas a respeito das relações estabelecidas, a respeito do autoritarismo e do tratamento dado aos alunos mais pobres, elas indicam ações que, no dia-a-dia, reforçam, ainda que não intencionalmente, as políticas de padronização, também presentes na lógica da meritocracia e da Nova Gestão Pública (NGP), que ignora as diferenças e as desigualdades reais entre estudantes da rede pública de ensino, ou seja, ignora impeditivos para o desenvolvimento escolar de uma parcela considerável dos jovens estudantes.

A escola como espaço de diversidade e as potencialidades de abertura de mundos

Apesar do sentimento de injustiça, causado pelas condições de precarização da escola e de interações que reforçam o desrespeito social, é interessante que, ao mesmo tempo, a escola (e novamente as ocupações têm um efeito amplificador dessa percepção) apareça para os estudantes como espaço de encontro com o diferente e com as diferenças, um espaço de afeto importante para a formação:

> (5) quando eu estava no ensino médio eu conheci pessoas que eram muito diferentes de mim, que tinham outros pensamentos, que tinham outros valores e que pra mim naquele momento foi um conflito, né? Tipo, "nossa, como assim, fulano?". Por exemplo, eu tinha uma menina que ela era da umbanda, e ela tinha o cabelo até a cintura e um dia ela chegou careca, porque ela raspou por conta da religião dela. E aí ela contando pra gente como funcionava, eu ficava tipo, "meu Deus, eu não acredito que você raspou a sua cabeça por conta disso", sabe? E aí é isso, uma série de pessoas de vários lugares, com histórias super diferentes que você vai aprendendo as histórias. Então acho que conhecer pessoas diferentes de mim, pra mim foi essencial. Inclusive conhecer outras pessoas que tinham histórias parecidas com a minha, histórias que os pais tinham passado as mesmas coisas que os meus, vindos de lugares totalmente diferentes. Eu acho que conhecer o diferente pra mim foi uma das coisas mais importantes.
>
> (3) E, tipo, voltando a questão da perspectiva, a escola estadual me fez ter muito um leque de pessoas, sabe? De conhecer o pessoal ali. Aí depois que eu ocupei, eu conheci gente pra caramba. Tipo, eu nunca imaginaria...

A diversidade se impõe no espaço da escola pública, contrapondo-se a políticas públicas na área da educação que insistem em ações de padronização, a exemplo das provas externas, como o SARESP (Sistema de Avaliação do Rendimento Escolar do Estado de São Paulo), que seguem a lógica da homogeneidade. Contrariando esse tipo de política, os estudantes entrevistados reconhecem a diversidade como um dos elementos formativos mais importantes propiciados pela escola pública. Claramente, a participação no movimento secundarista (antes, durante e depois das ocupações) permitiu um panorama da diversidade da rede pública estadual paulista e produziu uma importante ampliação do universo de conhecimentos e sociabilidades para os estudantes. A partir da própria escola ou a partir do contato direto com outros espaços formativos (como as entidades estudantis formais, os grupos informais de ação estudantil, grupos teatrais, movimentos sociais de moradia, movimentos de luta pela mobilidade urbana, associações civis, cursinhos comunitários, a participação em movimentos de greve e a relação com o próprio espaço urbano da cidade), os estudantes encontram possibilidades para a expansão de seu horizonte cultural, percebem novas possibilidades de existência no mundo e valorizam tais descobertas:

> (2) O Grêmio tomou uma proporção tão grande, não só na vida do Y, como na maioria das pessoas que estavam ali que a gente pensou que... A gente está falando de uma coisa aqui que todo mundo segue a mesma linha de raciocínio. E existe um lugar onde as pessoas estão se organizando para falar exatamente o que a gente está falando aqui dentro da escola, só que dentro de outra proporção. Então é ali que a gente vai se organizar. Então o Grêmio tomou uma proporção tão grande que fez muitas pessoas saírem dali e irem se organizar dentro de uma atividade política. Não que o Grêmio não fosse. Mas uma atividade política consolidada ali, que tinha uma estrutura diferente, né.

(4) Mas eu acho que a galera apoiou [a greve de 2015]. Eu lembro de todo mundo ter apoiado sim. Que foi algo que... A greve acabou dando um ar... Não um ar, mas tipo deu uma expansão de consciência para a galera. Os professores vinham falar nas matérias, nas suas aulas, um pouco antes ainda.

(6) e tinha essa experiência de poligremia, que juntava um povo da USP, um povo da Etesp. Tinha todo um ciclo de amizade, inclusive, que é uma coisa até que eu fui entrando meio que sem ser também, né? (...) eu conheci eles [Brava Companhia de Teatro] por aquele programa vocacional do CEU, que eu fui fazer teatro. Aí lá eu conheci o pessoal da Brava Companhia. E muita gente da Brava foi do MTST, por exemplo. A gente fez uma peça sobre ocupação, e eu fui apresentar essa peça dentro de uma ocupação, que é de um racha dentro do MTST, que é a Rede Extremo Sul. (...) Então essa comissão na região que eu morava atuava em quatro bairros. E aí a gente fazia uma luta, era outra vida, outra dinâmica, aldeia indígena no Barragem, né? E a gente fazia uma luta lá com vários moradores, tinha um certo tom de radicalidade bem 'da hora'. A gente alugou um ônibus pra mostrar que o ônibus passava por lá sim. Então foi o momento que eu foquei e abandonei a escola mesmo esse ano; 2015 foi um ano que eu mal estava na escola. Eu não ia, abandonei o cursinho e fui... cheguei até a morar um tempo na ocupação no Jardim da União, na casa de um amigo. E aí nesse processo final do MPL e dessa luta, que a gente conquista duas linhas [de ônibus].

(5) eu estava no primeiro ano [do ensino médio]. Aí veio... foi duas pessoas lá, divulgar um tal de Jade, que era um curso chamado Jovens Agentes pelo Direito à Educação, aqui da Ação Educativa, lá na minha escola. (...) E aí eu nem me interessei pelo curso, eu falei assim, "olha aí, uma oportunidade da gente poder ficar junta sem os meus pais saberem. Porque é no centro e os meus pais não vêm pro centro. (...) E aí quando eu vi que... a gente, por exemplo, chegava de mãos

> dadas, as pessoas não olhavam pra gente com cara estranha, e eu chamava, falava, "ai, minha namorada" ou alguém falava assim, "ai, é a namorada da X", eu achava tão bonito alguém dizer isso, sabe? E assim, coisa que a minha mãe não fazia, meus professores não faziam, meus amigos não faziam. E aí eu achei lindo, aí eu comecei a me interessar de uma forma, você não tem noção. Porque eu era reconhecida quem eu era na Ação Educativa. (...) eram pessoas totalmente diferentes com outras cabeças, né? Que não tinha do tipo... ai, se eu quero sentar no chão, eu posso fazer aula sentada no chão, ninguém vai falar pra eu sentar na cadeira. Se eu não quiser copiar, eu não vou precisar copiar. Tem aula diferenciada, então a gente sentava em círculo, a gente via vídeo. A gente podia discutir e relacionar o que a gente estava discutindo com a nossa vivência. Então foi fazendo muito sentido o que eu estava fazendo ali, né? E aí eu fui começando a me interessar, me interessar, me interessar, e foi isso. E aí eu comecei a me envolver em outras coisas, então eu vinha pra *cá pra fazer a formação, eu vinha pra cá pra passar o tempo. Eu vinha muito* pra *cá porque eu gostava muito e... lia bastante, e aqui tem um acervo de livros muito grande, então, e que eu podia pegar e podia levar, sabe? Coisa que, a biblioteca da escola você não podia pegar os livros e levar embora, você tinha que ler lá. Então foi uma outra relação que eu criei com o estudo, né?*

As falas dos estudantes reforçam que a escola não deve ser pensada isoladamente, sobretudo porque ela estabelece nexos e relações relevantes com questões abrangentes da sociedade. Isso inclui, conforme indicado por alguns entrevistados, que a escola não é a única instituição social ou único espaço de sociabilidade para a formação dos jovens. As vivências em outros espaços de convivência, e que se tornam significativas para esses sujeitos, acabam compondo a experiência formativa para além da escola e, por vezes, de forma mais expressiva a respeito de questões de interesse dos estudantes, como o acesso à cidade para aqueles que vivem a realidade das periferias, a dificuldade de acesso ao centro da cidade e, em alguns casos, o isolamento da vida social restrita ao bairro.

> (9) primeiro, essa questão de que a escola estava em um polo oposto a essa questão do aprender ser um fato. E de que existia muito mais uma linguagem de viver na cidade de São Paulo como um espaço de aprendizado que necessariamente na escola. Desde a Roosevelt, as pistas de *skate*, até os atos de rua. Tudo isso era algo muito mais participativo para a formação. Até a ideia de pegar um ônibus lotado e ver as pessoas gritando era muito mais um espaço de politização para mim - não sei como era para os demais - do que a questão dos espaços em si, dos Grêmios. (...) Não existia essa ideia de passeio dentro da Fernão Dias. Não sei as outras escolas mas, no geral, não conhecia muito essa ideia de passeio dentro da escola. Nem pela cidade de São Paulo. O que fez - eu acho - que as pessoas terem essa característica de passear pela cidade e de passear e andar com os alunos e se juntarem era quando surgiu o Passe Livre mesmo assim, que aí se juntava meia dúzia e ia andar por São Paulo.
>
> (6) Alguns professores que de alguma forma, foi meio que meu primeiro contato com algumas coisas, né? Acho que a primeira vez que eu fui pro centro foi com uma professora, né? E um inspetor da escola, a gente fez um rolê no centro e tal, me apresentaram o centro. Então algumas experiências assim, vividas e trocas, que eu achei que foram, é... importantes.

O currículo e os conhecimentos formais

Se a diversidade, as possibilidades de socialização e o encontro com o diferente são aspectos que os estudantes valorizam em sua experiência escolar e não-escolar, o que dizer da relação com os conhecimentos acadêmico-científicos? Neste aspecto, o sentimento geral dos entrevistados é de frustração. Por um lado, há a percepção de que a escola, discursivamente, se organiza em torno de um objetivo fundamental: preparar os alunos para os exames de larga escala. Por outro, há a constatação de que tampouco esse objetivo é minimamente cumprido:

> (2) Eu acho que a escola se propõe a ser uma coisa que nem isso ela está fazendo direito. Se a escola se propõe a formar um indivíduo para - se a gente pensar por essa lógica - passar no Enem, para passar em uma prova, não está funcionando.
>
> (5) No ano que eu terminei o ensino médio eu fiz o ENEM, meu primeiro ENEM. E quando eu abri a prova, eu não sabia nada, nada. E aí começou a me dar desespero, porque eu olhava pro lado e via todo mundo respondendo, e eu não conseguia terminar de ler a questão que era de 2 metros. (...) comecei a me dar conta do quanto de conteúdo que eu deveria ter aprendido na escola que eu não aprendi.

O que fica dos anos de vida escolar, no que diz respeito aos conhecimentos acadêmico-científicos? São poucos os exemplos mencionados. Mais do que alguns poucos conhecimentos objetivos citados, são atitudes de docentes que fizeram a diferença (BIESTA, 2013, p.26) e algumas experiências de aprendizagem, que se revelam como formativas mesmo fora do currículo oficial e que marcam a memória das e dos estudantes:

> (2) O [professor] X passava relatório. Eu nunca fiquei no caderno e lousa, sabe? A professora Y fazia uma roda de conversa. Então é muito diferente. O Z, que era um professor de Sociologia (...) foi a lousa mais bonita que eu já vi inclusive. Tinha um gráfico assim e ele falava a partir de coisas muito pequenas. Era impecável. Uma lousa colorida. Ele fazia, tipo, uns esquemas na lousa e a partir desse esquema ele falava mesmo. Eu tive a avaliação do X, que foi o seguinte: a partir

da minha aula, da aula que a gente teve durante o bimestre, o que você aprendeu? E a avaliação era eu falar o que eu aprendi. Então, eu agradeço muito assim. Foi uma experiência muito diferente em relação à escola.

(8) A Geografia foi no segundo e no terceiro com esse professor, porque ele falava com tanto amor da profissão e do quanto que ele gostava da Geografia que eu falei "Caramba. Eu quero descobrir que Geografia é essa, porque eu não conheço." Entrevistadora: Você lembra de algum tema assim específico que tenha te marcado? Algum assunto? Entrevistada: Olha, no meu primeiro ano, com o professor de Sociologia, foi a primeira vez que a gente tocou no assunto de cultura do estupro.

(7) No primeiro ano, eu não me interessava muito [por política]. Aí, no segundo ano, eu prestava mais atenção na aula dele [do professor de sociologia], eu comecei a pesquisar. Ele falava para a gente ver documentários. Aí eu lembro que eu vi um documentário que me impactou bastante, dos tiros em Columbine. E aí eu tive um retorno muito positivo dele, do meu trabalho, e aí eu comecei a me interessar mais.

Em contrapartida, o caráter massificado, mecanizado e homogeneizante de metodologias pedagógicas que poderíamos qualificar como bancárias (FREIRE, 1987) transparece nas histórias contadas pelos estudantes e na insatisfação por eles revelada. A demanda por maior autonomia no desenvolvimento de estudos, por espaços de diálogo sobre os objetos de conhecimento e relações mais amigáveis entre alunos e docentes torna-se evidente. Outra questão é o uso da internet para os alunos que desfrutam de fácil acesso, que aparece, do ponto de vista deles, como um elemento de autonomia na relação com a busca por conhecimento e se contrapõe à relação excessivamente limitada e heterônoma que a concepção bancária de educação propõe.

(3) Pelo fato de eu sempre gostar de estudar mais por conta. Porque a escola não supria o meu ritmo de estudo. Eu gosto muito de estudar, só que aquele modelo escolar, de ficar dentro de uma sala quadrada, enfileirado, com gente gritando... Nossa... Muita confusão e tal. Não supri. Então eu saí do Fundamental II tendo nenhuma expectativa para o Ensino Médio. Eu não achava que aquilo ia me preparar para alguma coisa na vida.
(...) Eu chegava com uma coisa que eu tinha visto na internet, que talvez seria um conteúdo para uma pessoa mais velha ou de uma pessoa que estava mais formada. Então, eles olhavam e falavam: "Caramba, onde você viu isso?" Aí eu falava: "Ah, em tal lugar" E aí começava a discussão. Era isso em todas as matérias, desde Português até Física, assim, que eu não gosto. Aí eu via um assunto muito louco e falava: "Nossa, professor, eu vi tal coisa e queria saber mais sobre isso." E ele: "Nossa, que legal que você viu isso!" E rolava uma atitude de ensino diferente, porque eu chegava no professor. (...) Então, eu pegava um momento que o professor estava de boa, sentava do lado dele, com o caderninho e anotava ou eu prestava atenção muito ao que o professor falava.

(9) Eu diria que antes os professores não enxergavam... Isso eu vou falar bem sincero assim, por mais que eu tenha muita amizade com alguns deles. Mas não... Muita coisa que eu falava não botavam fé. Existia uma relação de um diálogo mínimo com esses estudantes que seriam eu e meia dúzia ali, que basicamente poderia se interessar por um tema e etc. Mas nunca era aquela questão de que, tipo, enxergavam alguém ali às vezes. Enxergavam muito mais uma obrigatoriedade também. Existia essa questão de que a sala de aula é maçante para os dois lados. E que, depois do processo [das ocupações], aí os professores começam a enxergar mais: "Ah, ali existe um potencial. Ali existe outro potencial. Vou passar tal coisa." Aí todo mundo queria passar alguma coisa. Mas eu acho que sempre existiu isso.

Na fala do estudante 9, transparece uma mudança de perspectiva propiciada pelo movimento das ocupações, neste caso associada ao olhar dos professores com relação às alunas e aos alunos. Se o estudante se sentia menosprezado em suas potencialidades, após as ocupações ele percebe certa valorização de potenciais que, do seu ponto de vista, já existiam antes das ocupações, mas não eram reconhecidos, mostrando-nos a importância desses pequenos gestos para a construção das identidades dos sujeitos.

Sobre materiais e recursos didáticos, a utilização dos cadernos do programa 'São Paulo Faz Escola' chega a ser ridicularizada entre os alunos, quando se constata a universalidade da dinâmica de cópias das respostas a partir de gabaritos prontos, disponíveis via internet. A padronização das atividades propostas em uma rede com cerca de 1,5 milhão de alunos no ensino médio tem um efeito perverso, que faz com que, muitas vezes, a utilização reiterada do material se transforme em jogo de aparências, com docentes e discentes muitas vezes simulando a realização de atividades propostas pelo material didático. São poucos os relatos de atividades significativas realizadas a partir do contato com os cadernos, confirmando a generalização do uso mecanizado e, por vezes, enganoso do material. Não é surpresa, nesse sentido, que a prática de queima dos cadernos apareça como forma de protesto em relação a essa prática educacional farsesca, centrada em conteúdos do exame SARESP. Vale a pena, a esse respeito, ser um pouco mais exaustivo nas citações das falas dos estudantes, de maneira a perceber as variações e repetições de experiências a propósito desse material:

> (1) Eu acho que ele [o caderno SP faz escola] é um material péssimo. Didaticamente falando. Acho que ele não atende à expectativa do jovem. Porque, numa era digital, você apresentar mais um material naquele formato não é interessante. Sem contar de que ele era muito mal preparado. Conteúdos

assim, ridículos e que, na mão de um professor que se dedicava, era insuficiente. E na mão de um professor que não se dedicava, era uma arma. (...) A gente tinha um professor lá que... [Risos] É isso. Ela não fazia nada, chegava na sala e lixava a unha literalmente. (...) E aí chegava lá e falava "Ah, gente, faça a apostila. Se quiser pode copiar da internet." Ou seja, além de a apostila ser um problema na mão de um professor f*, que às vezes queria aplicar uma baita aula e tem que se limitar àquela apostila que era insuficiente, quando era com um professor que não queria saber de b* nenhuma da vida, se tornava uma arma, porque só potencializava a negligência dele com a aula.

(2) A gente tinha professor que não falava mais nada na sala de aula. Não tinha aula. Era fazer a apostila.

(3) Tipo, eu mesmo já parei para pegar a apostila e ver uma coisa que eu queria pesquisar e, tipo, eu achava totalmente diferente em outras fontes. Você fala: "Meu, o que que tem a ver isso, né?" E até professores mesmo, tipo, deixavam de passar a apostila e falavam: "Gente, joga isso fora. Nem usa. Porque não adianta nada vocês fazerem isso daqui. Vocês podem ir na internet procurar que vocês vão achar as respostas." E, tipo, eu mesmo. Nossa, vinha as apostilas, eu já dava para os meninos fazerem fogueira já, porque é papel e é lixo.

(4) eu acho uma questão um pouco contraditória. Porque, naquela época mesmo, eu preferia as aulas de apostila muito mais do que as aulas tradicionais. É uma nova dinâmica a apostila sim, mas, só que, tipo, você tinha uma flexibilidade maior um pouco do professor de tipo, (...) "Ah, vamos fazer todo mundo junto."; E aí todo mundo fazia. E aí que era legal de fazer a apostila, você pegar e fazer todo mundo junto. Às vezes, você parava e o professor tinha essa postura de chegar lá e falar "Ah, página 35 a 41. Façam sozinhos lá. Leiam o texto e respondam vocês mesmos." E aí tinha esse lance. (...) Eu tenho várias apostilas em casa e, se você for lá ver, se você contar umas 20 talvez - e olhe lá -, você vai ver alguma coisa

de informação. Mas não é toda preenchida. Você vai ver algumas novas, em folha, bonita, sem nada.

(5) eu lembro muito bem das apostilas e como ninguém gostava de fazer. Porque é uma coisa que eu não sei se eles sabem, quem produz sabe, né? Mas na internet tem todas as respostas de todos os cadernos. Eles sabem, né? Completo.

(6) Mais trabalhado era esse caderninho do aluno, e mais trabalhado por professores que precisavam de uma meta, né? De conseguir notas e etc., de uma forma que fosse mais fácil pra ele não se desgastar assim.

(7) Era muito mecanizado. A professora falava: "Abre na página tal, resolve e me entrega no fim da aula". Eu achava muito... Parece que aquilo não desafiava o aluno, não fazia ele ir atrás das coisas, do conteúdo. Era sempre "Ah, hoje é isso que a gente vai fazer e pronto. Acho que de ensino era bem precário. Mas eles tinham que adotar aquilo. A gente tinha uma coordenação bem forte. A diretora também pegava no pé deles. Tanto que o meu professor tinha que fazer tudo às escondidas, porque ela não apoiava nada.

(8) Porque tinha professor que a apostila era um método para ajudar a aula, então funcionava porque a gente lia com a professora, a gente respondia na hora. Mas tinha professor que usava, por exemplo, "Todo mundo está aqui na aula, a gente vai responder da página 10 até a página 30 e aí vocês têm um período para me entregar. Vocês entregam, eu dou o visto" e era isso. E a gente ficava: "Poxa vida, mas e a aula? Cadê aquela parte de parar e falar?" A gente tirava muita dúvida na internet, porque como a gente tinha que fazer isso em casa, quem tinha acesso era quem fazia. E aí a gente, por exemplo, tinha acesso a todas as respostas na internet. Então muita gente era só copiar, colar, olhar, responder... Mas dava uma desanimada, porque quando a gente sabia que a forma de ganhar nota era fazendo apostila toda e levando, então é fácil.

> (9) A gente usava mais por obrigatoriedade. Eu acho que existe uma política da direção de obrigar os professores a usar aquilo, independente deles quererem ou não. (...) Os cadernos tinham uma questão bem simples. Sempre tem um aluno que é muito esperto ou muito... E acaba procurando onde encontrar informações na internet. Então, é muito fácil preencher aqueles cadernos, porque é só você ir na internet, procurar bem aonde está e aí você preencheu no final do mês.

A precariedade escolar

As condições de superlotação das salas, espaço físico com sérios problemas de manutenção, indisponibilidade de materiais (mesmo quando existem na escola) constituem um ambiente de privação de direitos. Para além do aspecto objetivo dos problemas de estrutura de cada escola, há toda uma dinâmica de experiências que se constitui em torno do ambiente precário. Por exemplo, as dinâmicas associadas às salas de aula superlotadas naturalizam os processos de evasão escolar e absenteísmo estudantil, conforme podemos perceber nas falas a seguir, uma vez que a superlotação de salas pode indicar previsibilidade da evasão, o que contribui para a despersonalização e anonimato dos estudantes em uma estrutura que os trata como excedentes e descartáveis e realçam a precariedade do ambiente escolar:

> (7) Quando eu entrei, eu fiquei meio assim. Porque eu estava vindo de uma escola ruim, que eu não me adaptei. Eu fiquei meio assim porque eu sempre fui o número 1 da chamada, até pelo nome, X. Aí eu fui para o número 50. Tinham 50 alunos na sala. E aí eu ficava meio assim...
>
> (4) Ó, tinha épocas que, dependendo de sala, tinha umas que tinham 50. E tinha outras que tinham 40 e poucos. Ou-

tros tinham na lista, às vezes, 60, mas aí não vinha todo mundo. Tinha uns 48, às vezes 45. Aí variava. Às vezes faltava carteira porque tinha muita gente em um só lugar. (...) Tinha esse lance às vezes de ter que ir na próxima sala. E, às vezes, essa próxima sala também estava superlotada, então tinha que ir até o final. (...) tinha uma sala fechada que não tinha uso no horário noturno, que era do Ensino Médio. E aí, às vezes, tinha que abrir essas salas para pegar as carteiras e as cadeiras.

(8) Então, a minha turma, por exemplo, na lista de chamada já chegou a ter 50 numa sala onde provavelmente cabiam 35. Tinha 50 alunos na chamada, mas, claro, nem todo mundo vai. Então dava para todo mundo assistir. Mas em dia lotado mesmo, era ter que ir em outra sala para puxar cadeira e tentar apertar tudo, ficar juntinho para formar um corredor certo. Teve uma época que chegou a faltar cadeira e mesa.

(5) Quando eu estava no ensino fundamental I, por exemplo, eram poucos alunos e todos cabiam direitinho na sala. Quando eu passei pro fundamental II e principalmente no ensino médio, eles colocavam mais carteiras dentro da sala nos corredores, né? Então os corredores tinham mais carteiras, a gente quase não tinha espaço pra passar, porque as salas eram muito lotadas. Por exemplo, na minha sala de ensino médio tinha 52 pessoas na chamada, e presentes, frequentes assim eram uns 47, 48. Então era muito apertado. (...). Quando estava calor, era muito ruim porque só tinha um ventilador, o outro estava quebrado. E o ventilador que funcionava fazia muito barulho, então se ligava o professor não conseguia falar direito. Então a gente ligava e desligava, ligava e desligava, ligava e desligava. Porque era muito calor, e assim, quando era chuva, a gente tinha que descer, pegar os baldes com as inspetoras, com as tias da limpeza e subir e colocar entre nós assim os baldes e a gente tinha que estudar no meio das goteiras.

Outros exemplos são à dinâmica de experiências associadas à sonegação de materiais didáticos e aos espaços importantes, mesmo quando eles existem na escola, acentuando a sensação de não-pertencimento à escola, bem como a experiência de estar em espaço físico de estrutura precária, a ponto de ameaçar a segurança de todos, acentuando a sensação de abandono:

> (8) A biblioteca foi sair em 2018, porque antes não tinha. Agora tem (...). Na verdade, saiu em 2016, mas eles não tinham uma pessoa para ficar lá. Então acontecia a mesma coisa que a sala de informática: tinha, mas não podia usar.
>
> (6) A sala de informática... que existiu uma vez, realmente funcionando todos os computadores, só que ela não era aberta porque a diretora dizia que iam roubar, que iriam quebrar. E aí ela só ficava fechada. (...), passando alguns anos dela só ficando fechada, algumas coisas quebraram. A última vez que eu voltei nessa escola, inclusive pra fazer um trabalho da faculdade, tinham chegado as CPUs, mas não chegaram os monitores novos, né? E aí... enfim, no final nunca chegou a ser realmente usado. E os materiais quebraram ou sumiram, ou alguma coisa foi roubada. Porque sempre falam que alguma coisa foi roubada, mas o material que fica lá anos sem ser usado quebra também.
>
> (3) Não tinha laboratório. A biblioteca era um sonho usar. Tanto que a gente fez a maior intervenção lá. A gente ocupou inclusive. Tipo, tinha muito livro bom. Muita coisa boa assim, mas não era utilizada. A sala de informática, vai, se eu usei 10 vezes, foi muito. (...) Era bem burocrático, assim, qualquer acesso a qualquer parte lá. Então, sei lá, a gente não teve muito acesso. É até triste de falar porque a biblioteca tinha muito livro bom mesmo. Muito. Tipo, quando a gente conseguiu abrir lá e ver, a gente ficou espantado.
>
> (5) Então quando eu entrei na escola... eu não me recor-

do da escola ter uma estrutura física muito ruim, e quando eu saí eu lembro que aquela escola tinha que ser demolida, porque as paredes rachadas. Teve uma... duas salas que o teto cedeu durante uma chuva, que tinha muitas goteiras. Em todas as salas tem goteiras, né? Das de cima, que tem dois andares, tem sala embaixo e tem sala em cima. Todas as salas de cima tinham goteira e duas salas o teto cedeu. Foi no tempo que eu estudava. E só não cedeu em cima dos estudantes porque eles estavam na educação física. Então eles saíram pra fazer educação física, estava chovendo muito, eles foram pra quadra, quadra coberta, né? E aí quando eles voltaram, a infiltração tinha feito o teto cair completamente em cima dos materiais, das mochilas, de tudo. E como... o telhado, o telhado tinha muitos buracos, então era muito pombo naqueles buracos. Então, quando o telhado caiu, o fedor era terrível, que assim, todo mundo do corredor das outras salas sentia o mau cheiro. Ficou durante muito tempo fechado, é... eu saí, isso sei lá, estava na oitava série, primeiro ano quando caiu, eu saí do ensino médio e ainda estava do mesmo jeito. Não consertaram.

(...) E aí quando estava muito calor a gente sempre pedia pra ele abrir o portão pra gente sair e tomar um ar, mas não deixava. E tudo de ferro, então o intervalo, meu Deus do céu, você não tem noção de como a gente derretia lá dentro. E tinha muitos buracos nas telhas, o banheiro não tem assento, a gente não tinha papel higiênico. A gente até quando o meu irmão estudava, ele fazia a parte do grêmio, eles fizeram uma arrecadação na comunidade pra conseguir comprar tampas pros vasos, porque... principalmente pras meninas era muito difícil de usar o sanitário sem as tampas. A gente colocou e a diretora tirou tudo, porque ela falou que a gente não poderia usar dinheiro de doação pra fazer isso, teria que ser um dinheiro coletado a partir da APM pra poder fazer isso.

A participação e o vínculo com a escola

Apesar das condições de precariedade, da frustração com a dinâmica de aprendizagem e da recorrência de ações repressivas e discriminatórias, grande parte dos entrevistados revela afeição e sentimentos de vinculação intensa com as escolas. Conforme se verifica nas falas abaixo, a capacidade que estes estudantes tiveram de conquistar espaços de participação relaciona-se à constituição dos vínculos com a escola e à capacidade, que lhes é própria, de reconstruir lugares, papéis e expectativas de atuação (SPOSITO, 2005; 2020).

> (1) Eu sinto falta da escola. Eu saí da escola querendo não ter saído. Mas não da escola enquanto sistema educacional padrão. Dentro dessa lógica que eu tinha de participação e construção da escola. Enquanto um agente que, de alguma forma, estava ali construindo uma outra perspectiva de escola, ainda que de forma lenta e de forma gradativa, com questões mínimas. (...) Então, eu posso dizer assim que, desde a sexta série, que foi quando eu comecei a me envolver com o Grêmio, a escola para mim se tornou um outro espaço, onde eu tinha um envolvimento com a escola onde transcendia a sala de aula, sabe? E a sala de aula talvez, por alguns momentos, já nem fosse mais a questão... Fosse só o complemento. E a minha vivência com a escola fosse a minha atuação ali nas coisas, né.

> (8) "Ah, eu quero tentar organizar isso dentro do X" e aí foi criando um afeto muito maior pela escola e fui entendendo que aquele espaço era meu e que eu tinha que fazer alguma coisa naquele lugar. Tanto que eu me formei assim... E acho que isso fez com que eu tomasse a decisão... Eu sempre, no primeiro ano, no segundo, eu já tinha certeza de licenciatura por conta disso. Porque eu via que o ambiente escolar era uma ferramenta tão poderosa assim para conversar com as pessoas que eu falei "Tá. Eu acho que é isso..." (...) Eu queria ser professora. Eu sabia. Eu falei: "Cara, se aqui, sentada jun-

to com eles, eu estou conseguindo fazer isso, imagina como professora..."

É importante ressaltar mais uma vez o caráter duramente conquistado desse espaço de participação, apesar dos inúmeros obstáculos criados:

> (6) e então eu tinha uma certa raiva, não podia entrar na segunda aula, eu chegava atrasado e não conseguia entrar. Era isso, eu não conseguia fazer quase nada dentro da escola. Inclusive, o processo... o único processo que eu fiz mesmo na minha escola, tentar organizar uma semana de grafite, umas atividades pra passar na sala, pra chamar as pessoas e nã-nã-nã. Fazer umas falas, uma atividade política também sobre arte periférica e... e foi uma batalha pra conseguir fazer isso, né? Então eu tinha um olhar assim, um tanto... era uma escola muito fechada, a várias possibilidades assim, de coisas pra fazer. Muito... rígida.
>
> (5) Mas quando a gente chegava com as nossas propostas, que o pessoal aprovou, que o pessoal gostou, pra diretora ela falava, "não, não, não, não, não". Então a gente nunca conseguiu fazer nada, porque a diretora não deixava fazer nada, porque, "ah, vocês estão perdendo aula", ou quando, "vamos fazer então fora do horário de aula", "ah, não pode, porque vocês vão atrapalhar os outros que estão na aula, porque eles vão querer ficar descendo pra ver o que é que vocês estão fazendo". E a gente precisava de uma sala pra fazer as nossas reuniões, "ah, não tem sala, que todas as salas estão ocupadas". A gente precisava de dinheiro, por exemplo, pra comprar materiais pra fazer a decoração da festa, "ai, não pode fazer festa, porque senão o pessoal vai vir pra cá usar droga". (...) a única coisa efetiva que deu muito certo que a gente fez foi tocar música no intervalo. Só. Então a gente fazia uma caixinha que ficava no pátio, o pessoal colocava a música que eles queriam, a gente descia na hora do intervalo, pegava a

> caixa de som, ligava tudo e ia tirando as coisas. E no nosso próprio celular, cada um ia pesquisando e colocando a música que todo mundo queria ouvir. Então sei lá, aí tinha um dia que por exemplo, "ai, hoje vai ser só pop. Então quem quer pop, traz música pop", "hoje vai ser rock, hoje vai ser funk". Inclusive o funk era uma coisa assim, muito proibida, então só... os funks que eram pedidos a gente tinha que fazer uma lista e passar pra diretora, pra ela poder aprovar o que é que ia tocar e o que é que não ia. E ela já falava assim, "funk com palavrão, não. Funk com putaria, não. Funk com droga, não. Funk com não sei o que, não". Então não sobra funk, porque o funk é isso (risos). E a gente quase nunca... eu lembro de um funk gospel que a gente conseguiu tocar, sabe?

Nesse ponto, podemos considerar registros de acontecimentos das ocupações (GOULART; PINTO; CAMARGO, 2017; CAMPOS; MEDEIROS; RIBEIRO, 2016; CATINI; MELLO, 2016; RODRIGUES; RIBEIRO, 2017) para percebermos melhor, nas entrevistas, impactos sobre a maneira como os estudantes passam a refletir a própria trajetória formativa. A demanda de participação política, de reconhecimento como sujeito de direito, que deve ser ouvido e considerado para formulações de políticas educacionais, vincula-se à percepção crítica das situações de violação de direitos presentes na vivência escolar e da ausência de valorização de processos que tornem possível existir e ser reconhecido em sua dimensão social, cultural, pessoal, subjetiva e identitária.

As ocupações parecem simbolizar, em certo sentido, um avanço na direção da conquista do direito do aluno de existir e de ser reconhecido como pessoa única no ambiente escolar. Lembramos o depoimento do estudante 9, já citado, que percebe como, depois do processo de ocupações, "os professores começam a enxergar mais" os potenciais dos alunos.

Recuperamos também a história da estudante 8, que relata sobre o processo de sentir-se excluída na escola, de não aceitação do próprio corpo, de sofrimento em razão de bullying e discriminação racista, e reflete sobre como isso foi mudando no ensino médio, associando seu processo de passar a gostar de si ao processo de gostar da escola ligado ao seu envolvimento político antes, durante e depois das ocupações:

> (8) Eu me senti muito - eu não sei se essa é a palavra - aceita, mas eu me senti perto deles e eu não sentia muito a exclusão. E aí acho que deu certo. E no Ensino Médio isso foi mudando. Porque eu comecei a gostar de mim e comecei a gostar da escola. (...) a direção tinha um certo receio porque em 2015, por mais que não tivessem ocupado ali, eles sabiam que eu estava ajudando na ocupação de outras escolas, porque eu sempre divulgava, eu sempre falava. Eu tinha contato com os professores. Eu falava disso. E eles sabiam. E aí surgiu um medo de que eu pudesse falar ou de que eu pudesse incentivar os alunos e que a gente fizesse aquilo ali também. Então, por mais que eles gostassem de algumas atitudes, ou seja, de formar oficina, de fazer aquilo, eles sempre tinham aquele receio de "mas e se ela montar alguma coisa aqui e aí paralisar e parar..." Tinha esse receio com essa diretora, porque eu não sei. Ela nunca deixou claro o posicionamento dela, mas ela falava que ela tinha medo de baderna. (...) Então, em 2016, por mais que a gente tivesse esse contato, era ainda aquilo... Mando um projeto e ela não responde. Tenta fazer uma atividade um pouco mais política e ela já não gostava. E aí, na mudança, em 2018, trocou a direção, mudou toda a gestão, e aí foi muito mais fácil desenvolver os projetos e levar as coisas. Teve essa pequena mudança. Consegui fazer bastante coisa em 2016, mas em 2018 foi bem mais ativa a nossa participação.

São diversas as histórias associadas à relação com a escola após as ocupações e, assim como o depoimento acima, que sinaliza certo reconhecimento da participação política da estudante (ainda que acompanhada de desconfianças), temos o depoimento comum entre os entrevistados, relatando situações de perseguição e até mesmo de expulsão informal da escola após as ocupações, como é o caso, já citado, do estudante 3. Nesse sentido, não cabe romantizar a experiência das ocupações. A visão romantizada, aliás, ao apropriar-se da luta estudantil dando-lhe significados "otimistas" e "harmônicos", gera incômodo para alguns dos entrevistados:

> (9) O que ficou eu acho que foi o aparato simbólico meramente, que é a questão de que lançou uma série de filmes... A gente impulsionou várias coisas. Isso foi um fato. Mas o que chamam de secundaristas, o que chamam aquela mobilização se tornou um aparato simbólico que usam de qualquer forma e pouco se preocupam com o debate que procuraram ali.

Apesar da insatisfação com os usos na apropriação do movimento de ocupações, há ao mesmo tempo um reconhecimento da importância de seu significado histórico, em associação ao fortalecimento da organização de coletivos e ao fortalecimento da compreensão social a respeito da necessidade de se produzirem políticas educacionais a partir da escuta de professores e estudantes, em uma clara crítica ao *modus operandi* gerencialista:

> (9) Mas também surgiu essa presença de um denso material voltado a pensar o que é a educação pública. Até a bandeira do Lute Como Uma Garota também surge daquela época. Surgiu agora também um forte espaço... Então eu diria que impulsionou novas ideias. Aliás, além de criar, impulsionou. Voltando a pensar isso. O que eu acho que tem de interessante realmente disso é a ideia de que, tipo, alguns coletivos se juntaram e pensaram o que é educação pública, o que é o problema da educação pública. Então, para mim, isso foi interessante em si. Porque, do mesmo jeito que consolidou

> uma nova ideia mais clara na concepção de que, tipo, era necessário pensar a escola pública a partir de um eixo e voltando a pensar no estudante, voltando a pensar no professor e não meramente uma política de que os bons gestores devem programar o projeto. Então isso, para mim, talvez tenha sido interessante.

Pensando nos rituais escolares e nos pequenos gestos de aprovação e reprovação que vão constituindo os corpos escolarizados, recuperamos, por fim, o depoimento da estudante 5, que, como já citamos, relata um processo repressivo na escola com relação ao corpo e, particularmente, com relação ao volume de sua voz que, ao mesmo tempo, ela associava à sua origem social, de família feirante. É interessante notar como a voz forte e chamativa, que na escola era motivo para repreensão e discriminação, no contexto das ocupações passa a ser percebida como uma potência, simbolizando, dessa forma, a conquista, não apenas pessoal da estudante, mas coletiva, desse direito de existir. Vejamos uma pequena parte de sua narrativa do dia da ocupação da escola onde estudava:

> (5) Fez um círculo assim, pediu pra quem tivesse interesse em conhecer, em entender porque é que a gente estava fazendo aquilo pra ficar. Muita gente ficou. (...) A gente mostrou os papéis, a gente levou panfletinhos sobre o que é que era a preocupação da reorganização, a gente distribuiu e começou a explicar. E muita gente falou, "está certo mesmo, tem que lutar pelos direitos. A gente quase não tem nada". E aí o pessoal começou muito a apoiar. Aí a diretora veio (...) nesse portão aqui do pátio, que dá acesso pro *pátio* onde a gente estava e trancou e falou, "eu vou chamar a polícia, a polícia vai tirar vocês". E a gente tranquilíssimo, porque a gente sabia que polícia não poderia tirar a gente dali à força, né? (...) Aí ela ficava gritando, "é mentira, é mentira, é mentira". Só que assim, continuamos falando, aí eu falei assim, "se você

> continuar gritando, eu sou obrigada a ligar o microfone. Eu já falo baixo, né? Imagina a minha voz no microfone", aí ela calou a boca (riso) que ela já brigou várias vezes comigo por causa da altura da minha voz.

A escola, entendida como um espaço de conflito, não reduzida à representação unívoca dos posicionamentos de sua direção, passa a ser compreendida como um espaço de diferentes projetos e cosmovisões que se contrapõem; os estudantes encontram sua possibilidade de participação e posicionamento por meio de embates e disputas, ações de contestação e exigência de mínimas garantias de direitos previstos em lei, não porque esse direito lhes foi garantido ou disponibilizado, mas, ao contrário, porque foi conquistado a partir de seu próprio exercício. Como afirma Butler (2017) na luta contra a precariedade, feita a partir da própria precariedade, às vezes é necessário criar as condições que tornam possível a própria luta por direitos, lutar pelo direito a ter direitos:

> Sustento a tese de que nenhum de nós atuamos sem que se deem as condições para a nossa atuação, ainda que às vezes tenhamos que atuar para instaurar e preservar essas próprias condições. O paradoxo salta à vista, e, no entanto, é algo que se pode constatar no momento em que uma assembleia precária constitui uma forma de ação que reivindica as condições necessárias para sua atuação e sua existência. (p. 23)

Frente à constatação de que "a gente quase não tem nada" e sob ameaças como "a polícia vai tirar vocês", fazer uso das próprias potencialidades intelectuais e corporais, como o caso da voz que sempre fora reprimida, demonstra a maneira pela qual foi possível a estes estudantes lutar por seu direito a existir e atuar e os efeitos formativos dessa luta, associados à possibilidade de constituição da presença do corpo em novas configurações e possibilidades expressivas e de novas atmosferas coletivas de afeto.

Considerações finais

Este capítulo buscou apresentar concepções e reflexões de estudantes de São Paulo e da Grande São Paulo, ex-secundaristas da rede pública estadual paulista, sobre a própria experiência formativa. As memórias que marcaram a vida escolar incluem a vivência ativa no movimento de ocupação das escolas, aspecto que aparece como de forte impacto sobre as percepções de suas trajetórias formativas – ponto comum entre os nove entrevistados.

A exposição e organização das narrativas permitiu identificar temas comuns entre as diferentes experiências formativas dos jovens, apresentados aqui por meio de seções, sobre pontos positivos e negativos da vivência estudantil na rede estadual, como potencialidades e formação humana e política que a diversidade da escola pública oferece; os vínculos criados e suas relações com a luta por maior participação nos assuntos de interesse coletivo da escola e por respeito às diferenças; as oportunidades de aprendizagem que a experiência do movimento secundarista permitiu; situações de repressão e discriminação; o currículo oficial e o que se aprende na escola; condições do espaço escolar e suas precariedades.

Outro aspecto importante obtido por esse estudo são os indícios do impacto da vivência no movimento de ocupações para a percepção a respeito da própria formação. Embora as entrevistas abordem temas que remetem a todo o período de escolarização, a memória de todo o processo da vida escolar é, como toda memória, reconstruída a partir de experiências recentes e, entre essas experiências, certamente as ocupações ocupam papel central. Mesmo quando não são explicitamente citadas, é perceptível a relevância das ocupações para a rememoração e reflexão a respeito das experiências escolares vividas. O que as entrevistas trazem, nesse sentido, parecem ser percepções críticas a respeito de mecanismos de violência, presentes em suas trajetórias formativas, como exclusão social, racial e de gênero e a maneira como as ocupações abalaram, em certa medida, tais mecanismos e expressaram, através da própria presença estudantil naquele contexto, a um tempo precário e potente, que era (nas palavras de um entrevistado) "necessário pensar a escola pública a partir de um eixo, voltando a pensar no estudante, voltando a pensar no professor e não meramente uma política de que os bons gestores devem programar o projeto".

Bibliografia

ARELARO, L.R.G.; JACOMINI, M. A.; CARNEIRO, Silvio R. G. Limitações da participação e gestão "democrática" na rede estadual paulista. *Educação & Sociedade*, v. 37, n. 137, p. 1143-1158, out./dez. 2016.

ADRIÃO, T.; GARCIA, T.; AZEVEDO, J.P. Compulsory education in Brazil: privatization trends and limits the right to education. *Problems of education in the twenty first century*, Vilnius, v. 75, n.4, p. 324-334, 2017.

BIESTA, G. *Para além da aprendizagem*: educação democrática para um futuro humano. Belo Horizonte: Autêntica Editora, 2013.

BUTLER, J. *Cuerpos aliados y lucha política. Hacia uma teoría performativa de la asamblea*. Espãna: Paidós, 2017.

CAMPOS, A.; MEDEIROS, J.; RIBEIRO, M. *Escolas de luta*. São Paulo: Veneta, 2016.

CATINI, C. R.; MELLO, G. M. C. Escolas de luta, educação política. *Educação & Sociedade*, v. 37, n. 137, p. 1177-1202, out./dez. 2016.

CORTI, A. P.; CROCHIK, L. O caráter performtativo das ocupações estudantis. *Revista Educação (UFSM)*, v. 46, 2021.

DUBET, F. *Les Lycéens*. Paris: Éditions du Seuil, 1991.

DUBET, F. *Sociologie de l'expérience*. Paris: Éditions du Seuil, 1994.

DUBET, F. O que é uma escola Justa. Tradução de Édi Gonçalves de Oliveira e Sérgio Cataldi. *Cadernos de Pesquisa*, v.34, n.123, p.539-555, 2004.

DUBET, F.; MARTUCCELLI, D. *A l'école:* sociologie de l'expérience scolaire. Paris: Seuil, 1996.

FOUCAULT, M. *Microfísica do Poder*. São Paulo: Edições Graal, 2009.

FREIRE, Paulo. *Pedagogia do oprimido*. Rio de Janeiro: Paz e Terra, 1987.

GOHN, M. G. Movimentos pela educação no Brasil. *Crítica Educativa*, v.2, n.1, p.9-20, jan/jun, 2016.

GOULART, D. C.; PINTO, J. M. R.; CAMARGO, R. B. Duas reorganizações (1995 e 2015): do esvaziamento da rede estadual paulista à ocupação das escolas. *ETD: Educação Temática Digital,* v.19, 2017.

HONNETH, A. *A luta pelo reconhecimento. Para uma gramática moral dos conflitos sociais*. São Paulo: Editora70, 2011.

MARTINS, S. A. As contribuições teórico-metodológicas de E. P. Thompson: experiência e cultura. *Revista Eletrônica dos Pós-Graduandos em Sociologia Política da UFSC,* v.2, n.2(4), p.113-126, ago./dez. 2006.

MORA, A. S. Aportes de perspectivas analíticas sobre performance, performatividad, cuerpo y afecto para la comprensión de la producción de sujetos generizados en la escuela. *Cad. Cedes,* Campinas, v.37, n.101, 2017.

QUARESMA, S; BONI, V. Aprendendo a entrevistar: como fazer entrevistas em Ciências Sociais. *Em tese,* v.2, jan./jul. 2005.

RAMOS, R. A. *Movimento autônomo secundarista de São Paulo: conflitos, processos sociais e formação política.* Tese (Doutorado em Sociologia) – IFCH, Universidade Estadual de Campinas, 2020.

RODRIGUES, J; RIBEIRO, T. Sobre educação formal, não formal e a participação da comunidade escolar durante o período de ocupação das escolas estaduais paulistas em 2015. *Revista de Ciências da Educação*, Americana-SP, v. xix, n.38, p.133-153, out. 2017.

SPOSITO, M. P. Algumas reflexões e muitas indagações sobre as relações entre juventude escola no Brasil. In: ABRAMO, H.;

BRANCO, P. P. M. (Org.) *Retratos da juventude brasileira: análises de uma pesquisa nacional.* São Paulo: Instituto Cidadania; Fundação Perseu Abramo, p.87-128, 2005.

SPOSITO, M. P. *et al.* Jovens do Ensino Médio e participação na esfera escolar: um estudo transnacional. *Estudos Avançados.* ***v***.34, n.99. São Paulo, mai/ago.2020.

THOMPSON, E.P. *A formação da classe operária inglesa.* v. III. Rio de Janeiro: Paz e Terra, 1987.

TOURAINE, A.; DUBET, F.; WIVIORKA, M. *Lutte étudiante.* Paris: Seuil, 1978.

TOURAINE, A. *Pensar Outramente. O discurso interpretativo dominante.* Petrópolis: Vozes, 2009.

VERGER, A.; NORMAND, R. Nueva Gestión Pública y Educación: Elementos teóricos y conceptuales para el estudio de un modelo de reforma educativa global. *Educação & Sociedade,* Campinas, v. 36, n. 132, p. 573-840, 2015.

WOOD, E. M. *Democracia contra capitalismo: a renovação do materialismo histórico.* São Paulo: Boitempo, 2011.

Experiências e processos sociais das ocupações secundaristas de São Paulo

Rubia de Araujo Ramos

Por que ainda devemos falar do movimento secundarista de São Paulo, também conhecido como movimento de ocupação das escolas estaduais paulistas? Já se passaram mais de sete anos da revolta estudantil contra a política de reforma educacional no estado de São Paulo e esse é um assunto que, além de despertar diferentes interesses voltados para a educação pública, não se desvincula do debate sobre juventude, adolescência e políticas destinadas a essa parcela da sociedade civil.

O movimento secundarista de São Paulo se destacou como ação de maior relevância contra uma política de grandes proporções em período recente de reforma da educação pública estadual paulista, em segundo lugar, trata-se de experiência de luta em defesa da escola pública enquanto espaço de formação de sujeitos críticos; sua principal tática, a ocupação de unidades escolares da rede estadual e a predominância da organização horizontal configuraram a forma de resistência do movimento que reuniu, apesar de diferenças e atritos internos, secundaristas vinculados a entidades estudantis e secundaristas autônomos.

A repercussão do movimento secundarista, em 2016, serviu de inspiração para a mobilização estudantil nacional contra uma série de projetos políticos voltados para a área da educação, dos quais destacaram-se a medida provisória (MP 746/2016) da Reforma do Ensino Médio, apoiada em ações de segregação (CUNHA, 2017); a PEC 241/2016 (do teto dos gastos públicos), que suspende por vinte anos o financiamento público ao ensino (PINTO, 2016); e os projetos de lei 867/2015 e 193/2016, conhecidos como "Escola sem Partido", cujo argumento da limpeza ideológica serviu de justificativa para propor a proibição de debates políticos nas escolas (GUILHERME; PICOLI, 2018, p.13-18). A mobilização estudantil nas diferentes regiões do país resultou em mais de mil instituições públicas de ensino ocupadas (COSTA; GROPPO, 2018; MEDEIROS; JANUÁRIO; MELO, 2019).

Entre questões que envolveram a experiência dos estudantes organizados no movimento de ocupação das escolas paulistas em 2015, cito algumas abordagens de maior recorrência na literatura: i) aspectos gerais do contexto político, econômico e educacional (GOULART; PINTO; CAMARGO, 2017; CAMPOS; MEDEIROS; RIBEIRO, 2016; CATINI; MELLO, 2016; RODRIGUES, 2016); ii) autoritarismo da política educacional, de planejamentos e projetos pedagógicos (ARELARO; JACOMINI; CARNEIRO, 2016; RIBEIRO, 2018; MEDEIROS; JANUÁRIO, 2017; RAMOS, 2020); precarização das condições educacionais, fechamento de salas de aula e diminuição de recursos pedagógicos (GOULART; PINTO; CAMARGO, 2017; CAMPOS, MEDEIROS; RIBEIRO, 2016; GIROTTO, 2018; RAMOS, 2020); iii) a concepção de educação na condução de políticas educacionais e a contraposição estudantil (XIMENES, 2019; CORTI; CORROCHANO; SILVA, 2016; ESPINOSA, 2019; PIOLLI; PEREIRA; MESKO, 2016; CATINI; MELLO, 2016; SANTOS; SEGURADO, 2016).

Temas transversais à experiência do movimento secundarista de São Paulo e à política de reorganização escolar também compuseram parte considerável dos trabalhos produzidos, confirmando a complexidade do conflito que envolveu a ação coletiva dos estudantes. Sem a pretensão de esgotá-los, menciono a utilização de mídias sociais e novas tecnologias de comunicação (DIOS, 2017; KETZER, 2018; RICO, 2016; ALTHEMAN; MARQUES; MARTINO, 2017; PAES; PIPANO, 2017; ROMANCINI; CASTILHO, 2017); a abordagem de jornais de grande circulação sobre o movimento de ocupação das escolas (CANESIN, 2018; SOUZA, 2018; MARIN, 2017); feminismo e questões de gênero no interior do movimento (MORESCO, 2019; LEITE, 2017; ARALDI; ARENDT, 2017; SANTOS, 2016; CORDEIRO, 2016); interpretações jurídicas do conflito (ALMEIDA, 2016; TAVOLARI; BARBOSA, 2019; TAVOLARI *et al.*, 2018); conquista da opinião pública (MEDEIROS; JANUÁRIO; MELO, 2019; STABELINI, 2019; RAMOS, 2020).

Nota-se que muito já foi dito sobre a mobilização que, a princípio, derrotou o governo de Geraldo Alckmin (PSDB), pressionado pela defensoria pública, pelo Ministério Público e pela opinião pública no contexto das ocupações de 2015.[1] Os estudos acadêmicos a respeito do assunto encontram-se em diferentes áreas do conhecimento, incluindo produções interdisciplinares que apresentam amplas abordagens, mas apesar da diversidade de estudos realizados, o movimento de ocupação das escolas foi pouco analisado a partir de uma perspectiva interessada na ação dos sujeitos,

1 Apesar da revogação do projeto de reorganização escolar, anunciada em 4 de dezembro de 2015 pelo então governador, ações da Secretaria da Educação do Estado de São Paulo colocaram em prática a política de reforma, conforme mostra uma pesquisa realizada por pesquisadores da Rede Escola Pública e Universidade. Só no primeiro semestre de 2016, 165 escolas estaduais deixaram de abrir turmas de anos iniciais, tanto do ensino fundamental quanto do ensino médio. Foram 2.404 turmas fechadas. Algumas escolas tiveram o ensino fundamental transferido para a responsabilidade do município, outras aderiram ao programa de ensino de período integral, fechando ciclos de forma gradual e apresentando mudanças a longo prazo para o enxugamento da rede.

isto é, a partir de uma sociologia da ação focada nas formas de ação coletiva e seus processos sociais de resistência.

Essa abordagem sociológica ocupa-se da ação do sujeito engajado para intervir, conforme pode, na organização social vigente. Trata-se de uma forma de análise que nasce quando os homens tomam consciência de si, de que podem fazer sua própria história (TOURAINE, 1965, p.32) – aspecto que aparece entre os jovens atores em questão. O sociólogo francês Alain Touraine (1978), importante referência para estudos dos movimentos sociais, defende que a análise dos conflitos e dos movimentos sociais permite conhecer a produção da sociedade por ela mesma, por meio das lutas sociais e das inovações culturais. E é partindo dessa premissa que compreendo o estudo da luta secundarista como necessário. Olhar para o movimento de ocupação das escolas sob esse ponto de vista, atentando para os discursos e repertórios de ação dos atores em conflito – estudantes e governo – se torna essencial para quem busca compreender os rumos da história mais recente da educação paulista.

Desse modo, este texto busca trazer algumas contribuições para o conhecimento a respeito do movimento secundarista marcado pelas ocupações, focado nos repertórios discursivos e de ação dos estudantes organizados em ação coletiva. Para tanto, o texto está dividido em duas partes. A primeira traz uma breve análise da política anunciada, seguida de uma abordagem sobre o processo social de revolta dos estudantes e apoio da opinião pública, recorrendo ao paradigma da ação comunicativa (HABERMAS, 2012a) e aos repertórios discursivo e de ação. Na segunda parte, a reflexão segue com temas de intersecção – discriminação racial, direitos LGBTQIA+ e feminismo – os quais ampliaram pautas e discussões no interior do movimento, passando a incluir demandas dos jovens atores no ambiente escolar.

Este estudo se utiliza de registros documentais (notícias de jornais, decretos e leis, documentários, panfletos, postagens nas redes sociais e outras produções dos jovens atores), entrevistas com estudantes ex-secundaristas que participaram do movimento de ocupação e uma bibliografia extensa sobre o movimento social e a política educacional paulista nas últimas duas décadas. As entrevistas foram realizadas entre 2017 e 2019 com 13 jovens de diferentes regiões da cidade de São Paulo (zonas norte, sul e leste). As falas registraram memórias e reflexões sobre um tempo passado e bastante debatido entre esses atores. Em razão disso, optou-se por, em algumas passagens do texto, utilizar depoimentos feitos no calor do momento, registros de imagens transformados em documentários aprovados pelos atores sociais aqui em questão.

Do anúncio da reorganização escolar à mobilização de revolta dos estudantes e o ganho da opinião pública

No dia 23 de setembro de 2015, o governo de São Paulo anunciou a política de reforma da rede estadual de ensino, intitulada "reorganização escolar".[2] A notícia saiu na capa do caderno Cotidiano da *Folha de S. Paulo* e anunciava a transferência de mais de um milhão de alunos, destacando que o governo esperava adotar tal mudança a partir de 2016 e que as crianças estudariam no máximo 1,5 Km mais longe de suas casas. A política de "reorganização" previa dividir escolas estaduais por ciclos de ensino, isto é, cada unidade escolar só atenderia um ciclo escolar (ensino fundamental I, ensino fundamental II ou ensino médio).[3]

---

2 O emprego de aspas para expressar a política em questão carrega ironia em relação aos efeitos do projeto político reprovado pelos estudantes e pela comunidade escolar como um todo.

3 Fundamental I ou anos iniciais do ensino fundamental, para alunos do 1º ao 5º ano; Fundamental II ou anos finais do ensino fundamental, do 6º ao 9º ano; e Ensino Médio, os três últimos anos de educação básica.

A separação entre jovens e crianças na rede estadual faz parte de uma política iniciada na década de 1990, cujo objetivo é enxugar a rede estadual de ensino transferindo parte das responsabilidades com a educação pública para as prefeituras. A transferência dos primeiros anos do ensino básico para os municípios acarreta a separação das diferentes etapas da vida escolar. Os efeitos no cotidiano da comunidade atingida se resumem em separações de irmãos, parentes e grupos de convivência, assim como novas dificuldades de acesso à escola, sobretudo na capital paulista, onde as condições de locomoção e transporte são deficientes, e em regiões de zona rural, onde alunos passam a andar quilômetros para chegar à escola.[4]

A proposta de 2015 é certamente um passo de um projeto maior preexistente e de longo prazo, que é a transferência do ensino básico para as prefeituras, feita sem qualquer estudo e previsibilidade técnico-científica a respeito das consequências para os municípios e para os principais afetados: alunos e suas famílias, professores e demais funcionários da rede pública de ensino.

Vale lembrar que, no estado de São Paulo, a política de municipalização do ensino foi iniciada durante o governo de Mário Covas (1995 - 1998), a partir da reforma da educação do Estado (Decreto n. 40.473, de 21 de novembro de 1995), que tinha como um de seus objetivos descentralizar administração e recursos do sistema educacional paulista de modo a alterar a oferta do ensino fundamental, passando parte dela para os municípios. Trata-se de uma postura política semelhante ao que o Banco Mundial e outros

---

4 Na cidade de Cunha, interior do estado de São Paulo, alunos da escola de ensino fundamental E.E. Bairro Serra do Indaiá, localizada na zona rural da cidade, passaram a estudar na E.E. Geraldo Costa, localizada no distrito de Campos de Cunha, à 8,7 km de distância da escola em que estudavam e que atualmente encontra-se fechada. Há relato de alunos que passaram a andar 7 quilômetros para chegar na nova escola.

organismos transnacionais de financiamento sugerem aos países em desenvolvimento, a saber: que o Estado ocupe a função de "gestor" dos serviços, como educação e saúde, por exemplo, e que deixe de ser responsável prioritário pelo financiamento de políticas públicas e sociais para desenvolver sua economia (ADRIÃO, 2018). A política de municipalização faz parte de um processo de abertura de serviços públicos para parcerias com empresas, sociedade civil e outras instâncias de governo, descentralizando a responsabilidade exclusiva do Estado, um precedente para diferentes formas de privatização da educação pública paulista (MARTINS, 2003; PERONI, 2003; ADRIÃO, 2001; 2008).

Para se ter uma dimensão da política de reorganização anunciada em 2015, cerca de 311 mil alunos da rede estadual deveriam mudar de escola e 74 mil professores seriam atingidos pela mudança, conforme informações disponibilizadas pela Secretaria Estadual da Educação do Estado de São Paulo. O plano anunciado pelo governo foi recebido pela comunidade escolar como uma ação sem garantias de que resultaria em melhorias para o ensino público. De um modo geral, o que se viu foi a insatisfação imediata de pais e alunos em relação à mudança de rotina, à vivência cotidiana e aos ganhos trazidos pela convivência entre alunos de diferentes níveis de escolaridade. O tema da "reorganização escolar" ganhou protagonismo e proporções consideráveis na esfera pública paulista.

A não aceitação da medida pela comunidade escolar, cujas primeiras manifestações foram registradas em redes sociais, se deu como reação à forma pela qual o governo apresentou a ação, sem detalhamento de seus passos, sem mapeamento ou plano que ilustrasse com clareza como o projeto seria posto em prática e sem qualquer chance de debate, deixando brechas para que surgissem incertezas e muitas dúvidas. No primeiro momento, observa-se que nas redes sociais os estudantes demonstraram preocupação em saber se a escola seria melhor ou pior, se os professores seriam os já conhecidos, ou se deveriam adaptar-se a um novo círculo de amizades.

Especialistas em educação consideram inquietações da comunidade escolar a respeito de nexos entre políticas educacionais e futuros impactos no sistema de educação do Estado, desde a administração e estrutura das unidades escolares até o acompanhamento do desempenho escolar (ARELARO; JACOMINI; CARNEIRO, 2016; ADRIÃO, 2006; ADRIÃO; CAMARGO, 2001). Entre pesquisadores da área é consenso que políticas de reformas com grande impacto no sistema de ensino, isto é, que afetam milhões de pessoas, incluindo familiares de alunos e profissionais da educação, são importantes ferramentas para a diminuição de injustiças sociais, capazes de superar a longo prazo situações de exclusão social e desigualdades (SEN, 2000; DRÈZE; SEN, 2015). Dado esse potencial, essas políticas devem ser resultado de pesquisas bem fundamentadas e amplos debates com os afetados em consultas e audiências públicas. O caso da "reorganização escolar" paulista de 2015 não apresentou fundamentos de legitimidade, porque além de utilizar um estudo mal fundamentado – baseado apenas em uma variável, o número de ciclos de ensino por escola, a relação entre a simplificação da gestão escolar e o rendimento escolar –, impediu aos principais afetados o direito de participação. Em decorrência disso, não apresentou soluções a problemas preexistentes, como, por exemplo a dificuldade de acesso à educação de jovens e adultos que trabalham sem formação completa do ensino básico.

A "reorganização" certamente alteraria o cotidiano e a organização das pessoas, não só dos estudantes, mas também dos pais, familiares e professores. Nas situações em que o aluno seria transferido para longe de sua casa, as famílias de menor poder econômico poderiam ter seus gastos afetados com comprometimento de seu orçamento, além de alterar a rotina dos pais que levam seus filhos para a escola antes do trabalho, ou mesmo dificuldades com irmãos que passariam a estudar em escolas diferentes. Certamente a não aceitação se deu, em parte, porque a "reorganização" representou uma real ameaça ao funcionamento da vida das pessoas como um todo, muitos pais e responsáveis teriam que readequar a vida cotidiana à nova estrutura do sistema de ensino e, em parte, a recusa também se deu em razão de inconsistências e riscos que o novo modelo representou.

Observo que a alteração de rotina e, consequentemente, a interferência na vida privada foi um importante fator para que o movimento secundarista conquistasse a opinião de uma parcela da sociedade, avessa às pautas mais progressistas. Vale lembrar que, em novembro de 2015, pouco tempo antes do movimento secundarista partir para a tática das ocupações, uma pesquisa do Datafolha revelou que 59% dos paulistas se posicionavam contra a "reorganização escolar".

> (Entrevistada 4)
>
> A notícia da reorganização escolar pegou todo mundo meio desprevenido. Foi totalmente de cima pra baixo, não houve discussão com alunos, professores. Foi do nada. No primeiro momento quando eu vi a notícia, eu tomei um susto, (...), mas eu não percebi os fatos de que a reorganização iria causar fechamento de salas, que professores seriam demitidos, as escolas iriam ser separadas por séries, ensino fundamental I, ensino fundamental II e ensino médio, e como isso iria dificultar para alunos que, por exemplo, levam seus irmãos pra escola. Muitos alunos iriam estudar muito longe de suas casas, sendo que moravam pertinho. Então foi na internet que eu vi uma discussão acontecer, entre alunos, professores, em diferentes grupos e em jornais de esquerda com várias críticas. E aí que me deu um estalo.

Entre motivações para a emergência da luta secundarista, parece central a transformação estrutural e logística do cotidiano das pessoas, fato que certamente afetaria as relações sociais; em outros termos, podemos dizer que a política anunciada pelo governo do Estado interferiria na esfera privada. Em segundo lugar, a mobilização secundarista contra o projeto se dá pela tentativa de preservar a interação social partilhada no ambiente escolar, a qual estaria relacionada à representação do lugar de encontro e convivência e a disputa pelo sentido da escola, conforme se observa nas falas abaixo.

> (Entrevistada 1)
>
> Eu fui uma das primeiras a saber que a escola seria disponibilizada. (...). Eu achei um absurdo (...). O motivo é que não tinha alunos. A ideia era transformar a escola numa ETEC. Não era bem assim, a gente notou que era uma farsa. Ele [governador] falou assim: ah não tem aluno na sala de aula. Mas se você pegasse as listas de chamada, de presença dos professores, tinha mais que o normal. Deveria ter 35 e tinha 50. Era coisa absurda. Como você vai usar a justificativa de que não tem aluno?

> (Entrevistado 5)
>
> Minha mãe sempre colocou uma coisa na minha cabeça que é: educação não se tira, educação se dá. Eu acho que isso foi um lance que me motivou muito, principalmente saber que vai fechar uma escola, como isso ia atrapalhar as pessoas que eram da escola. E não era uma escola, eram 94 escolas. É muita coisa.

> (Falas de secundaristas - Documentário Lute como uma Menina)
>
> Minha matrícula tá feita em outra escola, num período que não é o que eu escolhi.

> No Ana Rosa, faz quatro anos que os dados melhoraram muito. A gente se empenhou muito e a gente conseguiu entrar no ranking de 10 melhores do Estado no ENEM, só que quem faz ENEM é ensino médio. Por que eles vão tirar ensino médio do Ana Rosa?

> Eu enxergo essa luta sendo muito maior que apenas contra a reorganização escolar e o fechamento das escolas. Eu acho que é um modo da gente dizer, meu, esse sistema de ensino tá falido. Ele não funciona mais. Ele não faz sentido pra ninguém. (...) Eles falam que é pra cortar gastos. Então é porque a escola é vista como coisa que dá lucro ou prejuízo.

> É uma questão de corte de gastos. (...) A gente tá mostrando pra ele (Estado), na verdade, que a gente não é otário, que a gente sabe muito bem o que que o Estado quer fazer com a Educação, e que, se ele quer construir uma medida realmente pedagógica, ele tem que construir com os alunos e não de uma forma autoritária que a gente nem pode opinar e a gente nem sabia que ia acontecer até outro dia.

Na época, as declarações dos jovens secundaristas foram registradas, em sua maioria, nas redes sociais e outros espaços de comunicação via internet, as quais demonstraram revolta coletiva impulsionada pela incoerência dos argumentos do governo desconectados da realidade vivida nas escolas. Com a política de fechamento de centenas de salas e a disponibilização de prédios de escolas para outros fins públicos, o agravamento da superlotação das salas de aula seria uma consequência inevitável e distante de qualquer projeto que tenha como objetivo melhorar a qualidade do ensino. Esta era uma questão muito clara para a comunidade escolar e nos permite afirmar que a motivação maior para a luta secundarista se deu por questionamentos objetivos, a partir de padrões esperados, conteúdos e experiências partilhadas no ambiente escolar e na formação de laços sociais.

Para compreendermos melhor o processo social que se formou a partir do anúncio da política de "reorganização", é necessário considerar a formação de uma "consciência coletiva", isto é, uma consciência partilhada entre os alunos e entre estes e uma parcela expressiva da comunidade escolar, ainda que algumas ações contrárias à mobilização secundarista tenham partido de grupos de pais, vizinhança e apoiadores do governo da época. Apesar da diversidade que caracteriza as comunidades escolares da rede pública de ensino, incluindo opiniões e perspectivas, observa-se o compartilhamento de experiências e valores para pensar a escola pública, defender seu espaço e valorizá-la. A "reorganização" aparece, então, como ameaça à racionalidade partilhada e própria do ambiente escolar, isto é, ao que a escola representa, seu valor simbólico e às relações sociais intersubjetivas construídas a partir dela, tal como vividas pelas pessoas.

Entre os valores socialmente construídos e partilhados a respeito da escola, é sabido que a instituição escolar importa, como uma de suas funções, para a formação do sujeito e do cidadão. Esse processo de formação ocorre pela via da comunicação, das interações de reciprocidade e disposição de significados objetivos e subjetivos. Trata-se de relações dialógicas e do compartilhamento de uma racionalidade construída por meio de laços sociais (HABERMAS, 2011), cuja linguagem compartilhada entre sujeitos - regras, valores e saberes – diz respeito à socialização própria do ambiente escolar, refletindo também as relações da sociedade como um todo.

Tendo em vista a racionalidade socialmente construída em torno da escola, o anúncio da "reorganização escolar" foi recebido pela comunidade escolar como interferência nas relações intersubjetivas, ameaça à linguagem comum e interrupção do domínio da razão socialmente construída, cuja vivência cotidiana tende a fortalecer as interações sociais. Dessa forma, a política de "reorganização escolar" representou possibilidades reais de intervenção no mundo da vida[5] (HABERMAS, 2011), ou seja, de intervenção do Estado nas interações cotidianas, nas relações intersubjetivas que foram construídas no ambiente escolar e na racionalidade coletiva, que serve de orientação para as ações e que gera sentimento de segurança e estabilidade.

> (Depoimento de uma secundarista - Documentário Lute como uma Menina)
>
> Foi uma coisa acertada a gente sacar que isso não era só o problema do fechamento das escolas, que era um corte dos nossos direitos, era um projeto de piorar cada vez mais um lugar que a gente passa grande parte da nossa adolescência, que é a escola.

Nota-se que a "reorganização" foi recebida pelos estudantes como um ataque ao sentido da escola, ferindo a linguagem conhecida e incorporada nas relações da comunidade escolar, nas interações simbolicamente mediadas e orientadas por normas e

5 A concepção bidimensional do conceito de sociedade (HABERMAS, 2012a, p. 218-275) - *sistema* e *mundo da vida* - é desenvolvida como proposta interpretativa da modernidade não reduzida ao caráter instrumental e sistêmico. A dimensão do *mundo da vida* (Lebenswelt), diferentemente do sistema orientado pela linguagem do dinheiro e do poder, refere-se aos espaços sociais e ao que é socialmente compartilhado. Trata-se de conteúdo cultural, normas sociais regulatórias, e atores que carregam conteúdos socialmente construídos, acumulados, e vivenciados coletivamente. Tudo o que é compartilhado no mundo da vida permite que relações de comunicação sejam orientadas para o entendimento. Por isso, considero a formação do movimento de resistência dos estudantes secundaristas por meio de interações dialógicas.

valores reconhecidos. A exemplo do consenso sobre os benefícios do convívio entre as diferentes idades no ambiente escolar, considerado importante para a socialização dos jovens e formação da identidade, para aprender a respeitar o diferente e os limites que a convivência impõe.

A partir da racionalidade em torno da escola, um processo educacional que força uma homogeneidade artificialmente construída – consequência da divisão de escolas por ciclos de ensino – é falsamente formador para a vida real, isto é, não permite que a escola cumpra com uma de suas funções essenciais que é o ensinar a viver em sociedade e respeitar as diferenças. Na época, o movimento secundarista discutiu sobre a importância de se considerar a heterogeneidade, incluindo a pluralidade de atores que direta ou indiretamente participaram do movimento contrário à reforma educacional anunciada: alunos, pais, professores, funcionários, jornalistas, advogados e outros apoiadores.

> (Entrevistada 9)
>
> O movimento [secundarista] foi composto por uma diversidade de grupos políticos. O Mal-educado que tinha relação com o Passe-Livre, o pessoal do PSOL e do PSTU, o pessoal do Território Livre, as entidades estudantis e os estudantes autônomos. Fora as contribuições do pessoal do entorno da escola, vizinhos, amigos e comerciantes do bairro que doaram muita coisa pra gente e advogados ativistas.

A partir da perspectiva "fenomenológica" das condições do comportamento racional (HABERMAS, 2012b) dos atores aqui enfocados, observa-se a formação de uma rede de apoio por meio de um processo discursivo da troca de informações, impressões e da razão comum socialmente construída e partilhada a respeito da escola, gerando um consenso de valores sobre o que a instituição representa, tanto para cada indivíduo como para a sociedade. A escola pertence ao *mundo da vida*, isto é, faz parte da vida social cotidiana e contempla estruturas – cultural, social e de personalidade – a partir das quais se estabelecem mecanismos de interação. Assim, se a política educacional apresentada pelo Estado não corresponde às expectativas e aos valores que correspondem à escola, os indivíduos tendem a desaprová-la. A não aceitação da política pública anunciada revela um consenso construído coletivamente por processos de interação dialógica, a respeito dos sentidos da escola, sobre sua realidade a ser enfrentada, seus problemas, dilemas, e o que fazer a partir dela. Vale observar também que esse consenso socialmente construído se deve, em grande medida, às interações marcadas por experiências vividas e percebidas.

A noção de experiência diz respeito aos sujeitos e suas relações sociais, políticas e culturais. Trata-se de uma mediação entre vivências, relações sociais, formação de consciências e lutas (WOOD, 2011). Essa concepção, desenvolvida por Edward P. Thompson (1987 [1963]), abrange a noção de *experiência vivida* – vivências ao longo da vida –, e *experiência percebida* – consciência social. Nesse sentido, a experiência vivida também é pensada e sentida pelos sujeitos (MARTINS, 2006). Assim, a perspectiva da experiência nos permite acessar os sentidos sociais de uma ação coletiva ou de um movimento social e outras formas de organização política das classes subalternas. O movimento de ocupação das escolas seria, portanto, um fenômeno da própria experiência social dos jovens secundaristas, das formas de vida escolar vivenciadas por esses sujeitos.

Para conhecer essa experiência, isto é, parte da história vivenciada pelos jovens atores no ambiente da escola pública estadual paulista, vale considerar os capítulos "Experiências, percepções e expectativas de estudantes na escola gerencialista da rede estadual paulista e Experiências formativas no contexto do novo gerencialismo", publicados nesta coletânea e que tratam, cada um a sua maneira, da vivência escolar dos estudantes que fizeram parte das ocupações e suas percepções sobre políticas e programas educacionais da Secretaria Estadual da Educação de São Paulo (SEDUC), orientada pelo modelo gerencialista.

Outra abordagem que dialoga com a noção de experiência como mediação entre vivência, consciência e ação é apresentada por François Dubet (1994) em sua Sociologia da Experiência.[6] Para ele, a experiência se torna elemento central para o entendimento da ação do sujeito coletivo e de suas interações. Essa perspectiva se mostra interessante para nós porque permite a identificação de diferentes aspectos da vivência social em relação à formação do sujeito coletivo e de suas práticas de luta, formas de ação e repertório, uma delas é que não existe movimento social que reúna indivíduos dedicados a um único projeto. Sobre isso, veremos na seção seguinte que diferentes pautas aparecem no interior do movimento secundarista, em consonância com a luta contrária à política de "reorganização escolar"; são temas de intersecção que emergem da experiência social vivida pelos adolescentes dentro e fora do ambiente escolar.

As formas de ação, por sua vez, também entendidas como repertório de ação e suas principais táticas, importam enquanto intenção política do ator enfocado, mas também como base para a ação do ator de oposição, neste caso, o governo do Estado, bem como servem para a formação da opinião pública a respeito da reforma educacional e do conflito em questão. O movimento dos estudantes, contrário à "reorganização", optou pela ação direta, cujas principais táticas foram, além das ocupações, o predomínio da or-

6 Dubet (1994) chega à concepção de experiência como mediação por meio de estudo empírico feito com jovens de periferia urbana, em que trata do caráter subjetivo da experiência (representação do mundo vivido) e do caráter cognitivo da experiência (a reflexividade e a consciência crítica).

ganização autônoma e horizontal, manifestações de rua, bloqueios simultâneos das principais vias públicas das cidades, panfletagem, boicote ao Sistema de Avaliação de Rendimento Escolar do Estado de São Paulo (SARESP), construção de manuais para orientações internas e promoção de atividades culturais e educativas, de modo a prefigurar o modelo de escola desejada.

> (Panfleto Boicote o Saresp)
>
> Definitivamente o Saresp NÃO é uma ferramenta para os estudantes e a população decidirem os caminhos de sua própria educação. Não serve nem sequer para avaliar as condições da educação atual, pois seus resultados são frequentemente falsificados pelas escolas para garantir o bônus.
>
> Por que boicotar?
>
> Milhares de estudantes estão na luta contra a reorganização e o fechamento das escolas: nas últimas semanas fizeram centenas de manifestações e ocuparam mais de 80 escolas pelo estado. O Saresp é mais uma das ferramentas do governo Alckmin para justificar os fechamentos e a reorganização das escolas. Boicotar o Saresp é mais uma forma de lutas contra a reorganização e apoiar as escolas ocupadas.

O desenvolvimento das formas de ação se constitui como respostas às medidas e ações do governo do Estado e aos grupos defensores da "reorganização escolar", marcando as diferentes etapas do conflito, conforme as condições políticas do movimento e as "estruturas de oportunidade" (TARROW, 1998).

A formação da opinião pública a respeito da "reorganização" se constitui, em parte, como resultado da avaliação do discurso dos adolescentes mobilizados, do repertório de ação do movimento e de experiências anteriores vividas pelos estudantes, marcadas por privações e precariedades, isto é, por desrespeito social sofrido em razão de condições de exclusão das relações legais de igualdade. O sentimento de desrespeito social (HONNETH, 2011) teria impulsionado a luta dos jovens atores para serem reconhecidos como estudantes em sua integridade, conforme se observa nas falas retiradas de dois documentários que abordam o assunto.

> (Fala de um secundarista - Documentário Escolas em Luta)
>
> Estamos descobrindo a escola. Tudo o que tinha dentro de uma salinha que ficava trancada com grade. A gente só usava para pegar materiais de educação física, (...). Tanta coisa. Material de química. Dá pra gente montar um laboratório! (...). Tudo o que eles falavam que não tinham, eles mentiam pra gente.

> (Depoimentos de secundaristas ocupantes de escolas - Documentário Lute como um Menina)
>
> No começo da ocupação a gente começou a descobrir a escola. A gente descobriu 5 gavetas com dezenas de documentários que poderiam ter sido passados pra gente, vídeo aulas de sociologia, tudo que poderia ter sido passado em aula. Só por ser um método diferente já vale. Esconderam isso da gente, todo o tempo. (...), deu uma raiva.

> A gente entrou numa sala com carteira nova. Eu tenho que procurar carteira pra poder estudar. Tem que chegar e procurar sala por sala, por que tem mais de 40 na minha sala, tem 44 alunos na minha sala.

> A gente abriu uma sala que tinha papel higiênico suficiente pra um ano, tinha muito papel higiênico naquela sala. E o papel só fica no banheiro dos professores. Eu nunca vi papel higiênico no banheiro.

> Achamos cadernos, achamos lápis, caneta. A gente pedia lápis, caneta, e diziam que não tinha (...). A gente achou muita coisa. Apostila escondida, livro didático, (...), a gente pede e eles falam que não tem.

> Esses materiais aqui (abriu o armário do laboratório) a gente nunca usou no laboratório. Na aula de química a gente sempre fica na sala, só caderno e lousa. Nunca usamos bicarbonato de sódio, ácido. Nada disso. E tem muito material, muita coisa.

Tendo em vista essas experiências, comuns entre os filhos da classe trabalhadora, a opinião crítica aos efeitos da política de "reorganização escolar" não se restringiu à comunidade escolar (MEDEIROS; JANUÁRIO; MELO, 2019), ela também se fez presente entre pessoas sensibilizadas com a causa secundarista, incluindo aquelas sem vínculos com a educação da rede pública estadual paulista. Na época, a reprovação histórica do governo Alckmin foi associada, em grande medida, à reprovação da reforma do ensino e ao apoio da opinião pública conquistado pela luta secundarista. No período das ocupações e manifestações de rua, uma pesquisa do Datafolha divulgou a queda da popularidade de Alckmin para 28% e apresentou a "reorganização escolar", junto com a crise hídrica, como os principais fatores.

A reprovação da política anunciada e do governo, sobretudo em razão da forma autoritária com que a gestão de Alckmin atuou no conflito com os estudantes mobilizados,[7] se deu via paradigma

7 Sobre o autoritarismo na condução do conflito, além de episódios de violência envolvendo o corpo policial, no auge das ocupações, uma reunião dirigida por Fernando Padula (secretário de educação da prefeitura de São Paulo desde 2021), na época chefe de gabinete do então secretário da Educação, Herman Voorwald, teve sua gravação vazada e divulgada pelos principais meios de

comunicativo, ou seja, por meio de relações dialógicas cotidianas, interações intersubjetivas, trocas de informações e experiências passadas de pessoa para pessoa nos diferentes espaços do mundo da vida – na rua, no comércio, no transporte público, nos locais de serviços, nas redes sociais etc. O caminho da via comunicativa revela como pessoas sem ligações com a rede tomaram partido do conflito e se manifestaram em apoio ao movimento de ocupação das escolas, em alguns casos doando produtos essenciais para a manutenção das ocupações – produtos de higiene, alimentos, cobertores –, apoio jurídico, doação de aulas nas ocupações, participação em vigílias nos momentos de maior tensão com a política, etc.

Entre 2015 e 2016 o tema da política de reforma do ensino protagonizou o debate público paulista num processo social que é, por si mesmo, um processo democrático em uma rede de fluxos de comunicação, o qual gerou um entendimento coletivo sobre a escola e a educação pública, reforçando a legitimidade do movimento secundarista que passou a ser amplamente apoiado pela sociedade civil.

Nas palavras de Habermas, importante referência da teoria da democracia contemporânea, "a opinião pública, formada em poder comunicativo segundo processos democráticos, não pode "dominar" por si mesma o uso do poder administrativo; mas pode, de certa forma, direcioná-lo" (HABERMAS, 2011, p.23).

Nesse sentido, verifica-se pela primeira vez o crescimento da impopularidade do governo Alckmin obtido, consideravelmente, em razão da reprovação da "reorganização escolar" e pela forma repressiva como esse governo reagiu à atuação do movimento secun-

comunicação, revelando um acordo com dirigentes regionais de ensino para espalhar informações falsas sobre a conduta dos estudantes nas ocupações. O objetivo era colocar a população contra o movimento secundarista, mas o vazamento dos áudios, com a voz de Padula falando em "guerra de informações", resultou na ampla reprovação do governo na condução do conflito.

darista. A ação organizada dos jovens atores contra o fechamento de salas, escolas e turnos foi essencial para que o tema da defesa da escola pública ganhasse o espaço e a opinião pública, levando o governo a voltar atrás com seu projeto político. Se o movimento não tem poder de decisão legal, a conquista da opinião pública via processos de legitimidade tende a gerar poder para pressionar os espaços de tomada de decisão no interior do aparelho do Estado.

As ocupações e a emergência de debates transversais

A convivência diária entre os estudantes nas ocupações manifestou conflitos sociais diversos no interior das escolas, expondo diferenças e necessidades que estavam para além da pauta única contra o fechamento de escolas e outros efeitos da "reorganização escolar". A partir da experiência de ocupação, novas exigências passaram a compor a pauta secundarista, desde demandas específicas de cada unidade escolar mobilizada, como problemas de infraestrutura e gestão, até questões identitárias que não se desconectam das condições de classe e do debate sobre educação.

A ampliação da pauta secundarista reforçou o aspecto de que a luta comum contra a política de reforma educacional se traduzia, em linhas gerais, como busca por justiça social numa sociedade atravessada por desigualdades. A ação coletiva dos estudantes se desenvolve no sentido de compartilhamento de desrespeito social sofrido pelos adolescentes, motivados pelas condições de exclusão de suas relações legais de igualdade, pela privação de seus direitos expressada concretamente na forma como o governo apresentou a nova política, mas também expressada nas interações cotidianas no ambiente escolar, incluindo o interior do movimento de base. Situações de comportamentos machistas entre alunos e alunas, no dia a dia das ocupações, intensificaram demandas por debates e aulas a respeito do tema. As meninas, que compunham maioria nas escolas ocupadas, não aceitaram subordinações no interior do movimento que elas construíram juntamente aos demais estudantes e que pretendia ser horizontal.

Ao recusarem reproduções de injustiças estruturais da sociedade no ambiente escolar, as adolescentes construíram o discurso da necessidade de o movimento debater sobre a reforma da educação em diálogo com os problemas de ordem social enfrentados pelos estudantes. Desse ponto de vista, qualquer política de reforma da educação não poderia ser realizada sem a consideração das condições sociais dos principais afetados. Assim como episódios de comportamento machista, outros problemas como preconceito racial e de gênero (PATTA, 2017) também serviram para impulsionar os/as jovens atores a incluírem na pauta do movimento e na programação das ocupações (aulas, leituras, sessões de cinema, rodas de conversa, saraus e oficinas) temas de interesse do grupo e que estabelecem conexões com o debate da educação.

A ação secundarista, que lutava contra danos à integridade do indivíduo, tomou novas dimensões a partir da experiência das ocupações, dando início a outros processos sociais internos de busca de formação e orientação contra injustiças sociais. Desde escolas da região central da capital paulista, como o E.E. Fernão Dias Paes, cuja programação da ocupação tomou grandes proporções com atividades culturais - shows, oficinas e aulas públicas com participação de artistas populares, intelectuais e personalidades públicas, até escolas com dificuldades de visibilidade, segurança e apoio externo, em geral, escolas de áreas periféricas do interior do estado e da cidade de São Paulo; as atividades organizadas pelos estudantes traziam questões vinculadas à condição de classe e de reconhecimento das identidades, temas como mobilidade urbana, direito à cidade, direitos indígenas, direitos LGBTQIA+ e discriminação racial.

(Entrevistada 7)

Tinha tanta coisa para fazer no aqui e agora! A gente tinha que ocupar uma outra escola em outro lugar, fazer reunião não sei onde, é obvio que a questão da mobilidade urbana, do direito à cidade vai tá em pauta. Se eu não tivesse passe livre estudantil na época, como que eu ia fazer essas coisas?

(Entrevistado 5)

Lutar por direito à cidade e entender que a periferia também faz parte disso. E lutar por direito à periferia, lutar por coisas que saiam do centro e corram para cá [periferia]. Lutar por arte na quebrada, por direito na quebrada, de você poder andar na rua (...). Essa ideia de direito à cidade ela surge muito mais numa questão da periferia. Da periferia poder trazer todas essas coisas que tem no resto da cidade e não tem na periferia. Trazer um montão de arte para cá, a gente conseguir sair à noite na rua e ficar suave [tranquilo], porque enquanto a gente não puder fazer isso, a gente não tem direito real à cidade. [Na ocupação] eu era o único que morava na quebrada, (.), então a gente sempre trocava ideia sobre isso, sobre abuso policial que rolava aqui [na periferia] mas não rolava lá [centro]. Também rola, mas não é da mesma forma.

(Depoimentos de secundaristas ocupantes de escolas – Documentário Lute como um Menina)

Na escola tem que ser debatido gênero sim. E vai ser debatido, porque se não for debatido a gente vai mudar isso.

O mais próximo de aula diferente que a gente tinha era filosofia, sociologia. E aqui na ocupação a gente conseguiu promover aulas sozinhos. Aula de teatro, aula de desconstrução de gênero, de feminismo, de colocar a pauta sobre racismo e assuntos que são tabu, sabe? Coisas que a gente nunca con-

> seguiu discutir direito na escola, a gente conseguiu discutir em poucas semanas de ocupação. (...), acho que isso falta no colégio porque são coisas que a gente encara na nossa realidade.

> Aqui nós estamos fazendo uma coisa que nunca foi feita, que é organizar a escola de acordo com as suas necessidades. Nós temos as aulas que nós desejamos, nós temos a convivência.

> Eu quero uma escola de ponta. Uma escola livre.

> Índios vieram dar aula pra gente. Pra falar como que é a luta deles (....). Eu tenho certeza de que jamais a escola abriria espaço pros índios entrarem e conversarem com a gente.

Questões vinculadas às minorias políticas ocuparam centralidade no interior do movimento de ocupação que, embora organizado, em sua maioria, de forma autônoma e horizontal, muitas escolas tiveram suas ocupações e mobilizações protagonizadas por meninas e por estudantes lésbicas, *gays*, bissexuais, transexuais, intersexuais e transgêneros, buscando construir um movimento cujas relações pudessem ser de condições de igualdade e de respeito às diferenças.

O feminismo foi o tema mais trabalhado entre as diferentes escolas ocupadas, desde as unidades organizadas de forma autônoma até aquelas lideradas por entidades estudantis ou grupos jovens de partidos, como o Juntos do PSOL. Nestas escolas, que foram minoria no movimento, casos de liderança masculina e maioria formada por meninas, o debate feminista também se fez central. As garotas aproveitaram o espaço das ocupações para montar uma agenda feminista no interior do movimento a fim de desconstruir desigualdades de gênero vividas no ambiente da escola, da família, da igreja, do trabalho e de outros espaços por onde passam.[8]

As ações de mudanças tiveram início por meio de divisão de tarefas para manutenção das ocupações. As funções ligadas à limpeza e à alimentação foram distribuídas entre todos, meninos e meninas. Muitos garotos passaram a fazer atividades nunca realizadas em casa, como cozinhar e lavar louça. Muitas funções de destaque – porta-voz da ocupação, segurança do prédio, representante da ocupação nas reuniões regionais, linha de frente nas manifestações de rua e mediação entre os secundaristas e a gestão escolar – foram assumidas pelas meninas, cuja dedicação na luta contra a "reorganização" e a capacidade crítica chamaram muita atenção.

As redes sociais alimentadas pelos estudantes em ocupação, os documentários produzidos na época, os jornais impressos, os noticiários de televisão e demais meios de comunicação registravam imagens que revelavam as meninas na condução do movimento, em rodas de conversa, puxando jogral, enfrentando policiais nas manifestações, improvisando músicas de protesto, por serem maioria e por compor a inteligência da condução das ocupações, desde o ato de ocupar, passando pela manutenção da tática, até as negociações com atores externos.

O protagonismo feminino trouxe consigo o desenvolvimento de ideias e reflexões críticas sobre a política do Estado e seu contexto. Debates internos foram realizados para tratar das motivações e objetivos do governo para a "reorganização escolar". O desenvolvimento do movimento de ocupação foi marcado por processos de reflexão crítica sobre a crise do sistema de ensino, sobre as intenções ocultas do governo em fechar algumas escolas e transformar outras em escola de cursos técnicos, a diminuição de custos com a

8 Sobre a dimensão de gênero nas ocupações de escolas paulistas e de outros estados: MORESCO (2019); CASTILHO (2018); LEITE (2017).

educação, a concepção de escola como empresa, como negócio que pode gerar lucro ou prejuízo, e ainda sobre o fato de a escola pública ser o lugar de formação dos filhos dos trabalhadores.

> (Entrevistada 3)
>
> A crítica que a gente fazia muito na época das ocupações é que o ensino técnico é baratear a mão de obra, porque muitos conhecimentos que a gente viu [no curso técnico] no curso de meio ambiente eu fui ver depois na faculdade. (...). O que eu quero dizer é que muitos conhecimentos do técnico são a mesma coisa que a galera da graduação aprende, mas eles aprendem como técnico. Então é diferente de você ter um diploma de graduação. Qual vai ser mais valorizado? Vai ter o mesmo conhecimento, praticamente, mas quem vai ganhar mais? Quem vai ganhar menos? Tem toda uma questão de considerar a exploração. Então a gente ficava dizendo: isso não é bom!

Em diversas escolas os/as estudantes tiveram apoio de professores, estudantes universitários, ativistas e grupos com condições de oferecer aulas e palestras, normalmente para promover discussões sobre militância, educação pública e para tratar de assuntos que já vinham sendo debatidos pelos adolescentes, como machismo e homofobia, por exemplo. Nota-se que os temas transversais que compuseram a ampliação da pauta do movimento secundarista reforçaram a luta pela educação pública de qualidade e pelo sentido normativo da escola enquanto espaço público que não marginaliza.

De modo geral, os temas de discussão tratavam de exclusões sofridas pelos adolescentes dentro e fora do ambiente escolar – discriminação, opressão e desigualdades entrecruzadas e não dissociadas do sistema de ensino e de políticas educacionais, como a "reorganização escolar". Formas de injustiça social foram debatidas sem hierarquizações ou sobreposições, compreendendo que todos os temas levantados no interior do movimento, durante as ocupações, são formas de exclusão e, portanto, igualmente importantes como causa de sofrimento, revolta e resistência.

Os conflitos externos e internos do movimento de base descortinaram entrecruzamentos entre problemas do ensino público paulista, políticas de educação, precariedades e desrespeito social, incluindo o não reconhecimento das identidades dos jovens estudantes. Nesse sentido, o conceito de interseccionalidade (bastante utilizado nos estudos feministas)[9] nos serve como ferramenta teórico-metodológica para considerar diferentes formas de injustiça social que um mesmo indivíduo ou uma geração possa sofrer e, como consequência, o desenvolvimento de um movimento social, cuja trajetória passa pela ampliação de suas reivindicações, denunciando diferentes formas da vida precária.

Ao observar trajetórias dos jovens atores aqui enfocados, observa-se que, a partir da experiência de ocupação, uma mesma pessoa se manifesta a favor de causas que possam lhe afetar direta ou indiretamente, passando a fazer parte de diferentes coletivos, grupos ativistas e movimentos sociais. Essa passou a ser uma realidade comum entre os secundaristas mobilizados, mostrando o perfil de identidades políticas que se formavam naquele momento a partir de nexos estabelecidos entre as diferentes injustiças sociais vividas. Assim, um mesmo estudante começa a se dividir entre a luta secundarista e outras pautas de militância fora da escola.

9 Conceito bastante utilizado por intelectuais feministas e ativistas negras, como Patrícia Hill Collins, Bell Hooks, Angela Davis e Kimberlé Crenshaw para problematizar limitações do feminismo branco. Sobre a recepção do conceito de interseccionalidade no Brasil, ver: Rodrigues, Cristiano. *A atualidade do conceito de interseccionalidade para a pesquisa e prática feminista no Brasil.* Seminário Internacional Fazendo o Gênero. Centro de Filosofia e Ciências Humanas, Centro de Comunicação da Universidade Federal de Santa Catarina. Florianópolis, 2013.

> (Entrevistado 5)
>
> Minha militância política começou na escola, no momento da ocupação e depois ela foi crescendo. Mas eu nunca tinha participado de nada antes, eu sempre via manifestação, mas nunca tinha participado de nada. (...). O movimento me ajudou em muita coisa, porque depois do movimento secundarista eu fiz parte de outros movimentos e esses movimentos me ensinaram muitas coisas. Fiz parte do ZN em Luta (...), conheci uma galera que colava [ia] nas escolas para criar grêmio livre, (...), também frequentei o Sarau Sete Jovens, o Samba do Bowl, a Frente Negra também. (...). O movimento secundarista representa pra mim uma transformação muito grande.

O processo de ampliação do debate político da mobilização dos estudantes secundaristas de São Paulo, isto é, a complexidade no interior do movimento secundarista de 2015 encontra-se nos diferentes lugares e experiências sociais que os estudantes ocupam e vivenciam, seja em razão da sexualidade, da identidade de gênero, de estigma racial ou ainda das condições de trabalho e de classe que confluem para o comum, isto é, aproximam as diferenças. Diante desse contexto, a predominância da organização autônoma e horizontal favoreceu para que as ocupações se tornassem verdadeiras arenas políticas sobre educação e temas de intersecção, cujos nexos se estabelecem pelas experiências dos adolescentes, mostrando que uma reforma educacional não pode ser realizada sem considerar as relações de preconceito e diferenças que afetam a vida escolar, ou seja, uma política de educação jamais deve ser feita de maneira isolada, sem levar em conta realidades das comunidades escolares (RAMOS, 2020).

São jovens de realidades distintas que se reuniram para lutar por uma educação pública, gratuita e de qualidade, mas que, durante o processo de luta, sobretudo a partir das ocupações, a convivência diária e o aparecimento de problemas estruturais da sociedade no interior do movimento, como a divisão do trabalho por gênero, por exemplo, serviu de porta de entrada para a ampliação das pautas, tanto sobre questões oriundas da má distribuição de recursos, quanto sobre diferentes formas de discriminação e de opressão. Esse processo de formação política levou muitos estudantes que, antes da mobilização contra a "reorganização" não tinham qualquer experiência de militância, a fazer parte de grupos ativistas, movimentos sociais e outras formas de organização política, como já mencionado anteriormente.

> (Entrevistada 3)
>
> A minha [militância] começou na escola mesmo. Minha família é classe média, antes de eu entrar no ensino médio eu estudava em escola particular, era uma coisa muito bolha, muito isolada. (...), eu moro em bairro periférico, mas sei lá, não era uma coisa assim tão violenta. Mas minha militância começou mesmo no segundo ano do ensino médio. Teve influência de professores que tive, professores maravilhosos, de coisas que trouxeram que eu nunca tinha pensado antes, (...). Eu vejo que meu pensamento crítico nasceu no ensino médio.

Casos identificados durante a pesquisa mostraram estudantes que passaram a fazer parte de grupos feministas, movimento negro e movimentos de bairros periféricos para construção de projetos culturais e educativos. Tendo em vista o ganho político entre os adolescentes, é certo considerar que a experiência construída na escola e especialmente no interior do movimento secundarista deu início à conscientização e participação desses jovens atores em relação às organizações da sociedade civil, bem como sobre formas alternativas de ação coletiva. Assim, o que se observa da experiência de luta contra a "reorganização escolar" é um processo de formação política e, em muitos casos, de formação a partir de linguagem própria do ativismo. Nestes casos, trata-se de posição radical e ação alternativa de participação política e crítica ao modelo deliberativo vigente (YOUNG, 2014[2001], 2000), na busca por conquista de direitos.

Observando a complexidade descrita que caracteriza a formação das novas identidades políticas, muitas construídas no movimento de ocupação, verifica-se a percepção crítica dos e das adolescentes a respeito de conexões entre diferentes formas de injustiça social. Entendimento que remete às contribuições de Nancy Fraser (2006) sobre as categorias de conflito do tempo presente - redistribuição e reconhecimento - serem injustiças conectadas que geram demandas por justiça social também conectadas. Pessoas sujeitas a injustiças de natureza econômica, isto é, vítimas da má distribuição das riquezas produzidas pela sociedade, tendem a ser sujeitas a injustiças de natureza cultural, preconceito e outras formas de discriminação. Fraser lida com esse diagnóstico considerando como perfis híbridos, isto é, pessoas que pertencem às classes economicamente exploradas e a grupos culturalmente discriminados.

Pessoas que sofrem as duas formas de injustiça, econômica e cultural, necessitam de políticas que garantam eficácia como dois remédios, reparando as desigualdades vinculadas ao reconhecimento das identidades e as desigualdades materiais, de modo a garantir equidade entre as diferentes formas de vida.

As intersecções entre as diferentes formas de injustiça social foram muito bem compreendidas e expressadas pelos/as adolescentes no movimento de ocupação. O processo de ampliação da pauta do movimento ocorreu em decorrência dessa percepção e do compartilhamento das experiências dentro e fora do ambiente escolar, por meio de diálogos e interações cotidianas organizadas em torno da busca comum pela derrota de uma política que significava intensificação das injustiças já sofridas pelos alunos e alunas de escolas públicas.

Os nexos entre a exigência de um ensino público, gratuito e de qualidade e as pautas que se somaram no desenvolvimento da luta revelaram a crítica secundarista de que as injustiças sofridas, de natureza economia e cultural são cooriginárias. Nesse sentido, vale o que Fraser (2006, p. 238) afirmara sobre políticas voltadas a compensar injustiças de distribuição contribuir também para compensar injustiças de reconhecimento.

Nesses termos, uma política educacional que garanta formação de qualidade para os filhos da classe trabalhadora também pode contribuir para o enfraquecimento das injustiças de distribuição e de reconhecimento das identidades. Assim, os jovens atores revelam, a partir da experiência social que inclui a vivência nas ocupações, que a política de reforma do sistema público de ensino terá que ser formulada em diálogo com a comunidade, a fim de considerar, junto com as questões estruturais das escolas, temas transversais indissociáveis do debate sobre Educação.

Considerações Finais

Neste texto, alguns argumentos foram apresentados para mostrar a relevância de ainda hoje falarmos sobre o movimento de ocupação das escolas ocorrido em 2015. Tanto do ponto de vista simbólico quanto da análise da ação coletiva organizada por sujeitos ainda na fase da adolescência.

O texto foi construído buscando destacar dois momentos importantes da experiência da mobilização secundarista, que foram: a formação e conquista da opinião pública, tomando como necessária a consideração das formas de ação do movimento, e a complexidade no interior da luta com a ampliação de sua pauta a partir da tática de ocupação das escolas e o compartilhamento de vivências de diferentes formas de injustiça social.

Entrevistas utilizadas recorreram às memórias dos jovens atores e suas reflexões sobre as vivências no movimento e sua relevância, reforçando a importância de suas histórias de luta para o pensamento crítico sobre a educação pública paulista atualmente. Os depoimentos retirados de documentários que registraram o pensamento dos/das estudantes no calor do momento serviram para identificar as motivações da mobilização, bem como as escolhas das ações que compuseram o repertório secundarista. As duas formas de registro utilizadas revelam que o desenvolvimento do movimento de ocupação resultou na complexidade do mesmo e de suas pautas, carregadas de experiências dentro e fora do ambiente escolar.

Se de um lado a política visa o sistema de ensino como mais uma ação de governo a ser cumprida com e para seus pares, os estudantes, por outro lado, a enxergam como possibilidade real de mudança das condições de vida social, demandando uma reforma do ensino não apenas no sentido da educação formal, mas de uma educação integral, democrática, capaz de formar cidadãos humanizados.

Bibliografia

ADRIÃO, T. *Autonomia monitorada como eixo de mudança*: padrões de gestão do ensino público paulista. Tese (Doutorado) - São Paulo: Faculdade de Educação, Universidade de São Paulo, 2001.

ADRIÃO, T. Dimensões e formas da privatização da educação no Brasil: caracterização a partir de mapeamento de produções nacionais e internacionais. *Currículo sem Fronteiras*, v.18, n.1, p.8-28, jan/abr, 2018.

ADRIÃO, T. *Educação e produtividade*: a reforma do ensino paulista e a desobrigação do Estado. São Paulo: Xamã, 2006.

ADRIÃO, T. Oferta do Ensino Fundamental em São Paulo: um novo modelo. *Educação e Sociedade*, Campinas, v.29, n.102, p.79-98, 2008.

ALMEIDA, T. *A questão da posse na ocupação de escolas públicas:* a experiência paulista. Orient. Marcus Eduardo de Carvalho Dantas. Trabalho de Conclusão de Curso (Graduação em Direito) - UFJF, Juiz de Fora, 2016.

ALTHEMAN, F.; MARQUES, A. C. S. ; MARTINO, L. M. S. Comunicação nos movimentos insurgentes: conversações políticas on-line durante a ocupação de escolas em São Paulo. *Compolítica*, Porto Alegre, 10-12 mai. 2017.

ARALDI, E.; ARENDT, R.J.J. As ocupações estudantis e a possibilidade de uma explicação feminista da educação e da aprendizagem. *VII ESOCITE*, Brasília, 05-07 out. 2017.

ARELARO, L.R.G.; JACOMINI, M. A.; CARNEIRO, Silvio R. G. Limitações da participação e gestão "democrática" na rede estadual paulista. *Educação & Sociedade*, vol. 37, n. 137, p. 1143-1158, out.-dez., 2016.

CAMPOS, A.; MEDEIROS, J.; RIBEIRO, M. *Escolas de luta.* São Paulo: Veneta, 2016.

CANESIN, E. M. *Comunicação e esfera pública: análise da cobertura do jornal Folha de S. Paulo (versão online) sobre a reorganização escolar (2015) e as ocupações secundaristas,* Mestrado em Ciências Sociais. Universidade Federal de São Paulo, 2018.

CASTILHO, D. *Era ele, e era eu:* atravessamentos entre gênero e horizontalidade em narrativas de ocupação estudantil secundaristas. Dissertação (Mestrado em Letras). Rio de Janeiro: Pontifícia Universidade Católica do Rio de Janeiro, 2018.

CATINI, C. R.; MELLO, G. M. C. Escolas de luta, educação política. *Educação & Sociedade*, vol. 37, n. 137, p. 1177-1202, out./dez. 2016.

CORTI, A.P. CORROCHANO, M.C.; SILVA, J.A. Ocupar e resistir: a insurreição dos estudantes paulistas. *Educação & Sociedade.* [online]. 2016, vol.37, n.137, p.1159-1176.

COSTA, A. A. F.; GROPPO, L. A. (org.) *O movimento de ocupações estudantis no Brasil.* São Carlos: Pedro e João Editores, 2018.

CUNHA, L. A. Ensino Médio: atalho para o passado. *Educação & Sociedade*, vol. 38, n.139, p.373-384, Campinas, 2017.

DIOS, V. C. *Jovens e seus celulares:* narrativas audiovisuais produzidas nas ocupações de 2015. Dissertação (Mestrado em Tecnologia da Inteligência e Design Digital) - Programa de Estudos Pós-Graduados em Tecnologia da Inteligência e Design Digital, Pontifícia Universidade Católica de São Paulo, São Paulo, 2017.

DRÈZE, J.; SEN, A. *Glória incerta: A Índia e suas contradições.* Trad. Ricardo Doninelli Mendes, Laila Coutinho. São Paulo: Companhia das Letras, 2015.

DUBET, F. *Sociologie de l'expérience.* Paris: Seuil, 1994

ESPINOSA, L. S. *O neoliberalismo e a educação no Estado de São Paulo:* Uma análise da resistência do movimento das ocupações de escolas à reorganização proposta pelo governo. Dissertação de Mestrado (Curso de Pós-Graduação em Economia Política) – Programa de Estudos Pós-Graduados em Economia Política da Pontifícia Universidade Católica de São Paulo, 2019.

FRASER, N. Da redistribuição ao reconhecimento? Dilemas da justiça numa era "pós-socialista". *Cadernos de Campo*, São Paulo, n.14/15, p. 231-239, 2006.

GIROTTO, E. D. *Atlas da rede estadual de educação de São Paulo.* Curitiba: CRV, 2018.

GUILHERME, A. e PICOLI, B. Escola sem Partido – elementos totalitários em uma democracia moderna: uma reflexão a partir de Arendt. *Revista Brasileira de Educação*, vol.23, 2018.

GOULART, D. C.; PINTO, J. M. R.; CAMARGO, R. B. Duas reorganizações (1995 e 2015): do esvaziamento da rede estadual paulista à ocupação das escolas. *ETD*: Educação Temática Digital, vol.19, 2017.

HABERMAS, J. *Direito e Democracia entre facticidade e validade*. Rio de Janeiro: Tempo brasileiro, vol.I., 2012a.

HABERMAS, J. *Direito e Democracia entre facticidade e validade*. Rio de Janeiro: Tempo brasileiro, vol. II., 2011.

HABERMAS, J. *Teoria do Agir Comunicativo*. São Paulo: Martins Fontes, vol.II, 2012b.

HABERMAS, J. Três modelos normativos de democracia. *Lua Nova* [online], São Paulo, nº 36, p. 39-53, 1995.

HONNETH, A. *A luta pelo reconhecimento. Para uma gramática moral dos conflitos sociais*. São Paulo: Editora70, 2011.

KETZER, A. *"Lutar também é educar"*: o potencial político e educomunicativo do movimento estudantil secundarista brasileiro nas escolas e redes sociais (2015-2016). Dissertação de mestrado (Programa de Pós-Graduação em Comunicação) Universidade Federal de Santa Maria, 2018.

LEITE, M. S. No "colégio dos alunos, por alunos, para alunos": feminismo e desconstrução em narrativas das ocupações. *Educação Temática Digital*, vol. 19, n. especial, p. 23-47, jan./mar. 2017.

MCADAM, D. *Political Process and the Development of Black Insurgency, 1930-1970*. Chicago: University os Chicago Press, 1982.

MACCARTHY, T. *La Teoría crítica de Jürgen Habermas*. Madri: Tecnos, 1987.

MEDEIROS, J.; JANUARIO, A. Desrespeito, indignação ou injustiça: o que motivou os secundaristas paulistas a ocuparem suas escolas? *18° Congresso Brasileiro de Sociologia*, Brasília, 2017.

MEDEIROS, J.; JANUÁRIO, A.; MELO, R. Sociedade civil, esferas públicas e desobediência civil: uma comparação entre dois movimentos de ocupação de escolas. In: MEDEIROS, J.; JANUÁRIO, A.; MELO, R. (org.) *Ocupar e Resistir*: movimentos de ocupação de escolas pelo Brasil (2015-2016). São Paulo: Editora 34, 2019.

MARIN, T. As vozes da reorganização escolar na cobertura dos portais UOL e Folha de S. Paulo. *Revista do EDICC*, vol. 3, n. 3, p. 126-137, abr. 2017.

MARTINS, S. A. As contribuições teórico-metodológicas de E. P. Thompson: experiência e cultura. *Revista Eletrônica dos Pós-Graduandos em Sociologia Política da UFSC*, Vol. 2, n. 2 (4), agosto-dezembro/2006.

MORESCO, M. C. Corpos que não importam no fronte das ocupações: protagonismo feminino e LGBTQI+. In: MEDEIROS, J.; JANUÁRIO, A.; MELO, R. (org.). *Ocupar e Resistir*: movimentos de ocupação de escolas pelo Brasil (2015-2016). São Paulo: Editora 34, 2019.

PAES, B. T.; PIPANO, I. Escolas de luta: cenas da política e educação. *Educação Temática Digital*, Campinas, vol. 19, n. 1, p. 3-25, jan./mar. 2017.

PATTA, C. *Contestando a ordem*: um estudo de caso com secundaristas da Zona Leste paulistana. Orient. André Singer. Dissertação (Mestrado em Ciência Política) - FFLCH/USP, São Paulo, 2017.

PINTO, J. M. R. *Os recursos para a educação no Brasil no contexto das finanças públicas*. Brasília: Editora Plano, 2000.

PIOLLI; PEREIRA; MESKO. A proposta de reorganização escolar do governo paulista e o movimento estudantil secundarista. *Crítica Educativa*, Sorocaba, vol. 2, n. 1, p. 21-35, jan./jun. 2016.

RAMOS, R. A. *Movimento autônomo secundarista de São Paulo: conflitos, processos sociais e formação política*. Orient. Élide Rugai Bastos. Tese (doutorado em Sociologia) – IFCH/UNICAMP, Campinas, 2020.

RIBEIRO, J. C. C. *Ocupar e resistir:* sentidos e significados atribuídos por alunos ao movimento de ocupação de uma escola pública paulista. 2018. Dissertação (Mestrado em Educação: Psicologia da Educação) - Programa de Estudos Pós-Graduados em Educação: Psicologia da Educação, Pontifícia Universidade Católica de São Paulo, São Paulo, 2018.

RICO, O. *Comunicação midiática e consumo de afetos:* narrativas sobre protestos e ocupações contra a Reorganização Escolar em São Paulo. Dissertação (Mestrado em Comunicação e Práticas de Consumo) - ESPM, São Paulo, 2016.

RODRIGUES, P. P. *Instituto Unibanco e Programa Jovem de Futuro.* Dissertação. Faculdade de Educação, USP, Ribeirão Preto, 2016.

ROMANCINI, R; CASTILHO, F. Novos letramentos e ativismo: aprendizagens formal e informal nas ocupações de escolas em São Paulo. *Revista Latinoamericana de Ciencias de la Comunicación,* vol. 14, n. 26, p. 128-138, jan./jun. 2017.

SANTOS, L. A. Uma ocupação feminina: questões de gênero na ocupação da escola JAF em Crato-CE. *III CONEDU (Congresso Nacional de Educação),* Natal, 05-07 out. 2016.

SANTOS, M. B. P. dos e SEGURADO, R. Ocupação dos espaços públicos e a produção do comum: a ação política dos estudantes secundaristas nas escolas públicas de São Paulo. *40º Encontro Anual da Anpocs,* Caxambu, 2016.

SÃO PAULO (Estado). Secretaria de Estado da Educação de São Paulo (SEE). Decreto Estadual n. 40.473, de 21 de novembro de 1995. Institui o Programa de Reorganização das escolas da Rede Estadual e dá providências correlatas. *Diário Oficial do Estado de São Paulo,* São Paulo, v. 105, n. 222, 22 nov. 1995.

SEN, A. *Desenvolvimento como liberdade.* Trad. Laura Teixeira Motta. São Paulo: Companhia das Letras, 2000.

STABELINI, A. M. *O mundo público e a autogestão em Rosa Luxem-*

burgo: uma análise do movimento das ocupações das escolas do estado de São Paulo em 2015. Tese (Programa de Pós-Graduação em Educação). Universidade Federal de São Carlos, 2019.

SOUZA, T. E. *"Ocupa e resiste"*: discursos da Folha de São Paulo sobre as ocupações das escolas nos anos de 2015 e 2016. Orient. Flávio Vilas-Bôas Trovão. Dissertação (Mestrado em Educação) - ICHS/UFMT, Rondonópolis, 2018.

TARROW, S. *Power in movement.* Social movements and contentious politics. Cambridge: Cambridge University Press, 1998.

TAVOLARI, B.; BARBOSA, S. Judiciário e reintegrações de posse de escolas ocupadas: jurisprudência comparativa. In: MEDEIROS, J; JANUÁRIO, A.; MELO, R (Orgs.). *Ocupar e Resistir:* movimentos de ocupação de escolas pelo Brasil (2015-2016). São Paulo: Editora 34, 2019.

TAVOLARI et al. As ocupações de escolas públicas em São Paulo (2015–2016): entre a posse e o direito de manifestação. *Novos Estudos Cebrap*, vol.37, n.2, 2018.

THOMPSON, E.P. *A formação da classe operária inglesa.* Rio de Janeiro: Paz e Terra, Vol. III, 1987.

TOURAINE, A. *Sociologie de l'action.* Paris: Seuil, 1965.

TOURAINE, A. ; Dubet, F.; Wiviorka, M. *Lutte étudiante.* Paris : Seuil, 1978.

WOOD, E. M. *Democracia contra capitalismo:* a renovação do materialismo histórico. São Paulo: Boitempo, 2011.

XIMENES, S. B. Contra quem os estudantes lutam? As ocupações secundaristas no epicentro das disputas sobre a escola pública. In: MEDEIROS, J; JANUÁRIO, A e MELO, R (Orgs.). *Ocupar e Resistir: movimentos de ocupação de escolas pelo Brasil (2015-2016).* São Paulo: Editora 34, 2019.

YOUNG, I. M. Desafios ativistas à democracia deliberativa. *Revista Brasileira de Ciência Política*, Brasília, nº13, p.187-212, 2014.

Agarrar a utopia com as mãos

Árizla Emanuela Pererira Quirino

Julho de 2021

A filosofia possui uma força política, que, todavia, é inseparável de uma função de ocultamento, de evasão e de procrastinação da práxis, desde que se permaneça no terreno da utopia, ou seja, da relação com a religião, desde que se aceite a figura do filósofo como filósofo somente "individual" (GRAMSCI, 2000)[1] e da filosofia como filosofia somente "individual" (GRAMSCI, 2000), em vez de desenvolver a figura do "'filósofo democrático', isto é, do filósofo consciente de que sua personalidade não se limita à sua individualidade física, mas é uma relação social ativa de modificação do ambiente cultural". G. prossegue: "Quando o 'pensador' se contenta com o próprio pensamento, 'subjetivamente' livre, isto é, abstratamente livre, é hoje motivo de troça: a unidade entre ciência e vida é precisamente uma unidade ativa, somente nela se realizando a liberdade de pensamento; é uma relação professor-aluno, uma relação entre o filósofo e o ambiente cultural no qual atuar, de onde recolher os problemas que devem ser colocados e resolvidos; isto é, é a relação filosofia-história.". (IMBORNONE, 2017).[2]

---

1 In: GRAMSCI, A. *Cadernos do Cárcere*, vol. 2 (1926-1937). Rio de Janeiro: Civilização Brasileira, 2000.

2 In: LIGUORI, G. *Dicionário gramsciano* (1926-1937). São Paulo: Boitempo Editorial, 2017.

Não por acaso, inauguro vossa leitura com as seguintes palavras: agarrar, utopia e mãos. Esse casamento deveria nos causar, à primeira vista, certo estranhamento, uma vez que, etimologicamente, "utopia" origina-se da junção de "topos" (lugar) e "u", prefixo de negação, portanto, utopos é o "não-lugar", enquanto que "agarrar com as mãos" nos designa a algo possível de segurar e, se assim é possível, este objeto da ação de agarrar existe, e não só existe como o ato de segurar pelas mãos denota a possibilidade de tê-lo próximo a si. Mas, se utopia é o lugar inexistente, como poderíamos segurá-la com as mãos? Como poderíamos agarrar o inexistente com as mãos? Ou como o ato – a linguagem do estar presente – pode lançar-se sobre objeto algum, sobre algo que reside fora do presente.

No meio dessa confusão, no entanto, o espírito deu a inserir "com as mãos", um membro de nosso corpo pelas quais podemos pegar algo, segurá-la, colocar ao nosso alcance, transformar uma coisa noutra, mas também, com elas, podemos soltar, deixar escapar algo de nosso domínio, ou perdê-lo de vista. Tocamos com as mãos somente aquilo que nos é presente e, por isso, também é por elas que notamos as ausências, que algo nos foi retirado do nosso alcance. Ou podemos, contudo, não ter em mãos, renunciarmo-nos diante do objeto, conservá-lo como assim está.

Nesse instante as formigas andam pela minha mesa. Transportam de um lugar a outro minúsculos cristais de açúcar, mudando a posição da coisa. Nosso telhado é também residência de pombos. Noutro dia, movida pela cruel vontade de desabitá-los, subi ao telhado e, para minha surpresa, ao invés de manter-me frivola, dei-me conta da vida dos pombos. Havia tudo quanto é cacareco. Acumuladores sabe-se-lá-porquê, fizeram de meu telhado um grande depósito de miudezas: pregos e grampos de cabelo enferrujados, pedaços de fiações, de tijolos de concreto, de cano, tampas de caneta, embalagens de todos os tipos, isopor, papelão, e terra, e galhos, e sacolas, e restos de comida. Particulas do mundo recolhidas no período de mais ou menos dois anos. Querem os pombos também habitar.

Mas, notem, todas aquelas coisas estavam acumuladas em pilhas, num modo de organização, aparentemente movido pela dispersão ou concentração das coisas. Assim como as formigas podem eles transportar, levar de um lugar a outro, ter para si. No entanto, ainda que constrangida pela duvidosa ideia de superioridade humana, não pude deixar de redescobrir a nossa diferença diante destes seres senscientes – nós podemos, por outro lado, não apenas tirar uma coisa de um lugar e pô-la em outro, mas efetivamente transformá-las em-si, modificar a sua forma, juntá-la a outros objetos, dar a ela outros conteúdos segundo as necessidades naturais ou da fantasia humana. E temos assim, diante de nós, um objeto que não nos foi dado espontaneamente pela natureza, mas que nos é uma autêntica criação, na qual objetivamos o percurso percorrido pela consciência sob a matéria. Isto é, podemos inventar o mundo.

Quando escrevo Agarrar a Utopia com as Mãos, sobretudo, trato de uma teimosia do espírito. Utopia é uma palavra que, embora envelhecida, sempre é rejuvenescida por intelectuais ou pelas classes populares, a partir da percepção do que está ausente neste mundo. Isso signfica que, não só a utopia é historicamente determinada, como é produto de um momento existente. O objeto mundano diante de nós já tem consigo o que ele também não é; o fato de ser algo de determinado, porque uma coisa não é outra coisa. Tudo que é, só é, porque não é outro. O ser é por isso a afirmação de uma possibilidade que se dá pela negação de outras e, sendo assim, o ser é o que não se é. Na dialética das aparências, o mundo é o que ele também não é.

Tenho o ímpeto de convidar Gramsci para a nossa conversa por motivo de cautela. Na verdade, para que nós tenhamos cautela de verificar o conceito em uso na história, em vez de abstraí-la das condições objetivas do mundo, no momento em que ele fora imaginado outro; por quem, por quê e como fora imaginado é também motivo de preocupação. A utopia como terreno do inexistente reside, antes de tudo, na subjetividade humana. É, sobretudo, o modo como as pessoas subjetivam as ausências do presente, ou se dão conta delas. A utopia é, portanto, o modo pelo qual se dá forma ao futuro, com os conteúdos do presente.

Gramsci, nos primeiros escritos de Turim (1918), declara verdadeira preocupação com esta conjecturação do futuro de modo arbitrariamente individual, predeterminando os eventos políticos sob a égide do que devem-ser e como devem-ser, antes mesmo de serem. Parece-me, neste sentido, a utopia como uma forma ausente de conteúdo, que se antecipa à história. Submete, por isso, os acontecimentos políticos a expectativas apriorísticas. O seu caráter arbitrário revela-se justamente nisso: na submissão dos processos ao controle das utopias tendencialmente individuais. Entendê-la também como ideologia nos permite captar o seu caráter fetichista sobre o futuro, que aparece-nos nestas acepções, como promessas de um futuro harmonioso, de como deve sê-lo; a contrapartida é que este futuro "abstratamente otimista" só pode resultar de uma ampliação da força racional do Estado ("a utopia democrática"; GRAMSCI, 2017), sob critérios arbtrariamente decididos por um conjunto de indivíduos que não são a totalidade social, mas a representam.

São personificações de povo, performances de povo, sem o sê-lo. Ou também decididamente personificações da racionalidade capitalista. Nos dois casos, ainda que os primeiros digam-se à esquerda (dedicados as pautas populares), e os segundos, à direita, encontraremos a sombra do populismo, mas, além disso, a incorporação imediata da desigual divisão entre trabalho intelectual e trabalho material, entre os que pensam e aqueles que fazem.

Essa contradição, portanto, também se desdobrará em esboços de futuro amplamente enganosos e fetichistas (a forma que aparece como criadora do conteúdo social, e não como resultado das relações de produção entre os indivíduos), subordinando os indivíduos à dominação de uma forma predeterminada, poderosa de tal modo que os desvios são inaceitáveis ou irrelevantes, quando no fundo são dotados de verdadeiros conteúdos da realidade social. A harmonia é falsa, assentada sob o controle racional das contradições; é genérica, desprovida de pessoas e situações concretas, ocultando a história (a produção dos indivíduos de uma forma social historicamente-determinada no desvanecimento da anterior). Para essas utopias, portanto, oferecemos nada além de nossa verdadeira indisposição.

> (...) o filósofo atual (o filósofo da práxis) não pode evadir-se do terreno atual das contradições, não pode afirmar, a não ser genericamente, um mundo sem contradições, sem com isso criar imediatamente uma utopia (GRAMSCI, 2000).

Em contradição ao título, introduzo-nos à crítica da utopia de propósito. Negamos a utopia como forma predeterminada, porque queremos encontrar nela não o futuro, mas o presente. As utopias, contudo, traduzem-nos o modo como esperamos pelo amanhã para fugir das angústias de hoje. Neste ato, temos um duplo caráter do exercício utópico: se por um lado se cria subjetivamente o futuro, por outro se percebe aquilo que objetivamente nos oprime. Interessa-nos como as utopias podem ser revaladoras do presente, mais do que isso, reveladoras de como subjetivamos o presente, as opressões, percebemos as desigualdades e conjecturamos as suas superações com as heranças do que já existe. Sendo assim, ela é também socialmente determinada pelas relações sociais constitutivas do momento atual. São dadas pelas religiões, pela publicidade, pela mercadoria, pela promessa de fortunas de dinheiro. Incansavelmente abrimos mão de nossa presença na atualidade do mundo para perseguir este amanhã inalcançável oferecido pelas ideologias.

O desgaste é tão imenso que desconfiamos das promessas. Temos já em nossa mente que nada do que nos é prometido se cumprirá. Trago à memória diálogos que tive durante as minhas passagens pelo sertão pernambucano, na casa de meus avós, familiares e amigos que me mobilizaram, um pouco cedo, a incomodar-me com a vulgarização da palavra promovida pelas promessas não sucedidas. Primeiramente foi lá onde me dei conta de que o assim chamado "homem analfabeto" não é um homem sem linguagem. Meu avô Luís é, para mim, um grande exemplo de quem, apesar de não ter podido aprender a ler e a escrever, dialogava sob a linguagem da experiência. Se não podia ler o mundo pelas palavras, lia-o pela realidade, pelo existente ou que passa a existir na ação do verbo. O verbo de sua linguagem era o trabalho do Homem. "Todo homem de palavra, tem voz e faz seu verbo, para fazer valer sua poessoa", dizia.

Curiosamente, muito eu escutara nestas viagens a existência de um certo ser, o "homem de palavra", que as vezes nos escapa, outrora o realizamos. Eu aprendera que o dito 'homem de palavra' está comprometido com seus verbos, ele mesmo coloca-os em prática. Coisas assim: "não confio em quem diz muito, mas em que vai lá e faz". Já aqueles que dizem muito o que as coisas são ou deveriam ser, no entanto sem agir em direção a elas, não são muito dignos de credibilidade. Assim, eu observava que a confiança entre as pessoas se estabelecia no cumprir da palavra proferida. Faço a reflexão de que nesta relação de confiança há também um constante esforço de colocar-se em igualdade.

A promessa, para quem está descomprometido, pouco lhe causará angústia, mas para quem a espera, subordina-se a algo que está fora de seu controle, alienado na mão de outra pessoa, estabelecendo assim uma relação de dependência do outro que, um dia e quem sabe, voltará a realizar o que prometeu. Quem já esperou muito por algo crucial à própria vida sabe que esperar, neste caso, é um sofrimento e quase uma tortura (quando já não é). O que deixa esperar omite-se diante deste sofrimento, pede-lhe paciência, acusa-o de imediatista. Mas nisso reitera-se a desigualdade entre "trabalho superior" e "trabalho inferior", porque o intelectual, o político (ainda que o mais ignorante), tem pelos menos consciência parcial das mediações dentro do Estado e podem, por isso, compreender o processo – no entanto, os que estão fora desse exercício político estão justamente alienados dessas mediações, foram colocados de fora e de costas para o processo.

A história da confiança estabelecida no fazer da coisa, por isso, em nada me parece imediatista, mas é reveladora de uma oposição, inconsciente ou consciente, da desigualdade entre quem promete e quem espera, entre quem sabe e quem está impedido de saber. O que não existe simplesmente não é, somente quando existe, passa a ser. Porque assim deixa de estar na cabeça de alguém, para estar na realidade, e pode ser algo experimentável por outras pessoas. O presente ainda é público. Desconfio que naquela filosofia popular (já datada mediante o avanço da urbanização no sertão) tinha consigo uma negação da utopia procastinadora da práxis, e, contudo, um grande desejo de realidade. O homem de palavra é, sobretudo, um realizador – um homem histórico.

Mas é estranho assumir um desejo de realidade pois ela nos aparece hoje somente como negatividade, o terreno duro da contradição, em oposição à fertilidade da insistente confiança teleológica do progressismo liberal, que confiando a História à "infinitude do tempo" (BENJAMIN, 2002), confere-nos como objeto de nossa História, uma finalidade última, imanente, porém pré-determinada, sacrificando o presente. Visa-se este estado determinado do futuro, onde estão repousadas as imagens utópicas dos pensadores (BENJAMIN, 2002).

A realidade está invertida. Realizamos muitas coisas, e ainda sim elas não se tornam reais. O próprio desejo de que as coisas tornem-se reais já denuncia que elas não o são. O futurismo progressista, neste caso, anuncia o que as coisas vão ser, antes mesmo de existirem. Antes mesmo de existir já se antecipa o que devem-ser, subordinado o existente à avaliação do que foi ou não pre-estabelecido. Obedecer às determinações apriorística se torna, portanto, mais importante do que a existência concreta das relações entre as pessoas e das pessoas com o meio, que revelam sempre muito mais do que a princípio se poderia imaginar. Neste caso, a realidade é sempre o que não-é, que ainda será, e será exatamente o quê, é o que nos perguntamos.

Mas, por outro lado, não-ser ou estar inacabado, longe do absoluto, é também algo a se preservar. O presente nunca permanece, so é deixando de ser. Desejamos a realidade, mas não como efetividade acabada e permanente. Dejamos o presente, não o futuro, tão pouco o passado. Porque somente através do presente podemos deixar de ser o que já fomos, e inaugurar o que ainda seremos. Este é um elemento importante, porque desse modo podemos captar da utopia não o seu futurismo, mas o que ela nos revela sobre o que precisamos deixar de ser enquanto sociedade para, então, podermos efetivamente sermos outros. Nos dirigimos ao presente e a ele devemos retornar, não escapar de sua transitoriedade, mas nela sempre inaugurar-se mais uma vez ao mundo.

Neste sentido, trago a nós a palavra utopia como um modo de despertar do presente aquilo que nos indevido. Existe, neste ato, uma renúncia a uma suposta ontologia das formas sociais, um modo de dizer não, e só por isso é justamente um modo de ser. Somos, então, aquilo que negamos ser. Uma práxis de fato revolucionária é, antes de tudo, uma oposição radical à naturalidade das relações sociais como hoje estão estabelecidas e, com isso, a invenção de algo ainda não experimentado que nos revele, ainda que em poucas proporções, uma outra possibilidade de mundo, que na possibilidade de ser experienciada, já deixa de ser futura e passa a habitar o presente.

O futuro não é resultado natural do presente, ele é um processo, que se inicia aqui-agora-e-para-sempre se reiniciará. Dizemos, então, sobre ter o futuro nas mãos, mas o que consiste exatamente isso, leva-me de novo à associação com o "homem de palavra", ou sobre a confiança estabelecida na atividade e não no discurso... Aqueles que esperam não têm domínio de seu futuro, este lhes é alienado nas mãos de um outro, o seu representante político, o burguês esclarecido. Precisamos agarrá-lo de volta.

Voltamos então à contradição inicial: como é possível agarrar algo inexistente, tê-lo em mãos, ao alcance de nossa vista? Pensar em ter o futuro ao alcance de nossos olhos é pensar num futuro-do-presente, um amanhã que se inicia no hoje. Se utopia é, em contrapartida, o não-lugar, quando em nossas mãos, damos a ela um lugar, ou seja, agarrar a utopia é imediatamente fazê-la deixar de ser utopia, territorializá-la, fazê-la existente. Trata-se, portanto, de retirar a ideia, a utopia, do campo da procastinação e colocá-la no terreno da atividade comprometida com o momento atual.

Evidentemente tê-la em mãos é também a sua possibilidade de transformação. Lembremos, não somos meros transportadores, acumuladores ou dispersores. Quando trabalhamos a matéria, a transformamos em algo de objetivamente nosso e humano. Sendo assim, realizar a utopia com as mãos é também ter o domínio do processo produtivo e criativo das formas sociais.

A experiência do impossível

> "Isso é hoje o que podemos te dizer, o que não somos, o que não queremos."
>
> Eugenio Montale

> "Deixar que a palavra experiência nos venha à boca (que tutele nossa voz e escrita) não é usar de um instrumento, e sim colocarmo-nos no caminho, no espaço que ela abre para a sensibilidade e para a ação (...) porque nesta linguagem ainda pode conter um gesto de rebeldia: um não!, e ainda podem ser perguntas, aberturas, janelas abertas, modos de continuarmos vivos, de prosseguir, possibilidades do que não se sabe, um "de que outro modo", talvez."
>
> Jorge Larrosa

Tenho de revelar que algo me aconteceu naquele novembro de 2015, assim como algo tem me acontecido todos os dias, de modo que, diante daquela menina de 16 anos, ao invés de dizê-la que hoje sei mais de mim, confesso-a que ainda não sei. Normalmente esperamos do nosso "Eu do futuro" uma resposta mais contundente, aguardamo-lo esperançosos de que um dia nos conheceremos e basta a nós somente isso. Conhecer-se parece garantir-nos uma segurança diante do mundo, mas a verdade é que tudo o que sabemos de nós é passado, e isso não nos protege do porvir. E não somos outra coisa, senão um momento do mundo. Quer conhecer-se? Saiba de si no mundo e do mundo dentro de si. Não vejo outro caminho para conhecer a si próprio que não seja desconhecendo-se. E só porque ainda me desconheço posso então fazer novas experiências de mim e estar, de fato, presente no mundo – e não presente somente pelo que já fui, pelo que não fui ou não pude ser, isto é, no "eternamente ontem" (BENJAMIN, 2009).

Benjamin (1996), no entanto, nos apresenta um outro uso da experiência, aquela pela qual certos adultos dão-se o direito de determinar os amanhãs de outros, pela incômoda memória de seus sonhos e desejos desvanecidos pela passagem da vida. Aqueles que, diante de nossa indisposição para com o mundo, tratam logo de nos "adiantar" à *sua certeza* de que nada neste mundo se sucedeu, que tudo que lhes aconteceram de nada valeu. Têm a intenção fúnebre de assassinar nossos desejos de realidade, e nisso asseverar que as coisas boas vivem somente em nossa cabeça. É melhor que nos adaptemos, dizem.

Mas falo disso sem intenção de estabelecer uma luta geracional, entre o novo e o velho, coisas genericamente indeterminadas, sobretudo hoje, num mundo liquidado a todo instante pela inovação. O desenvolvimento histórico do capital fora sempre acompanhada da destruição das tradições, de uma liquidação veloz dos momentos. A instabilidade do presente nos faz temer o amanhã. No entanto, este é também um movimento dúbio: por um lado a brevidade das coisas, sobretudo daquilo que nos assegurava algo de futuro e, por outro, a permanência, cada vez piorada, da rapidez com que o futuro nos é expropriado. Cada dia experienciamos uma nova violência, uma nova forma de coerção e espoliação do trabalho pelo endividamento, pelo custo de viver e estar vivo, porque há em tudo um preço, embora nada mais tenha valor. Trabalhamos para pagar o nosso custo. Tão pouco hoje estamos mais do que subordinados ao trabalho, como surbordinado ao dinheiro, sobretudo ao preço de viver; trabalhamos, portanto, para quem sabe podermos nos pagar uma vida um pouco melhor, ou quem sabe pelo menos o amanhã vindouro. E somente temos de pagar porque nada é nosso.

Temos motivos para temer o futuro, e em vão refugiar-se no ontem, porque na tragédia o momento anterior é sempre mais seguro, porque nele ainda não tivéramos conhecido um novo sofrimento. É compreensível, por isso, a tristeza daqueles que nos interditam movidos pelo cansaço de tentar. Notemos que a experiência do empobrecimento da vida pouco conduzirá a um ímpeto afirmativo sob ela. Acolhemos com generosidade esta forma de renúncia, mas permanecendo-nos convictos de que não sabemos tudo, não podemos tirar, com isso, as palavras da boca do tempo. Porque ainda há aqueles, verdeiramente conservadores, pelos quais devemos ter a cautela de não nos comover com sua raiva pela mudança – aqueles que evidentemente sentem mais raiva dos desejos de fazer desse mundo um outro lugar para a vida do que das forças totalitárias do capital de tornar este mundo cada vez menos habitável.

Enquanto estes indignam-se mais com a astúcia de quem se indispõe a desumanização, perguntamo-nos perplexos como ainda é possível haver vida neste mundo. Algo assim deve nos deixar à espreita, estes já estão mortos, no eternamente ontem que, no entanto, sequer existiu. Ou também estão iludidos com a promessa de um futuro individualmente mais rico. Estão eles também enganados e inseguros, assim como todos nós estamos.

A experiência, então, nos aparece como recurso pelo qual nos protegemos de assumir o nosso inacabamento. Enquanto discurso, é atrás da experiência que nos escondemos do presente, mas como processo, é o meio pelo qual nos colocamos nele, e nos expomos àquilo que ainda não é, o não acontecido e, por isso, indeterminável, não existindo outro modo de sabê-lo, senão, pela experiência. Mas notemos que para o conservador a experiência é sempre traumática porque ele a submeteu a corresponder as suas certezas apriorísticas. Experienciou somente o que não foi, o que não aconteceu como se imaginava, ela é por isso algo de descartável. Ele não queria a realidade, tão pouco tinha interesse pelo presente, queria mesmo a si próprio, a confirmação de suas verdades predeterminadas. Nos cabe, aqui, rememorar os versos de Fernando Pessoa:

> Há só cada um de nós, como uma cave.
> Há só uma janela fechada,
> e todo o mundo lá fora:
> e um sonho do que poderia ver se a janela se abrisse,
> que nunca é o que se vê quando a janela se abre"

A isto devemos nossa unidade com os mais velhos – estamos, tanto eles como nós, diante de um só presente, ainda que por janelas diferentes, – e, contudo, todas fechadas. Temos, tanto nós quanto eles, de abri-la, e abrir-se a algo ainda não acontecido, imprevisto, embora não nos lancemos puros, mas devidamente já contaminados de mundo. Não estamos completamente desprovidos, apesar de não termos posse da verdade. Desconfio que, quando lançamo-nos a experiência renunciando o controle, aquilo que nos contradiz, ao contrário de nos irritar, deixa-nos inquietos pela complexidade de pôr-se em movimento. Podemos não encontrar o sonho, porém mais do que isso, encontrar a realidade.

Desdobra-se, disso também, duas linguagens: a língua do conservador, de qualquer natureza, é sempre auto-centrada e totalizante, abstraindo o outro e a particularidade de sua experiência, porque o conservador concebe suas vivências como vivências em geral. Por isso acha-se no direito de predeterminar o que as coisas devem ser, como e porquê devem ser, antes mesmo que aconteçam, antes mesmo que os outros se revelem no processo. É uma personificação da atitude anti-dialética, avessa à contradição, por isso exclui de si o distinto, parece querer encontrar a si próprio no outro. Mas o encontro com um outro é sempre um desencontro de si. Por outro lado, a linguagem do sujeito inacabado é generosa, na qual sempre cabe mais um porque no fim não é uma linguagem uníssona, e sim contraditória, reveladora do próprio processo.

Consideremos que a própria experiência já é a sua linguagem, um modo de dizer pelo gesto, pela prática cotidiana de indispor-se a ser o mesmo que tudo sempre já fora. Digo àquela garota de 16 anos que ocupar escolas fora o nosso modo de dizer não. Nos arriscamos frente à iminência da perda de nossos meios de vida, porque era a escola, com suas contradições, o meio pelo qual a realidade se revelava a nós: menos através do que a instituição dizia ser, e mais naquilo que ela não era. A teimosia de minha vida secundarista, ao lado de meus amigos, habitou justamente esse terreno indeterminado do espaço-tempo escolar – ali onde nós criávamos o seu conteúdo. Não se diz que a escola é um lugar de encontro, de tecer diálogos, de pôr-se em contradição ou de ferir-se de realidade. Mas percebo que isso foi a escola para mim, porque a inventamos um pouco.

Hoje, enquanto professora, já pressinto a angústia do que a escola deixa de ser com a saída de alguns alunos – e noto nisso um caráter especial da escola pública, na qual a ausência de um rigoroso disciplinamento é o que a permite ser muito mais do uma coisa só, e esta é a obra dos alunos. Numa mesma unidade escolar, existirá uma escola diferente a cada turma que passa. Fascina-me pensar esse caráter transitório da escola, enquanto criação dos alunos, como o rosto pelo qual o tempo se revela. A escola é histórica, não porque insere os alunos no mundo, pelo contrário, é histórica porque são os alunos quem a inserem no mundo – eles são os realizadores.

Tão logo na passagem de um ano a outro, na entrada e saída de alunos novos, a escola também muda de lugar, se reposiciona à medida que as novas contradições imprimem a ela novos conteúdos. A escola não tem forma alguma, embora em vão a direção tente, ano após ano, antecipá-la, racionalizando o tempo escolar, de modo a enquadrar os estudantes naquilo que é possível. Somente o que estiver dentro do possível, embora muitas vezes a instituição tente impedir o uso dos espaços, com a intenção de precaver-se. Ora, que escola é essa que precisa proteger-se dos alunos?

Evidentemente uma escola que opera sob a precariedade. Impedir os alunos de usá-la é o modo que algumas direções encontram de preservar a escola – preservá-la porque ela também corre o risco de deixar de ser. É este risco iminente do corte de verbas, da ausência de manutenção dos equipamentos e espaços escolares, que está por trás das interdições. Experienciamos escolas nas quais não pudemos ser estudantes – porque a estrutura não nos comportaria. O possível é cada vez menos possível.

A ideologia sobre a melhoria escolar é também farsante. Uma equivocada ideia de que a desigualdade social deve-se à desigualdade educacional conduz à empreitada dos discursos pró-educação, querem essas elites darem oportunidades de formação que, em seguida, resultarão em desemprego em massa. Ora, mas as oportunidades foram dadas, não? Foi por ausência de mérito que você não tem trabalho, a culpa é sua, e não da crise do trabalho - por consequência do desenvolvimento das forças produtivas. O salário, então, é também proporcional ao seu esforço, e não produto da crise do assalariamento devido à ausência de remuneração do capital por si próprio.

Usar do sarcasmo nos revela a contradição do fetiche da inovação educacional: se por um lado vivemos o momento mais improdutivo do capital, por outro, a investida educacional é cada vez mais direcionada ao trabalho, ainda que nessa incorporem-se as novas racionalidades, os novos comportamentos do trabalhador diante das mudanças das relações de trabalho, e já introduza, pelo planejamento de vida, o total descontrole a que estaremos constantemente subordinados. Veja, esse discurso promete futuros que não vão ser. Quase que simulam uma falsa prosperidade do capital diante de revoluções na educação, que tão pouco reduzem as desigualdades educacionais. Pelo contrário, as acentuam. Diminuem não a desigualdade em si, mas a percepção dela, ao responsabilizar os estudantes individualmente por problemas estruturais e coletivos.

A proposta de reorganização escolar fora reveladora disso. O assim chamado "fracasso escolar", segundo a opinião pública, era resultado do baixo rendimento dos estudantes e professores. Toda a crise do sistema de ensino, com isso, assentava-se nas costas dos sujeitos que recebem a política pública, e não naqueles que a produzem. Tentamos ser radicais em nossa denúncia: o fracasso escolar era nada mais do que um aspecto de todo o colapso do desenvolvimento crítico do capitalismo. Reivindicávamos a escola não pela sua capacidade (enganosa) de resolução de problemas estruturais, mas justamente pela sua insuficiência, pela sua contradição, na qual era possível o desvio, a construção de um outro sentido do ensino. A partir da crise da escola, tínhamos o objeto para compreender a crise de toda sociedade capitalista. Queríamos o equipamento, e não a função que pretendia dar-se a ele, e consequentemente aos estudantes e aos professores.

Mas não posso falar disso como se eu fosse todo mundo – seria uma arbitrariedade, pois todo mundo é todo mundo, e não um só, veja bem, falo de minha experiência inscrita na particularidade da escola que ocupei, com as pessoas que estiverem comigo, e pelas quais estebelecemos as relações de criação daquele momento. Digo isso porque hoje faz-se importante notar que cada ocupação de escola foi completamente autêntica, ainda que determinada por um mesmo objetivo.

A possibilidade de ter a escola em mãos desdobrou-se em distintos modos de tê-la e de organizá-la, porque havia, diante disso, uma renúncia das determinações alheias ao processo social, o que possibilitou que, em cada unidade ocupada, houvesse formas de organizações próprias do seu conteúdo concreto. E nem todas foram exitosas – muitas nessa luta tiveram de enfrentar a constante ameaça contra a ocupação, a resistência dos moradores, a falta de mobilização estudantil... Houve ocupações mantidas por cinco pessoas, outras que ficaram isoladas, além das inúmeras contradições dentro do movimento secundarista. Assim como algumas de nossas pautas foram posterior e genericamente incorporadas no discurso ideológico das reformas educacionais: a tal autonomia estudantil é uma delas. E houve, também, estudantes que, após as ocupações, foram também cativados por essas iniciativas. Ou seja, não foi uma experiência hegemonicamente produtora de uma outra consciência.

Isso não me decepciona, pelo contrário, mostra-me que as ocupações de fato existiram, foram mobilizadas por problemas, situações e pessoas reais. As contradições entre a teoria e a prática, entre o que nos propomos e o que de fato aconteceu com a rede estadual de ensino, é onde devemos nos reelaborar.

Só que isso, percebo eu hoje, somente é possível porque nela tivemos algo de novo, nunca antes acontecido. Apontar suas contradições não desqualifica o evento político, mas nos oferece uma possibilidade de reinvenção da prática, de perceber os seus limites, porque fomos até eles.

Digo isso porque, antes mesmo de travarmos essa tática, tivemos de enfrentar outra luta que, pelo meu espanto, não foi contra a direita, mas contra os dirigentes dos movimentos estudantis burocratizados. Após a divulgação das escolas que seriam fechadas, eu e meus amigos, já organizados em movimentos autônomos, encontrávamo-nos confusos. O que faríamos era nosso objeto de preocupação. Havia já outros grupos autônomos profanando a possibilidade da ocupação. Mas tudo isso era ainda imanente.

Só que, num instante outro, e nem me lembro como, esse processo passara a ser atordoado por alegações de que a ocupação conduziria o movimento de modo inconsequente. Aliás, este era um jargão incessantemente repetido ("precisamos ser consequentes"), duvido até hoje do real significado dessa palavra. Essas alegações vinham de várias organizações burocratizadas que se colocavam pretensiosamente como "aqueles que sabem". Os inconsequentes são aqueles que não sabem, ora. Os alienados e despolitizados, e tudo quanto é tipo de inferiorização. Daí que as coisas fugiram do controle, talvez a interdição vinda da própria esquerda "vanguardista" (o que já é uma contradição em si), motivara um pouco mais a ocupação. Ela também fora um modo de dizer não à subordinação a políticas dos "superiores".

Qualquer prática política, ainda que se autodenomime comunista, se realizada por essa via, não fez outra coisa a não ser substituir uma forma por outra, sem alterar efetivamente o seu conteúdo. Quero dizer, promete-se a superação das desigualdades do mundo capitalista, por meio da reprodução de sua contradição fundante: a divisão entre trabalho material e intelectual, entre consciências inferiores e superiores, sem revelar, no entanto, que a assim chamada consciência superior, o "espírito", nesta realidade contraditória, está liberto do trabalho material para dedicar-se à filosofia somente porque existem outros subordinados em seu lugar.

Ou seja, acabei por aprender que a mais bela aparência de um punhado de militantes auto-denominados de "comunistas" pode desfarçar a sua inconsciente/consciente vontade conservadora da estrutura política herdada. E posso, por isso, dizer que esta prática não alcançou radicalmente a crítica e, portanto, não tem nada de efetivamente revolucionário (que no próprio ato já revoluciona uma determinação dada como espontânea, acusando os limites da concepção do fazer política dentro da razão capitalista). Estes também afirmam genericamente um mundo sem contradições. Submetem o conteúdo a uma forma prederminada, são idealistas vulgares.

Assim também conheci o canibalismo do Diretório Central dos Estudantes da USP (DCE-USP), a partir de alguns dirigentes que, num momento, estavam por tentar a nos ensinar a fazer luta

– escrever panfletos e fazer cena na rua -, num outro já declaravam-se honrados de poder entrar numa ocupação secundarista. Não quero, com isso, falar de uma suposta superioridade dos secundaristas, como fomos elevados por alguns dirigentes do DCE-USP. Algo, aliás, que sempre me irritou, porque nunca quisemos ser superiores, pelo contrário, reivindicávamos a horizontalidade do movimento em oposição a essa desigualdade de posições. Ainda mais me deixava contrariada o fato de que, num momento fomos menorizados, e no outro, transformados num fetiche de estudante. Não à toa, em 2016, houve, na FFLCH, uma performance de ocupação. A diferença é que lá quem reorganizou a unidade após a desocupação foram os empregados da limpeza e os seguranças, enquanto na nossa (na que ocupei, e acompanhei de outras unidades) fomos nós quem limpamos, recolhemos o lixo, reorganizamos a escola e a entregamos no mesmo estado em que a encontramos.

Além de uma horizontalidade mantida, a duras penas, na totalidade do movimento secundarista, na organização das nossas reuniãos de comando, houve também a horizontalidade na auto-gestão das ocupações. Na escola PJ (Parque da Juventude), tentamos nos organizar de modo rotativo nas tarefas, cooperando entre nós, e também cooperando com as unidades próximas. Dávamos apoio a, pelo menos, três escolas estaduais ocupadas com poucas pessoas. Assim como a ocupação da ETEC-PJ também fora decidida no comando central, e por quê?

Durante as primeiras ocupações, nós (me refiro ao coletivo que reunia a mim e outros amigos) tínhamos a preocupação de não atravessar a denúncia das escolas estaduais regulares, com a intromissão de pautas pertencentes à outra rede de escolas do estado de São Paulo. Além disso, estávamos preocupadas com os privilégios que tínhamos por estar numa ETEC em relação aos colegas das escolas que seriam fechadas. Aquele momento não era nosso e, por isso, buscamos uma outra atuação, no apoio a outras ocupações.

Mas construindo laços, estabelecendo redes, e já organizadas no Comando Central Secundarista, espaço onde todas unidades ocupadas se reuniam, por meio de alguns representantes, para pensar as estratégias de denúncia e resistência, estávamos organicamente integradas ao processo. Havia outras ETECs, mas ali eu já notava o princípio de uma nova desigualdade e, com isso, uma nova resistência por parte de outros grupos. Eu notara certa aversão aos estudantes de ETEC ou outra rede que, novamente, tentavam por pré-determinar o-que-fazer, o que deve ser feito, e como e por quê.

E assim produziram-se os desgastes, as intermináveis discussões, oposições acirradas entre autonomistas e "socialistas". A face mais burocrática e autoritária dos dirigentes "socialistas" produzia, em contrapartida, a face mais burocrática e autoritária dos "autonomistas". Um era imediatamente o outro, porque a razão de ser de um era negar o outro, e vice-versa. E tinham aqueles que ficaram no meio disso tudo, como nós e outros tantos colegas, confusos, desgastados. Mas foi numa dessas reuniões que, por avaliação dos avanços, decidimos por ocupar uma ETEC estrategicamente como forma de expansão da territorialidade do movimento a outras redes de ensino do Estado de São Paulo. Por votação escolheram a gente.

No dia seguinte estava lá nosso amigo e companheiro M., do Fernão Dias, a nos ajudar a mapear os acessos da escola e a quantidade de cadeados que precisaríamos providenciar. E não posso deixar de lembrar com carinho e ternura todos aqueles 28 dias, com todos os conflitos, com toda a sua vivacidade. Assim como lembro das intermináveis discussões, lembro também de ver depois todo mundo novamente reunido no gramado do lado externo da ETEC-PJ, durante o Festival de Música que organizamos para acontecer lá. Estava todo mundo em oposição, mas junto. Era uma noite de sábado, estávamos tão felizes e possíveis.

O modo como organizávamos a dormida era também de muita ternura. Como a ETEC preservava a arquiterura da Penitenciária do Carandiru, estávamos numa estrutura em que o pátio era o centro, e as laterais eram os corredores das salas de aula que davam acesso ao lado de fora do prédio. Um prédio de quatro andares num lugar assustadoramente vazio. Temíamos a possibilidade de reintegração de posse que, aliás, havia sido ameaçada pelos próprios pais do alunos. Por isso, para nos proteger, decidimos por dormir todos juntos, no centro do pátio, longe das mediações com o lado de fora. E dormiamos realmente juntos, um com a perna no braço do outro, porque assim, caso alguém se levantasse por algum motivo, todos nós perceberíamos. Enquanto isso, dois ou três colegas ficavam na vigília, que tinham os turnos trocados entre todos. Tenho ainda a memória de uma noite fria que, depois de muitas risadas e conversas, colocávamos aos poucos a dormir, e eu ainda meio-acordada, pude ver um de nossos colegas cobrir todo mundo com cobertores. Fechei os olhos na minha vez, assim como eu fingia dormir quando meus pais vinham me cobrir à noite, consciente daquele carinho.

A relação que estabelecemos com os trabalhadores da segurança e da limpeza também foi importante. Os seguranças, que já eram nossos colegas antes da ocupações, nos defenderam contra os pais que nos ameaçavam. Como os funcionários eram terceirizados, optamos por integrá-los à ocupação, não impedindo que entrassem na unidade, para que pudessem cumprir as horas de trabalho, a fim de evitar demissões e possíveis prejuízos. Estabelecemos, a partir disso, um laço de cumplicidade e cooperação. As trabalhadoras da limpeza nos apresentaram um banheiro da escola que tinha chuveiro. Numa conversa com a Dona R., ela me pediu para que eu a enviasse um aúdio da gente cantarolando "pisa ligeiro, pisa ligeiro, quem não pode com a formiga não atiça o formigueiro", ela queria poder guardar essa lembrança. Assim o fizemos. Também cuidamos de limpar e cuidar de todos os espaços da escola. Lavar os banheiros, varrer o chão, manter a sala em ordem, para proteger, sobretudo, os funcionários da possibilidade de serem acusados por algum dano.

Também não posso me esquecer do quanto fui cativada por pessoas que anteriormente eram desconhecidas para mim. Nós mesmos inventamos uma premiação, na qual uma das categorias era a de "revelação do ano", e escolhemos R., um estudante tímido no anterior cotidiano escolar, mas que na ocupação fez-se muito presente. R. fez em algumas tardes a sua famosa torta de maçã, a qual infelizmente nunca cheguei sequer a sentir o gosto, porque em todas as ocasiões, estive metida em tarefas externas à ocupação. O que importa é que aqueles que a comeram nunca me fizeram esquecer dela. Assim como nunca me fizeram esquecer daquele espaço de acolhimento, ternura, alegria e resistência que construímos juntos. A ETEC-PJ tornara-se residência de muitos, amigos do Fernão, do Barão Homem de Mello, do Castro Alves e de tantas outras escolas, estiveram também lá conosco, e nós com eles.

São muitas memórias das quais reservo infinitas saudades. Penso que, pela nossa experiência e no estar junto de outras unidades, conseguimos ensaiar a escola que sempre nos foi declarada como impossível. Sobre isso, reverso especialmente a memória do então famoso Lucas Penteado que, ao meu lado na distribuição de marmitas numa unidade ocupada, colocou sobre a mesa a merenda do Estado, os polvilhos num copo de plástico, e do outro as nossas marmitas arrecadadas, dizendo: "esta é a merenda do Estado, agora essa é a merenda da ocupação". Isto é, demonstramos na própria prática que o impossível era mais do que possível.

Em vez de termos nos detido no equivoco de antecipar as formas da luta, antes de seu acontecimento, comprometemo-nos ao seu conteúdo, o que se desdobrou em várias formas de ocupação, autênticas porque foram resultado do próprio acontecimento, e não uma simulação, uma performance espetacular daquilo que não somos. Renunciamos o tumulto da vulgarização da palavra, e a experiência foi a própria linguagem, pela qual demos lugar às utopias, ou seja, a territorializamos, fugindo das abstrações. Submetemos as ideias à ação. De nada adiantaria gritarmo-nos horizontais, sem o sermos. Não discursamos a escola ou a tática ideal, experimentamo-las. Tínhamos a utopia em nossas mãos porque a trabalhamos coletivamente. Por isso, pouco nos importavam os discursadores, que diziam demais e faziam muito pouco. A prática foi a nossa verdade, a nossa contradição, o nosso modo de prosseguir.

Se tivéssemos abandonado a luta para aqueles que pretendiam dirigi-las por meio dos discursos, tudo o que teríamos hoje não seria mais do que um aglomerado de panfletos. Dissemos não. Fizemos a escolha da travessia, arriscamo-nos no indeterminado, e lá do outro lado da escola, naquela que tivemos em mão, descobrimos que o futuro está presente, que o impossível também existe. Nossa tarefa é construir as experiências de superação, porque diante desses limites, somente a invenção daquilo ainda não experimentado pode ser instrumento de conscientização desses mesmos limites, dos interditos, e por outro lado, do que fomos capazes de contrariar.

Àquela menina de 16 digo-lhe apenas que sei apenas uma coisa: que sou toda a luta contra aquilo que não quero ser. Fomos horizontais porque negamos radicalmente a verticalização. Fomos presentes, porque nos negamos a procastinação da práxis. É o que aprendi nas ocupações, é o que nos mobilizou à luta: um modo de dizer não, um modo de ser outro. E isso é tão grande e eterno quanto o fracasso ou não do movimento secundarista. Foi, além de tudo, uma experiência da práxis.

Não foram os discursos que nos persuadiram. A experiência é que nos convenceu. Algo nos aconteceu, assim como Larrosa

(2017), digo que a realidade nos feriu, de modo que nunca mais conseguimos retornar à forma anterior. Tenho certeza que algo lhes aconteceu, assim como a mim também algo me acontecera naquele novembro de 2015. É aquilo que experimentei que me trouxe até aqui. Posso estar devidamente presente naquilo que lhes ofereço como singela reflexão. E desconfio que, nelas, vocês devidamente também se encontrarão, pois só estamos aqui, eu e vocês, porque não saímos ilesos.

Referências

BENJAMIN, W. *Reflexões sobre a criança, o brinquedo e a educação* São Paulo:Duas Cidades; Ed.34, 2009. Tradução, apresentação e notas de Marcus Vinícius Mazzari.

___Experiência e pobreza. In:. *Obras escolhidas*: Magia e técnica, arte e política. São Paulo: Editora Brasiliense, 1996. (Texto originalmente publicado em 1933).

GRAMSCI, A.; COUTINHO, C. N. *Cadernos do cárcere*. Rio de Janeiro: Civilização Brasileira, 2000.

LARROSA, J. Ferido de Realidade e Em Busca de Realidade. In:. *Tremores:* escritos sobre experiência. Autêntica, 2017.

LIGUORI, G. *Dicionário gramsciano (1926-1937)*. Boitempo Editorial, 2017.

Quem ri por último, ri infinitamente melhor!

Leonardo Ribeiro

Em toda ocupação, o fluxo de desejo não pode ser contido, e nem medido. Pois a ocupação é a desmedida, é o que não pode ser controlado. O que é ocupar?

A ocupação de um corpo no espaço deixa rastros e dejetos por onde passa. Vivemos num momento histórico em que corpos são despejados das suas habitações. Habitar um espaço é deixar marcas, dejetos e registros poéticos em suas ocupações. Compreendemos duas potências contrárias no bojo das ocupações: por um lado as máquinas trepadeiras, por outro, a areia movediça que, por sua vez, está ligada com o crescente movimento de despejo.

Neste sentido, o presente texto poético, ao passo que tenta se aproximar do movimento das ocupações dos secundaristas, roça, também, no esforço inconsciente de corpos que persistem em ocupar espaços ameaçados; prestes a afundarem na grande areia movediça do capitalismo contemporâneo.

A própria escrita deste texto é uma ocupação. Estou ocupando um espaço, dissolvendo a forma em prol da metaestabilidade permanente da matéria de que falou Gilbert Simondon (2007, p. 204). Escrevo contra o despejo, escrevo contra a areia movediça da burocracia.

Trata-se de um relato poético de um estudante que era secundarista na época das ocupações secundaristas em 2015 no estado de

São Paulo e que ocupou a escola onde estudava contra a política. A partir da afecção em meu corpo provocada pelo movimento, considero que ocupação, vista sobre os meus olhos de hoje, pode ser considerada como um modo de viver que evidenciou um projeto que, por sua vez, estou chamando de despejo. Nós secundaristas, seríamos despejados de um dos nossos espaços poéticos: a escola. A ocupação não é um movimento consciente, é antes um choque entre consciente e inconsciente, do desejo com as suas potências infinitas.

De forma esquemática, o movimento de despejo é o apagamento das máquinas trepadeiras do espaço poético. A condição de existência das máquinas trepadeiras é lutar contra o seu apagamento. O inconsciente é justamente o que resiste ao presente, o que é descartado do presente, e que volta cobrando o seu direito de existir. O inconsciente são dejetos, escritas desorganizadas que diluem a plena consciência de si.

Estudante de escola pública, as aulas vagas eram habituais durante os anos. Os meus amigos gostavam de jogar baralho, jogavam conversa fora, pichavam as mesas e paredes. Esses corpos abandonados encontravam a alegria longe dos livros, longe da obediência, longe das autoridades. Éramos corpos andantes pelos corredores ermos, pelo pátio cheio de pombas e restos de lanches, pelas quadras onde tomávamos sol, encostados uns nos outros.

Nós encontrávamos, no abandono dos nossos corpos, uma outra forma de existir no espaço poético. Desde sempre, ocupamos o espaço com nossos dejetos, amores e alegrias. Sempre existiram ocupações pois, a ocupação é onde os nossos corpos se tornam máquinas trepadeiras. Nelas, escapamos da tristeza do ódio em busca dos prazeres da alegria.

Em 2015, nós decidimos escrever no espaço poético "I prefer not", palavras com que a personagem Bartleby (MELVILLE, 2005) respondia ao chefe, quando este lhe pedia que copiasse algum texto, ou realizasse alguma tarefa. Bartleby se recusou a copiar, recusou-se, portanto, ao trabalho e à produção. Bartleby, inclusive, passou a dormir no próprio escritório, assim como nós passamos a dormir nas escolas.

Mas o que nós secundaristas "preferíamos não?". Preferíamos não copiar textos, assim como Bartleby, preferíamos não permanecer nas salas de aula, preferíamos não obedecer aos mandos de despejo das escolas por parte da areia movediça burocrática. Preferíamos não deixar as escolas fecharem, preferíamos não sair das escolas.

Nos tornamos máquinas trepadeiras contra a areia movediça burocrática, assim como as personagens: Sr. José e John. O primeiro é personagem do livro *Todos os nomes* de José Saramago (SARAMAGO, 1997); e o segundo, personagem do filme *Still Life* do cineasta Uberto Pasolini (PASOLINI, 2014). O que as duas personagens possuem em comum?

Ambas são máquinas trepadeiras contra a areia movediça de despejo burocrática. No livro de José Saramago, a personagem de nome comum José, funcionário exemplar do Conservatório Geral do Registro Civil, coleciona recortes de jornal de pessoas famosas, decide acrescentar as informações dos recortes usando os arquivos da Conservatória.

Entretanto, por obra do acaso, a personagem encontrou o verbete de uma mulher desconhecida (corpo abandonado), a qual chamou a atenção do Sr. José, fazendo-o cometer infrações ao regulamento (burlar a burocracia) pois, ao não encontrar o certificado de óbito da mulher desconhecida, o Sr. José iniciou uma peripécia para descobrir se a personagem estava ou não morta. A personagem poderia sucumbir à areia da burocracia encarnada pelo chefe, o qual sugeriu que a personagem cessasse a investigação e forjasse uma certidão de óbito para a mulher desconhecida. Porém, José não aceitou e continuou a sua busca pelo paradeiro da mulher desaparecida.

No filme *Still Life* (PASOLINI, 2014), a personagem John é responsável pelo enterro de corpos abandonadas por seus familiares, tentando localizar os familiares a fim de avisá-los da perda. John vivia uma vida metódica e medíocre, comia no mesmo horário as mesmas refeições insossas, até o momento em que um caso desestabilizou todas as suas certezas. John tentou, sem sucesso, localizar os familiares de um defunto.

O seu chefe sugeriu que o defunto fosse enterrado o mais rapidamente possível. Em poucas palavras, o chefe buscou despejar o corpo antes que virasse dejeto no espaço poético. Entretanto, John optou por burlar a areia movediça que apagava a história do corpo abandonado do defunto, indo encontrar algum familiar do defunto. John encontrou a ex-esposa, a filha e alguns amigos, de modo que o enterro do corpo, outrora abandonado, que era para não ter uma alma penada, passou a ser ocupado por amigos e familiares.

Tanto no caso de John quanto no caso do Sr. José, os quais são exemplos de duas máquinas trepadeiras contra a areia movediça do despejo de corpos abandonados, notamos que, no processo da busca pela mulher desconhecida, (*Todos os nomes*) e pelos familiares do corpo abandonado e defunto (*Still life*), em ambos os casos, as personagens receberam outras afecções, a saber: de alegria. Tornam-se máquinas trepadeiras, pois lutam contra a burocracia que, por sua vez, é o que ordena, categoriza, distribui tanto a morte quanto a vida, e age por meio da tristeza.

Toda ocupação é contra a areia movediça e burocrática que tenta a todo custo apagar os corpos abandonados dos espaços poéticos. Podemos ser, nos espaços, corpos abandonados, mas em todo corpo abandonado habita uma máquina trepadeira.

O espaço é dividido por Aristóteles em um dois: um contido, onde há a contingência; e outro continente, o qual contém a tudo, porém, neste, não há devir, não há contingência, não há rastros (BRUNO, 1993)

O movimento das ocupações colocou o dedo nesta ferida ao passo que misturou os dois espaços: contido e continente. Não existe a possibilidade de um espaço que não seja parte e habitado pelos corpos do que chamamos de máquinas trepadeiras. As máquinas trepadeiras, incluo-me nelas, escrevem no espaço uma série de ruptura que desgasta as forças de despejo.

Não podemos separar o espaço das máquinas trepadeiras. A ocupação nos obriga a pensar em um espaço que seja poético. O espaço não é condição de possibilidade dos corpos. O espaço não existe antes dos corpos, o espaço só existe com a inscrição de corpos abandonados, que deixam dejetos, suor do trabalho, poesia, pichações e luta.

Existe uma condição para que um corpo vire uma máquina trepadeira. A máquina trepadeira agarra um cipó a fim de não cair na areia movediça que, por sua vez, é uma grande boca que age engolindo o espaço poético. A areia movediça do despejo precisa engolir as máquinas trepadeiras pois, sem a inscrição em si do trabalho destas, a areia movediça não consegue sobreviver. A areia movediça é um parasita por excelência. Porém, as máquinas trepadeiras são o veneno que destrói a areia movediça.

Hoje, nenhum corpo possui a segurança contra o despejo. Vivemos num momento em que as forças burocráticas roubam espaços de convivências, em que os corpos se transformam em máquinas trepadeiras porque a máquina burocrática tem medo da potência desses corpos compartilhando o mesmo espaço poético.

O espaço é um dispositivo de infinitos modos de criação e de inscrição das máquinas trepadeiras. A lama movediça, por sua vez, é a tentativa de apagar a inscrição destas máquinas, por isso é preciso pensar, urgentemente, no corpo enquanto ocupação.

Pois se o corpo é ocupação, e se toda ocupação for infinita, existem, no passado, no presente e no futuro, infinitos corpos entre-exprimindo-se, ou melhor, entreocupando-se, de modo que infinitos corpos ocupem o nosso próprio corpo. Ao mesmo tempo, a areia movediça nunca poderá engolir todas as máquinas trepadeiras, pois essas são infinitas, e quem ri por último ri infinitamente melhor.

No entanto, a areia movediça, que priva os corpos abandonadas do espaço poético, incorre no erro da gula, pois ao devorá-los, ingere a própria destruição. Pois as inscrições nos espaços poéticos nunca são apagadas. Feito a lousa mágica de que falou Freud, os corpos abandonados picham nas paredes poéticas engolidas pela areia movediça suas inscrições, os seus dejetos. A máquina burocrática tenta, a todo custo, apagar do espaço as rupturas epistemológicas produzidas pelas e nas máquinas trepadeiras.

No entanto, a história monumental é destruída para que outro tipo de história possa ser escrita ou melhor: pichada. E se, ao invés de pensarmos uma história de grandes feitos, por exemplo: César atravessar o Rubicão e Adão pecar (LEIBNIZ, 2004), ocuparmos a história com corpos abandonadas, corpos que picharam suas histórias nas paredes do espaço?

É preciso pensar em uma história que não despeje os corpos abandonados, que não fale por eles, mas que entregue todas as paredes para que tais corpos possam reescrever infinitamente suas potências, suas estórias.

Mais forte do que o movimento retroativo do despejo é a ocupação e a inscrição das máquinas trepadeiras nos espaços poéticos, pois o afeto, a alegria, a amizade e o amor são mais fortes e a inveja, o ódio e a tristeza não podem destruí-los.

Certa vez, a professora Regina Oshiro, sindicalista e professora de história, me ligou pedindo-me para que eu fosse até uma escola no coração da periferia e próxima a minha casa para verificar se ela havia sido ocupada, muito tempo depois das ocupações das escolas.

Era domingo. Após perguntar para muitos moradores, encontrei a tal escola. Meu corpo vibrava pela iminência de reviver a ocupação das escolas. Eu ouvia uma gritaria vindo da quadra, tentei espiar pelas grades enferrujadas do portão os corpos correndo de um lado para o outro atrás de uma bola. Lembrei-me que quando ocupávamos a escola onde estudei, passávamos muito tempo na quadra.

"Vocês estão ocupando a escola? ", " não sei do que cê tá falando", alguém responde. Parei num bar e perguntei para uma senhora se a escola havia sido ocupada como em 2015, ela me disse apontando para a escola que os moradores do bairro, sempre pulam o muro para usar a quadra nos finais de semana. Foi nesse momento que eu entendi, que como Édipo (SOFOCLES, 1990), eu estava fazendo a pergunta errada, (Édipo não se perguntou quem ocupou o trono antes dele, e qual é a sua relação com o homem que matou), pois a ocupação, antes de ser um movimento organizado, é o movimento das mãos que impulsionam o desejo de brincar, de passar algum tempo juntos, enfim, de pular o muro para jogar futebol.

Na história da filosofia, discute-se a formação da matéria. A matéria é infinita antes de se tornar forma. Tudo é possível. Porém, com a forma, há uma perda nas possibilidades, em detrimento do enrijecimento da forma. As máquinas trepadeiras se colocam contrárias a qualquer tipo de formação. Por isso, a luta incessante contra a formação escolar.

A formação escolar é uma perda do possível, a matéria deve ser subjugada e tornada dócil. Acreditamos que a espinha dorsal do movimento das ocupações de 2015 foi uma reivindicação da matéria enquanto algo disforme, uma tentativa de reencontrar as possibilidades infinitas, pois quem ri por último, ri infinitamente melhor.

Desde as ocupações, a minha matéria se recusa a ser subjugada, eu me recuso a receber uma formação escolar, pois o conhecimento que importa está em aprender a pular o muro da escola para jogar futebol na quadra nos finais de semana.

Assim como, para Henri Bergson (2020), todo conhecimento passa pelas mãos, passa pela matéria, a ocupação é a proposta de um outro conhecimento, trata-se de pensar um conhecimento a partir de uma matéria que não recebeu uma forma.

As máquinas trepadeiras que ocupam aos finais de semana a escola nos lembram que a função de todo espaço poético está em sua ocupação. Ocupar por meio de pixos, ocupar como forma de esconderijo, ocupar para passar o tempo, enfim, ocupar é ocupar.

Aqui, diferente de Édipo, nos perguntamos qual é a nossa relação com as máquinas trepadeiras que ocupavam o espaço poético que nos precedeu. Para que nós pudéssemos ocupar o espaço poético das escolas, foi necessário que infinitas máquinas trepadeiras tivessem pichado suas insubordinações naqueles espaços.

Acreditamos que todo movimento de ocupação ocorre por meio de contágio,como escreveu Gabriel Tarde (1903, p. 34), de modo que existam forças passadas, presentes e futuras que estão se entre exprimindo (LEIBNIZ, 2004) desordenadamente e que criam a possibilidade de novas potências. Para Gabriel Tarde, a sociedade é fruto de uma imitação que ocorre tanto através de uma grande distância espacial quanto de um longo intervalo de tempo.

Neste sentido, as ocupações de 2015 contagiaram e foram contagiadas por outras ocupações que já aconteceram, em períodos de tempo distintos e espaços distantes pois, no mundo físico, todas as coisas produzem vibrações (TARDE, 1903, p. 17) que contagiam ao infinito, posto que se repetem como uma pedra que é jogada no mar, produzindo uma onda pequena, a qual produzirá outra e assim por diante. O movimento das ocupações não terminou quando o a reorganização escolar foi revogada. Ele persiste, as suas vibrações ainda agem, ainda que em intensidades menores.

Ser máquina trepadeira é ser potência. A potência não diz respeito ao ganho e perda como em Espinosa. Aqui, a potência da máquina trepadeira diz respeito a uma matéria que não recebe forma por meio do corpo, a matéria, deste modo, é disforme, é caótica!

A ocupação das escolas é, antes de tudo, contra a representação, pois as máquinas trepadeiras são matérias informes e instáveis, o que possibilita uma mistura entre tais máquinas. Contra o sujeito centrípeto, uma matéria centrífuga, que não se deixa ser moldada pela forma, de modo que o outro continue desestabilizando qualquer formação de um "eu". Toda ocupação é coletiva.

Na ocupação, nós vivíamos com o medo constante da reintegração de posse, o que significava a invasão das nossas escolas pela polícia militar com toda a truculência de praxe. Era domingo de noite, nós pegamos todas as cadeiras e fizemos uma barricada no portão de entrada, pois na segunda-feira poderia sair a tal reintegração de posse.

Foi apenas um trote. O poder judiciário se tornou o poder soberano na contemporaneidade, é ele que faz morrer. Segundo Judith Butler (BUTLER, 2004), é este poder, com toda a disseminação de ações tristes, que tentou destruir as ocupações. Porém, a alegria de toda ocupação é mais forte, de modo que o soberano pode ser destruído.

Quando fecho os olhos e tento lembrar das ocupações, me vêm três imagens: eu descascando batata para a janta, eu varrendo o pátio e, por fim, um dia em que, após acordar, dormíamos em barracas, bem no horário em que seria o início das aulas, eu subi no muro com o edredom nas costas, e caiu a ficha que eu não estava sonhando: finalmente eu não estava atrasado para entrar na escola e o portão não iria ser fechado na minha cara, pois nós tínhamos as chaves do nosso conhecimento.

Referências bibliográficas

BERGSON, H. *Ensaio sobre os dados imediatos da consciência*. São Paulo: Edipro, 2020.

BUTLER, J. Precarious Life: *The power of mourning and violence*. London-New York: Verso, 2004.

BRUNO, G. *Del infinito:* el universo y los mundos. Madrid: Alianza editorial, 1993.

LEIBNIZ, G. W. *A monodologia in Discurso de metafísica e outros textos*. São Paulo: Martins Fontes, 2004

LÉVINAS, E. *Totalité et Infini: Essay sur l'extériorité*. Paris: Martinus NijhofT, 1971.

MELVILLE, H. *Bartleby*, o escrivão. Tradução de Irene Hirsch. São Paulo: Cosac Naify, 2005.

NIETZSCHE, F. W. *Escritos sobre a história*. São Paulo: Folha de S. Paulo, 2015.

SARAMAGO, J. *Todos os nomes*. São Paulo: Companhia das Letras,1997.

SOFOCLES. *Édipo Rei*. Rio de Janeiro: Zahar, 1990.

SIMONDON, G. *L'individuation psychique et collective: à la lumière des notions de Forme, Information, Potentiel et Métastabilité*. France: Aubier: philosoph, 2007.

STILL life. Direção de Uberto Pasolini. Brasil: Redwave Films, 2014.

TARDE, G. *The laws of imitation*. New York: Henry Holt and company, 1903.

Sobre os autores

Ana Paula Corti é socióloga, mestre em Sociologia pela UFSCar e doutora em Educação pela USP, docente no Instituto Federal de Educação, Ciência e Tecnologia de São Paulo, Campus São Paulo, autora do livro *Diálogos com o Mundo Juvenil*: subsídios para educadores, co-autora do livro *Educação contra a barbárie* e membra da Rede Escola Pública e Universidade (REPU).

Árizla Quirino é estudante de Geografia pela Universidade de São Paulo, poeta e educadora popular. Participou da pesquisa orientada pelo Prof. Eduardo Girotto que resultou no *Atlas da Rede Estadual de Educação* (Editora CRV), foi bolsista dos programas de Iniciação à Docência (2018) e Residência Pedagógica (2020) fomentadas pela CAPES. É estudante associada ao Laboratório de Ensino e Material Didático e Laboratório de Urbana do Departamento de Geografia.

Débora Cristina Goulart é doutora em Ciências Sociais (2011). Atualmente professora do Departamento de Ciências Sociais e do Programa de Pós-Graduação em Educação da Universidade Federal de São Paulo (Unifesp). Participa do Grupo de Estudos e Pesquisas Educação e Crítica Social (GEPECS); Grupo de Estudo e Pesquisa em Política Educacional e Gestão Escolar (GEPPEGE) e Grupo de Estudo e Pesquisa Educação, Classes e Conflitos Sociais (GEPECSO) e é membra da Rede Escola Pública e Universidade (REPU).

José Alves da Silva é professor da Unifesp-Diadema, membro da Rede Escola Pública e Universidade (REPU) e orientador do Programa de Pós-Graduação em Ensino de Ciências e Matemática (PECMA) da Unifesp, onde atua na interface entre adolescência no contexto escolar e ensino de ciências. Doutor em educação, mestre em ensino de ciências-física e licenciado em física pela Universidade de São Paulo, foi professor das redes estadual e municipal de São Paulo por mais de uma década. Foi diretor de orientação técnica da Secretaria Municipal de Educação de São Paulo e consultor da Secretaria de Ensino Médio e Tecnológico do MEC.

Leonardo Crochik é doutor em Ensino de Ciências pela USP, é professor titular do Instituto Federal de Educação, Ciência e Tecnologia de São Paulo (IFSP), onde atua em diversos cursos, principalmente na Licenciatura em Física e nos cursos Técnicos Integrados ao Ensino Médio dessa instituição. Pesquisa as relações entre Arte, Ciência e Educação na Formação de Professores de Física. É membro da Rede Escola Pública e Universidade (REPU), com quem tem pesquisado, a partir de uma perspectiva atuante, desde 2016, as Políticas Públicas Educacionais na Rede Estadual Paulista.

Leonardo Santos Ribeiro é estudante de letras na Universidade Estadual de São Paulo e ex-secundarista atuante no movimento de ocupação das escolas estatuais em 2015.

Márcia Aparecida Jacomini é doutora em Educação pela Faculdade de Educação da Universidade de São Paulo, com estágio de pós-doutorado na mesma instituição e na Fondazione Istituto Gramsci, Roma, Itália. Professora do Departamento de Educação da Unifesp. Líder do Grupo de Estudo e Pesquisa em Política Educacional e Gestão Escolar. Participa da Rede Escola Pública e Universidade (REPU).

Marcelo Paziano da Silva é cientista social formado na Universidade Federal de São Paulo – Campus Guarulhos e professor da rede pública estadual.

Raphael Bueno Bernardo da Silva é graduado em História pelo Centro Universitário Fundação Santo André (CUFSA) e estudante de mestrado em filosofia do Programa de Pós-Graduação em Filosofia (PPG-FIL) da Universidade Federal do ABC (UFABC). Atua como Professor Coordenador da E.E. Professor Nelson Pizzotti Mendes, na rede estadual de São Paulo (SEDUC) e contribui no desenvolvimento de pesquisas junto a REPU (Rede Escola Pública e Universidade).

Rubia de Araujo Ramos é doutora em Sociologia pela Universidade Estadual de Campinas (UNICAMP) e integrou a pesquisa realizada pela Rede Escola Pública e Universidade (REPU).

Silvio Carneiro é professor da Universidade Federal do ABC. Suas pesquisas versam sobre as articulações entre Psicanálise e Educação e na Filosofia Política, com ênfase nas leituras de Herbert Marcuse. Participa da Rede Escola Pública e Universidade e coordena o grupo Teoria Crítica, Psicanálise e Educação.

Alameda nas redes sociais:
Site: www.alamedaeditorial.com.br
Facebook.com/alamedaeditorial/
Twitter.com/editoraalameda
Instagram.com/editora_alameda/

Esta obra foi impressa em São Paulo no verão de 2024. No texto foi utilizada a fonte Minion Pro em corpo 10,5 e entrelinha de 15,5 pontos.